本书是中共中央党校校级科研项目
"资源配置中市场决定性作用的倒逼机制研究"成果

资源配置中市场决定性作用的倒逼机制研究

▎孙小兰 等 ◯ 著

中国社会科学出版社

图书在版编目（CIP）数据

资源配置中市场决定性作用的倒逼机制研究/孙小兰等著.—北京：中国社会科学出版社，2017.5
ISBN 978-7-5203-0396-5

Ⅰ.①资… Ⅱ.①孙… Ⅲ.①资源配置—影响—市场机制—研究—中国 Ⅳ.①F123.9

中国版本图书馆 CIP 数据核字（2017）第 089795 号

出 版 人	赵剑英	
责任编辑	卢小生	
责任校对	周晓东	
责任印制	王 超	
出　　版	中国社会科学出版社	
社　　址	北京鼓楼西大街甲158号	
邮　　编	100720	
网　　址	http：//www.csspw.cn	
发 行 部	010-84083685	
门 市 部	010-84029450	
经　　销	新华书店及其他书店	
印　　刷	北京明恒达印务有限公司	
装　　订	廊坊市广阳区广增装订厂	
版　　次	2017年5月第1版	
印　　次	2017年5月第1次印刷	
开　　本	710×1000 1/16	
印　　张	15	
插　　页	2	
字　　数	226千字	
定　　价	66.00元	

凡购买中国社会科学出版社图书，如有质量问题请与本社营销中心联系调换
电话：010-84083683
版权所有　侵权必究

目 录

第一章 引言 …………………………………………………… 1

 第一节 研究背景：市场起决定性作用的一般规律 ………… 1

 第二节 研究脉络：社会主义对市场起决定性作用的
    认识过程 …………………………………………… 6

 第三节 发挥市场起决定性作用的现实障碍与难点 ………… 9

 第四节 发挥市场起决定性作用的路径选择与举措 ………… 13

第二章 市场在资源配置中起决定性作用的机理 …………… 20

 第一节 计划与市场：两种资源配置方式的比较 …………… 20

 第二节 资源配置的核心问题：知识问题 …………………… 28

 第三节 市场竞争：解决知识问题的
    "自生自发秩序" …………………………………… 32

 第四节 市场与政府的互补共生关系 ………………………… 38

第三章 倒逼机制的运行机理 ………………………………… 47

 第一节 倒逼机制的运行机理 ………………………………… 47

 第二节 外部环境分析 ………………………………………… 51

 第三节 市场主体 ……………………………………………… 61

 第四节 倒逼机制的形成 ……………………………………… 70

第四章 倒逼机制的主要表现 ……………………………… 77

第一节 经济"新常态":倒逼政府加快改革 ……………… 77
第二节 收入分配改革:倒逼需求结构改变 ……………… 85
第三节 需求结构改变:倒逼产业结构调整 ……………… 91
第四节 经济结构调整:倒逼发展方式转型 ……………… 97

第五章 倒逼机制对不同市场主体的作用 ……………… 104

第一节 投资者:净化环境,合理投资创业 ……………… 104
第二节 监管者:约束权力,强化公共服务职能 ………… 110
第三节 劳动者:维护权利,提高竞争力 ………………… 117
第四节 消费者:提高收入,理性消费 …………………… 124

第六章 利用倒逼机制实现资源配置中市场决定性作用的迫切性 ……………………………………… 130

第一节 宏观经济环境恶化,经济形势下行 …………… 130
第二节 竞争加剧及成本上升,市场经营主体面临生存困境 ……………………………………… 138
第三节 政府失灵导致行政手段对经济发展产生束缚 …… 148
第四节 市场失灵影响资源的有效配置 ………………… 157
第五节 公共产品供给不足,影响经济快速发展 ……… 160

第七章 利用倒逼机制实现资源配置的市场决定性作用的路径 ……………………………………… 166

第一节 宏观规制:完善政府职能 ……………………… 166
第二节 市场运行:维护竞争公平 ……………………… 170
第三节 改善需求:深化收入分配改革 ………………… 176
第四节 供给管理:激发市场活力 ……………………… 182
第五节 全面统筹:构建"新常态"发展新机制 ………… 191

附 录 ·· 193

我国经济体制改革的目标与重点 ······································ 193

开放倒逼改革

——天津自贸试验区的开放调研 ································ 209

现实倒逼产业转型升级

——河北省固安县产业转型升级调研报告 ··················· 214

重组整合国有企业是振兴东北的一个突破口 ··················· 225

参考文献 ·· 232

后 记 ·· 234

第一章 引言

党的十八届三中全会强调指出："经济体制改革是全面深化改革的重点，核心问题是处理好政府和市场的关系，使市场在资源配置中起决定性作用和更好发挥政府作用。"当前，我国社会主义市场经济体制的基本框架已初步形成，市场在资源配置中的决定性作用显著增强。要发挥好市场在资源配置中的决定性作用，其实质就是要充分发挥价格机制、竞争机制和利益机制在资源配置中的决定性作用，从根本上维护市场自由竞争，就是要求我们必须遵守市场经济的一般规律和基本机制。

第一节 研究背景：市场起决定性作用的一般规律

从整体上看，资源配置方式有两种：一种是计划机制，另一种是市场机制。这两种机制其核心区别点在哪里？怎样正确认识市场起决定性作用的一般规律和内在计划机制？这是本书研究的基本背景和关键问题所在。

计划经济的实现是以高度行政化的指令作为配置资源的主要形式和途径，而事实上，现代经济社会的信息总是支离分散和千变万化的，任何一个计划行政机构都不可能完整地获得这些分散的经济信息，从而在计划经济体制下，必然导致资源的错配和效率的低下。而市场机制则不同，它是以价格机制或供求机制、竞争机制和利益机制作为运行前提的，它能够最大限度地实现信息的自由化和决策的分散化，从而达到资源配置的最优化和经济发展的繁荣富强。

一　市场起决定性作用中的价格机制

如何使市场在资源配置中起决定性作用？价格机制起着核心作用。当然，现代经济学的理论研究常常将"价格机制"和"供求机制"作为两种不同的市场机制并列起来论述，但从本质上看，这两种机制的运行存在很大的重叠之处，故本书将这两种机制融合到一起进行阐释。具体来看，在现代市场经济的条件下，价格机制的作用主要表现在以下几个方面：

（一）价格机制是实现自由竞争的重要工具

市场经济一般来讲是买者和卖者众多的经济，生产同一商品的生产者，要想在市场上夺取较大的市场份额，就必须在价格上取胜。因为，在竞争性市场上，同一种商品，在质量、性能相近的情况下，价格越低，市场需求量就越大，进而该商品的市场占有率就越大。同种商品生产者为了扩大市场占有率，在竞争中处于优势，通常采用的工具就是降低商品的价格。而降低价格最有效也是最重要的办法就是降低产品成本，这就要求商品生产者不断采用新技术，引进新工艺，从而达到改善经营管理、提高劳动效率、优化资源配置的目的，其结果必然是社会劳动消耗的节约和资源在企业内部资源配置效率的提高，实现经济的繁荣发展。

（二）价格机制是调整生产方向的重要途径

价格机制决定的价格比例，是制约平均利润率高低的重要因素，也是社会劳动在部门间分配的选择条件。在市场经济运行过程中，某一种商品在市场上需求量增加，商品供给者就会在短期内提高该种商品的销售价格，从而使获利增加。如果该种商品供不应求的状况仍未改变，社会就会扩大该种商品的生产规模，大规模地增加该种商品的市场供给量，实现生产的规模效益。相反，对于那些供大于求、价低利微甚至无利可图的商品生产者来讲，在市场价格信号的指挥下，就会将资本和其他生产要素投入到那些价高利大的商品生产上，这就是现代市场经济条件下的供求决定价格，价格调节供求供求规律，也是发挥市场决定性作用最重要的一般规律。

（三）价格机制是进行宏观调控的重要手段

发挥市场在资源配置中的决定性作用，并不说政府就无所作为，相反政府在弥补市场失灵、加强宏观调控等方面必须发挥更大作用。在市场经济条件下，价格总水平是反映社会总供给和社会总需求的重要指标，也是国家宏观调控的重要依据。一般来说，当某种商品的价格变动幅度预示该种商品的供求有缺口时，国家就可以利用各种宏观调控工具如利率、税率、工资等，鼓励和诱导这种商品生产规模的扩大或缩小，引导社会资源进入或退出这个生产领域，从而调节商品的总体供求平衡，实现价格水平的整体均衡，促进社会生产力的提高和社会财富的增加。

二 市场起决定性作用中的竞争机制

竞争机制是现代市场经济运行最重要的机制之一，从某种程度上讲，保障自由竞争机制的顺畅运行，是一个国家繁荣发展的必然选择。竞争机制是一种外部强制性的推动力，它能够通过商品生产者之间为实现自己的经济利益，争取更好的销售场所和购买条件而围绕商品的数量、质量、品种等方面所展开的较量。竞争机制发挥作用的根本原因在于能够实现"适者生存、优胜劣汰"的竞争法则，这显然是促进资源优化配置和经济繁荣富强的重要途径。

竞争作为市场经济的固有机制，其主要是由两个方面的因素决定：一是竞争双方不同经济利益的存在。市场经济存在的基础是众多独立经济利益主体的存在。不同的利益主体的一切活动，都是为了自身的利益，在经济利益最大化的驱使下，会自行与同类经济主体展开激烈的竞争，从而实现资源的高效化配置。二是竞争由个别劳动时间与社会必要劳动时间的矛盾引起。在市场经济条件下，生产同一种商品的不同生产者，由于他们的技术条件不同，劳动强度与熟练程度不同，管理水平不同，个别劳动耗费也就不同。而市场上的商品价值由社会必要劳动时间决定，从而出现个别劳动时间与社会必要劳动时间的矛盾，这就必然引起各个生产者之间在市场上的竞争。这就反过来激励各个生产者改善生产条件、加强管理、提高劳动生产率，从而能够促进整个经济体在竞争机制的作用下走向强大。市场竞争主要有三种类型[1]：

（一）商品供给者之间的竞争

即卖方之间的竞争。同一种商品，有许多不同的供给者，谁能以最便宜的价格出售同样品种同一质量的商品，谁就一定能够战胜其他卖主，从而实现个人的利润最大化。于是，各个卖主彼此之间进行争夺销路、争夺市场的斗争，这种竞争能够降低他们所供给的商品价格。而降低商品价格，就必然会降低商品生产者的利润，为了在既定的生产成本前提下获得必要的社会平均利润率，就必然促使商品供给者加强管理组织的创新、技术技能的创新等一系列创新要素的引进，只有这样才能在激烈的市场竞争中赢得一席之地。

（二）商品需求者之间的竞争

即买方之间的竞争。这种竞争机制也被称作买方竞争。事实上，在市场经济的条件下，不仅仅存在商品供给者之间的激烈竞争，需求者之间同样存在竞争，这是发挥价格机制和竞争机制的重要前提条件。当市场上某种商品出现供不应求时，买方之间就会为抢购这种商品而展开竞争，这种竞争反过来就会提高所供给的这种商品的价格，这也是"供求调节价格"的供求规律的重要内在机理所在。在此基础上，通过价格信号的传导与引导作用，能够诱导更多的社会资源加入到该商品的生产中来，从而促进社会财富的增加，显然，这正是一个国家走向经济强盛的重要途径所在。

（三）商品买方和卖方之间的竞争

作为商品的买方，想尽量使商品便宜些，而作为卖者却希望商品尽量卖得贵些。买者和卖者之间的这种竞争的结果怎样，要依

---

[1] A. J. 伊萨克森等：《理解市场经济》，张胜纪、肖岩译，商务印书馆1996年版。

据上述竞争情况如何来决定，也就是说，要看是买者阵营里的竞争激烈一些还是卖者阵营里的竞争激烈一些。当买者阵营里的竞争更激烈些的时候，就说明该商品处于"供不应求"的状况，就会导致商品的价格上涨，从而诱导更多的商品生产者将社会资源投入到此商品的生产中；而当卖者阵营里的竞争更激烈些的时候，就说明该商品处于"供大于求"的状况，这样会导致商品的价格下跌，从而促使一些商品生产者将社会资源撤离出该生产领域，转移到社会利润更高的商品上去，最终实现资源的优化配置，显著地增进社会财富。

三 市场起决定性作用中的利益机制

在市场经济条件下，因为人具有"自利之心"而使利益机制发挥作用，既是市场经济能够激发人的活力和创造力、促进一个经济体实现繁荣和富强的重要内在机理，也是促使一个国家实现经济强大的重要市场机制。

具体来看，利益机制是指市场交易主体的责任、权利与所得的经济利益之间的有机联系。实际上，在任何一个经济体中，首要的问题都是如何调节个人利益与社会利益之间的关系，如何力求将个人追求自身利益的活动引导到与社会经济发展总目标相一致的轨道上来。在利益机制的顺畅运行下，个人追求自身利益的过程就是促进一个国家经济社会发展的过程，在个人追求富裕生活的美好愿望和实际行动中，实现经济社会的"自生自发秩序"。

当然，从价格机制、竞争机制的角度来分析利益机制的话，利益机制实质是价格机制和竞争机制发挥作用的根本原因。"供求决定价格，价格调节供求"，价格机制为什么会有如此的作用呢？这是因为，价格关系反映着人们之间的经济利益关系，价格的变动在导致资源流动和重新配置的同时，必然引起经济利益在各个市场主体之间的重新分配，从而使社会资源实现最优化配置。试想：如果一个经济体或国家中的经济个体对自己的利益毫不关心和在乎，那么，显然价格机制和竞争机制的运行也就无从谈起。

正是因为有了利益机制,才使市场成为平衡个人利益和保证个人利益与社会利益和谐的"自然秩序",市场机制这只"看不见的手"才能够有效地主导着各种交换当事人的利益、动机和行为,从而引导着人们在追求自身利益的同时也能够极大地促进社会的利益,并最终促进一个国家的经济走向繁荣和强大。换句话说,人们对自身利益追求的利益机制构成市场经济正常运行的基石。

第二节 研究脉络:社会主义对市场起决定性作用的认识过程

改革开放30多年来,我们党在推进社会主义改革开放的伟大事业中,不断加深对政府和市场关系的认识,相应做出了一系列历史性的重大决策。[①] 从整体上看,对于社会主义市场经济的基本内涵和特征,特别是市场在资源配置中处于一个什么样的地位、应当发挥什么样的角色和作用,我们党对这一问题的认识,主要经历了以下三个阶段。

一 第一个阶段:市场在国家调控下起基础性作用

这一阶段的时间大致为从十二届三中全会到十四大和十四届三中全会。在这一时期,我们党对市场在资源配置中的地位和作用,主要是以"市场在国家调控下起基础性作用"的认识为主,强调"在国家调控下"发挥市场的基础性作用。1984年党的十二届三中全会提出,社会主义市场经济体制是有计划的商品经济,1987年党的十三大提出了"社会主义商品经济"的概念,其内涵是计划调节与市场调节相结合。在认识市场在资源配置中究竟起什么样作用的问题上,"社会主义商品经济"的提法虽然隐含了"由国家计划为主"转为"国家间接调控为主"的含义,但应当说,"国家计划"

---

① 魏礼群:《正确认识与处理政府和市场关系》,《全球化》2014年第4期。

仍然占据着重要地位。

当时，理论界和政策界对政府与市场关系的认识比较模糊。在"社会主义商品经济"概念提出来以后，有人简单认为计划经济就是社会主义，有人则主张回到计划经济为主、市场调节为辅的提法。[①] 在这种认识模糊的情况下，邓小平同志的南方谈话使我国的改革开放回到了正确的航向，邓小平同志提出："计划多一点还是市场多一点，不是社会主义与资本主义的本质区别。计划经济不等于社会主义，资本主义也有计划；市场经济不等于资本主义，社会主义也有市场。计划和市场都是经济手段。"[②] 此后，我们党经过对过去社会主义经济建设经验得失的认真总结，党的十四大提出"市场在社会主义国家宏观调控下对资源配置起基础性作用"，党的十四届三中全会将这一表述改为"市场在国家调控下发挥基础性作用"，并在此基础上，构建了社会主义市场经济的五大支柱，即构建以公司制为主要组织形式的现代企业制度，全国统一开放的市场体系，健全的宏观调控体系，合理的个人收入分配制度和多层次的社会保障体系。

二 第二个阶段：市场在资源配置中起基础性作用

这一阶段的大致时间为从党的十四届三中全会到党的十八大。在这个时期，我们党进一步深化了对市场在资源配置中作用的认识，系统地提出和阐述了"市场在资源配置中起基础性作用"的论断。较之第一阶段"市场在国家调控下起基础性作用"的认识，更加突出了市场在资源配置中的地位和作用，但并不否认国家宏观调控在经济社会发展中的重要作用，而是强调市场在资源配置中的"基础性"作用。这意味着，我们党对市场与政府关系的认识，提高到了一个崭新的高度。

在党的十四大和十四届三中全会确立的社会主义市场经济体制

---

① 高尚全：《使市场在资源配置中起决定性作用》，《前线》2013年第12期。
② 邓小平：《邓小平文选》第三卷，人民出版社1994年版，第373页。

运行多年之后,一些深层次问题和矛盾逐渐暴露,对社会主义市场经济的进一步完善在当时成为一项重大的理论和实践命题。国家宏观调控是作为资源配置的前提条件,还是属于市场经济的重要内容?资源配置的主体是政府还是市场?是政府主导还是市场主导?这些问题在原有的"市场在国家调控下发挥基础性作用"的提法下,则无法得到与现实相吻合的合理解释。① 因此,党的十六大提出"在更大程度上发挥市场在资源配置中的基础性作用",党的十七大提出"从制度上更好发挥市场在资源配置中的基础性作用",党的十八大提出"更大程度、更广范围发挥市场在资源配置中的基础性作用"。在这一认识阶段,我们党将社会主义市场经济的内涵进一步拓展为更大程度、更广范围发挥市场在资源配置中的基础性作用,极大地深化了对市场作用的认识。

三 第三个阶段:市场在资源配置中起决定性作用

2013年11月,党的十八届三中全会着力提出:"经济体制改革是全面深化改革的重点,核心问题是处理好政府和市场的关系,使市场在资源配置中起决定性作用和更好发挥政府作用。"把以往市场起"基础性"作用改为"决定性"作用,同时也强调"更好发挥政府作用",这是我们党关于发展社会主义市场经济思想的新发展,对政府和市场关系的认识达到了新境界,也是对市场在资源配置中作用认识的一次飞跃。

党的十八届三中全会不仅对市场的决定性作用做了创新性的论述,而且从政府和市场的关系角度,清晰界定了政府的职能,即政府要承担宏观调控、市场监管、公共服务、社会管理和保护环境五个方面的职能,其余都要向市场、向社会放权,要最大限度地给各类市场主体松绑,充分发挥市场主体的活力,激发各类社会组织的能动性。在现代市场经济中,会产生垄断组织、公共产品、信息不对称等"市场失灵"问题,政府应当在这些方面充分发挥作用,全

---

① 高尚全:《使市场在资源配置中起决定性作用》,《前线》2013年第12期。

面正确履行政府职能。如何处理好政府与市场的关系,总结起来就两句话.第一句话是发挥市场在资源配置中的决定性作用;第二句话是清晰界定政府职能,更好地发挥政府作用。做到了这两点,作为我国经济体制改革核心问题——"政府与市场的关系"问题,就一定能够得到很好解决。①

从以上对我们党认识市场决定性作用的历程可以看出,正确认识市场在资源配置中究竟起什么样的作用,一直是贯穿于我国改革开放进程中的重大课题,是我们党对实行社会主义市场经济随着实践发展在认识上不断丰富、不断深化的过程。由把市场经济作为经济管理方法到经济调节手段再到一种经济制度,由市场在资源配置中起"基础性"作用到起"决定性"作用,这都反映了我们党的思想理论随着实践不断发展而不断创新,符合马克思主义关于历史唯物主义和辩证唯物主义的科学认识论。②从整体上看,我们党对市场决定性作用认识的继承、创新和发展,也为我们研究在新的经济发展阶段,正确认识市场决定性作用与建设经济强国提供了基本遵循。

第三节 发挥市场起决定性作用的现实障碍与难点

党的十八届三中全会着力指出"紧紧围绕使市场在资源配置中起决定性作用深化经济体制改革"。当前,我国社会主义市场经济体制正处于完善发展阶段,建设经济强国所必须依靠的价格机制、竞争机制和利益机制的运行还不完善,存在诸如市场规则不统一、竞争公平性不够、政府职能错位等诸多问题。"使市场在资源配置

---

① 张占斌:《释放全面改革红利,打造中国经济升级版》,《辽宁日报》2013年12月8日。

② 魏礼群:《正确认识与处理政府和市场关系》,《全球化》2014年第4期。

中起决定性作用"的理论创新，就是为了解决存在的问题，充分释放经济发展的内在活力、内生动力和创造力。

一 市场体系需要完善，价格机制运行不畅

"供求决定价格，价格调节供求"是市场发挥决定性作用的一般规律和基本法则之一。而要使价格机制或者供求机制充分发挥其在引导资源配置中的作用，使资源配置达到帕累托最优状态，就必须要有完善的市场体系，这是价格机制顺畅运行的基本前提。

发展社会主义市场经济，必须搭建价格机制得以充分发挥作用的平台，积极完善现代市场体系，要让企业自主经营、公平竞争，让消费者自由选择、自主消费，让商品和要素自由流动、平等交换。中国国际经济交流中心课题组（2013）的研究认为，我国实行社会主义市场经济体制以来，应当说，市场体系建设取得了很大成就，但与建立统一开放、竞争有序的市场体系预期目标还有相当大的差距，价格机制运行还不是很顺畅。当前，我国一些重点领域的价格形成机制没有建立，尤其是水、石油、天然气、电力、交通、电信等领域价格改革需要持续深入推进。要素市场的培育和发展是市场配置资源的必要条件，而我国重要的要素市场的改革还不到位，城乡统一的建设用地市场没有建立，技术创新市场导向机制有待完善，资源型产品的价格体系还没有建立起来，生态补偿机制还须进一步完善，信息市场、劳动力市场等发育不充分，价格信号在资源配置中的导向性作用还有待进一步加强。①

以金融体系为例，金融是经济活动的血液，拥有发达稳健的金融体系是成熟现代市场经济的基本特征之一。而我国的金融体系还不稳健，资本市场不发达，金融业开放不够，地方债务风险在不断积累。从价格机制的角度看，利率是反映资金稀缺程度的价格信号，但我国的利率市场化程度还有待进一步深化。2013年7月20日，我国开始全面放开金融机构贷款利率管制，建立健全市场利率

---

① 参见中国国际经济交流中心课题组《打造中国经济升级版》，人民出版社2013年版。

定价自律机制，贷款基础利率集中报价和发布等机制正式运行，这是我国利率市场化进程中里程碑式的改革。但应当说，利率市场化进程中最重要的是放开存款利率，而这项改革目前还没有推出。从市场体系建设来看，多层次的资本市场建设、中小型金融机构的设立等，还有诸多值得完善的地方。因此，在资金市场上，市场体系建设有待进一步健全，价格机制运行有待进一步完善，离市场发挥决定性作用的目标要求还有一定的距离。

二 市场规则缺乏公平，竞争机制运行不顺

"适者生存，优胜劣汰"，这条进化论的法则虽然来自生物学领域，但其非常准确地表达了市场发挥决定性作用中的竞争机制的内涵。市场经济某种程度上讲就是竞争的经济，只有在买者和买者之间、卖者和卖者之间、买者和卖者之间展开激烈的竞争，才能够实现资源的优化配置，最终实现个人利益和社会财富的最大化。

当前，我国的市场准入负面清单尚未建立，各类市场主体可依法平等进入的领域没有确定。各类违法实行优惠政策行为屡禁不止，阻碍公平竞争的各种市场壁垒层出不穷。工商注册门槛高、效率低，政府权力不规范。流通领域体制机制性障碍明显，法治化营销环境未完全建立。优胜劣汰的市场化退出机制也不健全，一些产能过剩的行业不能实施有序退出，经常发生的企业破产政府兜底现象造成了企业对政府的严重依赖，企业把决策失误的责任推给社会。[1] 发挥竞争机制作用的基本前提就是要保障各个经济主体在市场竞争中的公平性，这里的公平性主要讲的是起点公平和规则公平。在市场竞争中，不同的经济主体往往难以获得同等的市场准入条件，特别是在电信、电力、石油、铁路、金融保险等领域，基本都是由国有资本和国有企业控制，民间资本进入这些竞争性领域还面临着诸多限制和障碍，这显然与发挥竞争机制作用所要求的起点公平和规则公平是相违背的。我国政府高度重视发展非公有制经

---

[1] 参见王一鸣主编《改革红利与发展活力》，人民出版社2013年版。

济，出台了《国务院鼓励支持非公有制经济发展的若干意见》（非公36条）、《国务院关于鼓励和引导民间投资健康发展的若干意见》（新36条）等一系列政策措施，但从实施效果来看，客观来讲，"玻璃门""旋转门""明放暗不放"的情况还依然存在。

此外，在我国的市场经济实践中，地方保护主义和市场分割现象比较突出，有些地方从维护本地的商业利润或者解决本地的劳动力就业等立足点出发，在立法环节往往制定有利于本地企业的各种标准和准入门槛，或滥用行政权力限制外地企业和产品进入，其实质就是为了限制外地产品在本地的销售，为了限制不同经营主体之间的竞争。比如，在啤酒生产、香烟销售等领域，地方保护主义的倾向就十分明显，这使不同的经营主体在进入门槛上存在极大的不公平性，造成了社会主义经济体制下竞争机制的失效。

三　政府干预过多过乱，利益机制有待深化

从我国的现实情况来看，应当说，政府在"缺位""错位"和"越位"方面问题还比较突出。国务院经过多年行政审批制度改革，审批项目已精减了很多。但目前仍有1700多项，涉及近70个部门，其中，审批项目超过50项的就有12个部门，个别部门审批事项甚至超过100项。[①] 地方政府层面的审批项目则多达1.7万项。众多的审批项目就像一张大网，把整个经济社会活动给预先框住了，怎么走都没办法快走。有些审批项目提起来匪夷所思，比如，建造渔船时，渔船龙骨结构的大小，还需要经过有关部门的审批。有的企业上一个项目往往要跑十几个、几十个部门，盖几十个甚至上百个公章，这无疑会极大地增加企业成本，造成资源的错位配置。此外，名目繁多的资质资格认证也大大抬高了就业和创业的门槛。据统计，目前，仅国务院部门许可的个人资格就有100多项，各级政府部门颁发的资质资格证书有200多种。强大政府对市场的过度干预，造成了资源配置低效甚至浪费，束缚了市场主体创业、创新活

---

① 数据来自中国政府网。

力，束缚了利益机制的运行。

此外，从本质上看，市场经济是信用经济，社会信用体系是市场经济的重要制度安排，也是市场发挥决定性作用的重要制度保障。当前，我国尚未形成覆盖全社会的信用体系，社会诚信意识不强、个人信用观念淡薄，失信成为系统性问题。由于信用体系建设的滞后，财务失真、偷税漏税、合同违约、商业欺诈、恶意拖欠和逃废银行债务、制假售假等现象屡禁不止，严重扰乱了正常的市场秩序。发挥市场在资源配置中的决定性作用，建设经济强国，需要在改革市场监管体系的同时，还应补上信用建设这一"短板"，应尽快建立"褒扬诚信，惩戒失信"的激励约束机制，营造诚实守信的社会氛围，使我国的市场经济在激励约束机制运行顺畅的基础上，保障利益机制充分发挥作用。

第四节　发挥市场起决定性作用的路径选择与举措

习近平总书记指出："经济发展就是要提高资源尤其是稀缺资源的配置效率，以尽可能少的资源投入生产尽可能多的产品、获得尽可能大的效益。"当前，我国正处于全面建成小康社会、加快从经济大国走向经济强国的战略机遇期，我们必须牢牢把握历史机遇，加快完善现代市场体系，建立公开透明的市场规则，正确处理好政府和市场的关系等，真正使价格机制、竞争机制和利益机制运行顺畅，使市场在资源配置中发挥着决定性作用，进而提高资源配置效率，释放经济发展活力，促进财富增加和经济繁荣。

一　加快完善现代市场体系

在现代市场经济条件下，建设统一开放、竞争有序的市场体系既是发挥价格机制的前提条件，也是使市场在资源配置中起决定性作用的基础。加快完善现代市场体系，不仅要积极完善商贸、劳动力、土地等有形市场建设，也要进一步完善资金、信息、技术等无形市场建设。按照十八届三中全会的部署，加快完善现代市场体系，充分发挥价格机制的作用，需要在以下几个方面着力：①

（一）进一步完善商品市场体系建设

党的十八届三中全会提出建立公平开放透明的市场规则，健全全国统一开放市场。重点是推广负面清单的管理模式，推进工商注册制度便利化，推进国内贸易流通体制改革，建设法治化营商环境，进一步打破行政性垄断和地区封锁。同时，改革市场监管体系，实行统一的市场监管，清理和废除妨碍全国统一市场和公平竞争的各种规定和做法，反对地方保护，反对垄断和不正当竞争。此外，完善主要由市场决定价格的机制。凡是能由市场形成价格的都交给市场，政府不进行不当干预，注重发挥市场形成价格的作用。

（二）进一步完善金融市场体系建设

中国市场经济发展历史还比较短，金融市场建设的价格机制运行还不够顺畅，其突出表现是：资金价格（利率、汇率等）还未完全市场化，民间资本进入金融业仍受准入限制，上市公司股权和治理结构、投资者权益保护等仍需继续完善。我们要进一步完善现代金融市场体系建设，扩大金融业对内对外开放，鼓励金融创新，健全多层次资本市场体系，完善人民币汇率市场化形成机制，加快推进利率市场化步伐，积极稳妥地放开存款利率市场化。同时，要进一步加强金融基础设施建设，保障金融市场安全高效运行和整体稳定。

（三）进一步完善劳动力市场体系建设

经过30多年的改革实践，中国的就业制度在基本实现市场化的同时，还承受着新增就业人口数目巨大、体制转轨中结构性失业、大量农村富余劳动力转移就业的压力，人口城镇化滞后于土地城镇化发展，限制人口自由流动的制度阻碍全国劳动力市场的统一，同

---

① 汪红驹：《加快完善现代市场体系》，《时事报告》2014年第1期。

时也面临着人口老龄化带来的劳动人口下降、人口抚养比上升等问题。因此，统筹城乡劳动力市场，关键是深化户籍制度改革。应全面放开建制镇和小城市落户限制，有序放开中等城市落户限制，合理确定大城市落户条件，严格控制特大城市人口规模，促进符合条件的农业转移人口在城镇落户并享有与城镇居民同等的权益。①

（四）建立城乡统一的建设用地市场

中国目前的土地市场基本上还是城市土地市场，价格机制基本只在城市土地市场上发挥作用，农村土地市场基本没有得到法律正式确认。在快速城镇化过程中，城市用地和农村土地之间出现了很大的矛盾。农村土地征收或征用没有给农民以合理的土地补偿，农村土地承包经营权还未市场化，农村集体建设用地流转渠道过于狭窄，在一定程度上导致了隐性化、非公开化农村建设用地流转行为的发生，农村土地自发入市现象突出。因此，要进一步发挥价格机制在城乡建设用地市场中的导向作用，允许农村集体经营性建设用地出让、租赁、入股，实行与国有土地同等入市、同股同价。

（五）进一步完善创新市场体系建设

市场经济的自由和公平竞争是鼓励创新的，只有通过创新和竞争优胜劣汰，整个经济体才能保持旺盛的生命力和国际竞争力。如果技术创新由行政来主导，企业不能成为技术创新的主体，技术创新与市场需求隔绝的弊病就难以根治。党的十八届二中全会提出要"深化科技体制改革"，通过建立产学研协同创新机制，不断强化企业在技术创新中的主体地位，建设国家创新体系。同时，要加强知识产权运用和保护，健全技术创新激励机制。打破行政主导和部门分割，建立主要由市场决定技术创新项目和经费分配、评价成果的机制。通过发展技术市场，促进科技成果资本化、产业化。

二 建立公平公开透明的市场规则

市场体系是依照特定规则运行的，市场规则不同，市场体系运

---

① 《国家新型城镇化规划（2014—2020年）》，人民出版社2014年版。

行的方式和效率也不尽相同。改革开放以来，我国市场规则的建立与建设已经取得显著进展：供求关系确定的价格形成机制在不断完善，市场开放程度不断提高，多元化市场主体空前活跃，非公有制经济得到长足发展，与市场相关的法律法规体系和社会信用体系不断完善和得到重视，都为发挥市场在资源配置中的决定作用提供了重要基础。

(一) 实行负面清单准入管理方式

所谓负面清单管理，是指政府列出禁止和限制进入的行业、领域、业务等清单，清单之外的领域都可以自由进入，即所谓"法无禁止即可为"。这既是市场准入管理方式的改革，对我国社会主义市场经济体制建设的意义更是非同一般。负面清单只管企业"不能做什么"，与正面清单规定企业"只能做什么"相比，为市场发挥作用提供了更大空间，体现了在政府与市场关系上思维方式的重要转变。从本质上看，负面清单大幅度收缩了政府审批范围，条款相对清晰，有助于实质性推动政府审批制度改革，提高政府工作效率，减少自由裁量权和相应的"寻租"空间。当然，负面清单不再提出"鼓励类项目"，企业发展将更多依靠自身在市场上的竞争。而当存在"鼓励类项目"时，有些企业拿着"批条"寻求优惠政策支持，不利于公平竞争，也助长了产能过剩。

(二) 实行全国统一的市场监管

我国人口众多、市场广阔，仍处在重要发展机遇期，优化配置资源和需求增长潜力巨大，但前提是要有一个全国统一、公平竞争的市场体系。近些年来，或明或暗地出现了不少地方保护、分割市场、限制公平竞争的"土政策"和潜规则，有的还被视为发展地方经济的得力举措。这些做法短期内看起来似乎有利于当地发展，但由于扭曲了资源配置、有悖公平竞争原则，并引发地方之间的过度竞争，从长期看，对全局发展不利，对本地发展也不利。所以，我们要按照党的十八届三中全会的具体要求，严禁和惩处各类违法实行优惠政策行为，反对地方保护，反对各种垄断和不正当竞争。

（三）加强社会信用体系建设

首先，信用体系建设一直是我国经济社会发展中的"短板"。假冒伪劣、坑蒙拐骗、拖欠赖账等行为，使经济运行付出了高昂代价。党的十八届三中全会提出要建立健全社会征信体系。通过征信体系，逐步完善个人和机构的信用记录，作为其从事生产、投资、流通、消费等经济活动的重要信用依据。在此基础上，建立信用奖惩机制，培育履约守信的行为规范，提高全社会的信用水平。

其次，在减少行政性审批的同时，要简化准入手续。《决定》提出要推进工商注册制度的便利化，削减资质认定项目，由先证后照改为先照后证，把注册资本实缴制逐步改为认缴登记制。这些措施对于减轻企业负担、降低准入门槛、提高准入过程透明度，都有积极作用。进一步看，更重要的是加快建设法治化的营商环境，形成与国际接轨的商事制度，健全制度性、程序性规则，包括政府在内的所有行为主体都要依法依规办事，提高行政权力运作的透明度，减少随机干预，加强责任追究。

（四）健全优胜劣汰的市场化退出机制

市场体系有进有退，退出不畅是我国市场体系运行中的一个重要缺陷。当前我国经济运行中面临着相当严重的产能过剩问题。与历史上曾经多次出现的产能过剩不同，这一轮产能过剩是在大多数重要产品达到或接近历史需求峰值的情况下出现的，因而具有长期过剩的特点。一般的产能过剩是市场经济的常态，但严重产能过剩的出现，一个重要原因是缺少有效的市场化退出机制。一方面，要发挥市场在优胜劣汰中的不可替代的积极作用，哪些企业胜出，哪些企业出局，要通过市场竞争做出选择，而不能由政府说了算。在企业破产和兼并重组等问题上，要坚持企业自主原则，防止政府搞"拉郎配"；要鼓励跨地区、跨所有制的兼并重组，防止地方保护。另一方面，政府应把主要精力放在为企业退出和重整创造不可缺少的外部条件上，如完善社会保障体系、开辟再就业门路、组织职业培训、为兼并重组提供必要金融支持等。

三 进一步处理好政府和市场关系

在现代市场经济条件下,市场这只"看不见的手"在资源配置中发挥决定性作用;政府这只"看得见的手"主要是弥补市场失灵。无论是使市场在资源配置中起决定性作用,还是更好发挥政府作用,都要处理好政府和市场"两只手"协调配合的关系,绝对不能顾此失彼。只有充分发挥好这"两只手"的作用,才能使价格机制、竞争机制和利益机制得以顺畅运行。

(一) 从发挥政府和市场"两只手"作用的角度看

发挥好政府这只"有形之手"的作用,不仅仅是要取消和下放权力,把该放的权力放开放到位,还要改善和加强政府管理,把该管的事务管住管好。有所不为才能有所为。只有把那些该放的放了,才能抓大事、议长远、谋全局,少管微观、多管宏观。要在激活市场、社会活力的基础上搞好政府宏观管理,增强政府治理能力,提高政府效能,建设现代政府。[①] 事实上,通过放权,能够使政府有更大的精力把监管的重点放到人民群众反映强烈、对经济社会发展可能造成大的危害的领域上来,为各类市场主体营造公平竞争的发展环境,实现公平的竞争;通过放权,创新公共服务提供方式,为人民群众提供更多更有效的优质公共服务;通过放权,优化必要的行政审批程序,减少"寻租",防止腐败,建立现代、科学的管理制度。

(二) 从政府职能界定看

党的十八届三中全会对这个问题已经有了一个非常清晰的阐述,即政府要承担宏观调控、市场监管、公共服务、社会管理和保护环境五个方面的职能,其余的都要向市场、向社会放权,要最大限度地给各类市场主体松绑,充分发挥市场主体的活力,激发各类社会组织的能动性,努力克服在现代市场经济条件下,所产生的垄断组织、公共产品、信息不对称等"市场失灵"问题。

---

① 张占斌:《放权是为了让把该管的事管好》,《北京日报》2013 年 9 月 21 日。

当然，政府和市场的作用不是对立的，而是相辅相成的；也不是简单地让市场作用多一些、政府作用少一些的问题，而是统筹把握，优势互补，有机结合，协同发力。要划清政府和市场的边界，凡属市场能发挥作用的，政府要简政放权，要松绑支持，不要去干预；凡属市场不能有效发挥作用的，政府应当主动补位，该管的要坚决管，要管到位，管出水平，避免出问题。要善于运用负面清单管理模式，只告诉市场主体不能做什么，至于能做什么，该做什么，由市场主体根据市场变化做出判断。要找准市场功能和政府行为的最佳结合点，切实把市场和政府的优势都充分发挥出来，更好地体现社会主义市场经济体制的特色和优势。

第二章 市场在资源配置中起决定性作用的机理

人类社会的存在与发展以及财富创造的基础是资源要素，这里的资源要素既包括自然资源，又包括社会经济资源，而资源本身的存在又是有限与稀缺的，这便与人类的需求产生了不可避免的矛盾。那么，如何解决这一矛盾，其根本的途径就是有效利用并不断提高资源要素的利用效率。所以说，如何对现有的资源进行高效的配置，也就成了解决经济社会发展的基本问题。党的十八届三中全会首次提出："经济体制改革是全面深化改革的重点，核心问题是处理好政府和市场的关系，使市场在资源配置中起决定性作用和更好发挥政府作用。"[①] 这就从理论上对市场究竟在资源配置中起什么样的作用做了明确回答。而发挥市场在资源配置中起决定性作用的内在机理就在于：只有市场才真正掌握资源配置的"全面知识"，只有价格信号才是引导资源配置优化的最佳信号。

第一节 计划与市场：两种资源配置方式的比较

资源配置目标必须通过一定的资源配置方式来实现。迄今为止，

---

① 《中共中央关于全面深化改革若干重大问题的决定》，人民出版社2013年版，第5页。

社会化生产中资源配置方式基本上有市场配置方式和计划配置方式两种。资源的计划配置方式是指通过指令性计划决定资源的分配和组合。资源的市场配置方式是指通过市场机制来调节资源的分配比例。资源配置方式与经济体制类型相一致，采用计划配置方式配置资源的是计划经济体制，采用市场配置方式配置资源的即为市场经济体制。这两种体制对于资源配置方式存在根本上的差别。

一 计划与市场的差别

从整体上看，计划与市场都是配置资源的方式和途径。但是，作为资源配置的两种不同方式，计划与市场却有很大的差别，这两者的区别主要体现在以下几个方面：

（一）资源配置的主体不同

计划配置资源的主体是政府，市场配置资源的主体是企业。在计划经济体制中，由中央政府计划机关编制的计划确定宏观经济发展的目标，然后按照行政隶属关系层层分解下达，连同资源一直安排到企业。政府既是宏观经济的管理者，又是企业微观经营的指令者和直接指导者，不仅人、财、物等各种资源由政府直接安排到不同部门、不同地区、不同企业的不同使用方向上，甚至连企业自身也成了被政府配置的对象和客体。企业毫无生产经营权，一切生产经营活动都由政府统包统揽。政府是计划配置资源的主体，企业只是政府行政机构的附属工具。在这种资源配置方式中，资源配置的决策者是中央计划机构，配置的手段是以行政指令形式层层下达的计划指标，产品稀缺程度的显示信号是计划平衡决算的差额或缺口。[1]

而在市场经济的体制中，企业是自主经营、自负盈亏的独立的商品生产经营者，是独立的市场主体，相关的人力、物力、财力等资源的流向、组合比例和流量，都由企业自己决策定夺，一切生产

---

[1] 杨干忠：《社会主义市场经济概论》第二版，中国人民大学出版社2008年版，第19页。

经营活动也都由企业自己自主地安排和组织，政府的经济职能只是运用财政政策和货币政策进行宏观调控，宏观调控主要是通过经济手段引导企业把资源配置到社会最需要、最有效率的产品的生产上去，以保持社会总供给与社会总需求的平衡。市场配置方式中，企业由计划配置方式中政府的附庸演变成为资源配置的主体，成为市场经济的细胞。

(二) 资源配置的出发点不同

计划配置资源的出发点是生产能力，市场配置资源的出发点是市场需求。计划配置方式是从能生产什么、能生产多少出发来配置资源的。能生产的，就安排相应的资源，能多生产的，就多安排一些资源。至于这种生产能力是否是社会所需要的，与社会对它的需要相比孰多孰少，并不是作为资源配置主体的政府配置资源时首先考虑和重点关注的问题。

而市场配置方式的最显著特点是从市场的实际需求出发进行资源的配置。在市场经济条件下，市场上哪种商品供不应求，就会很快反映到商品的价格上。在供求机制作用下，这种商品的价格就会上涨。而作为追求利润的主体——企业，就会自动地将更多的资源安排到这种商品的生产上去，生产出更多的这种商品以满足社会需求。而当某一种商品出现供过于求、滞销的情况时，同样在供求机制作用下，这种商品的价格会下跌，企业就会自动地减少乃至撤除其生产经营中投放的各种资源，转而投向供不应求的产品，从而实现资源要素的优化配置。

(三) 资源配置的依据不同

计划配置资源的依据是指令性计划指标，市场配置资源的依据是市场价格。计划配置资源时，各类资源的流向、流量和组合比例，都由指令性计划指标明确规定。每一企业能使用什么资源，能使用多少特定的资源，指令性计划指标中也有明确而又具体的规定。指令性计划指标是计划配置资源的"指示器"。

市场配置资源时，市场价格是企业配置资源的信号。市场上哪种产品由于供不应求而使价格上涨,价格高于价值,企业就把资源投放到哪种产品的生产上;反之,哪种产品由于供过于求而使价格下降,价格低于价值,企业就减少资源在其生产经营中的投入量。随着市场价格的变动,企业不断地随之变更资源的配置。

(四) 资源配置的信息传递方式不同

计划配置资源的信息是纵向地传递的,市场配置资源的信息是横向地传递的。计划配置资源时,政府按照行政隶属关系,把作为资源配置指令信息的指令性计划指标纵向地自上而下层层下达到企业,企业也层层地自下而上向上级提出对资源的要求,至于企业的要求是否能得到认可和满足,则完全由上级行政机构来拍板。

而在市场经济的体系下,当由市场机制进行资源的配置时,企业从市场横向地得到作为资源配置指令信息的价格信号,企业之间有关资源流向、流量的信息也经由市场横向地传递,使有关信息能够更快更有效地传达到各类生产企业中去。

(五) 资源配置的动力不同

计划配置资源的动力是指令性计划的行政约束力,市场配置资源的动力是企业对经济利益的内在追求。计划配置资源时,政府通过行政系统层层下达的指令性计划指标,是一种行政命令,具有行政约束力,作为行政机构附属工具的企业必须严格地贯彻执行。于是,指令性计划的行政约束力便成为计划配置资源的驱动力,但这是一股外在的、强制的力量。[1]

而在市场配置资源时,企业之所以把资源配置到价格高也即社会最需要的产品的生产上,是因为这样也只有这样才能给它们带来更多的利润,带来更多的经济利益。经济利益是人类最根本的利益,故市场配置资源的动力是一种内在的、自发的力量。

二 计划配置资源方式的弊端

计划配置方式的内在特点决定了它有着难以克服的内在弊端。

---

[1] 刘国光:《回顾改革开放 30 年:计划与市场关系的变革》,《财贸经济》2008 年第 11 期。

它不是从市场需求出发，而是从生产能力出发，这就无法保证资源一定能流向社会最需要的部门。退一步说，即使生产能力同社会需要相一致，而由于计划配置资源是靠指令计划的行政约束力来强制地驱动的，作为资源直接使用者的企业，既没有资源配置权，也没有同资源使用后果相联系的经济利益和经济责任，它们在使用资源过程中没有必要也不可能会主动地努力发挥资源的最大使用效率，而资源使用中的浪费现象却会因为无须承担经济责任和贪图方便等原因经常、普遍地发生。由此可见，无法保证资源配置目标的实现，既是计划配置资源的结果，也是计划配置资源方式的内在弊端。

计划配置资源的方式只有在一定条件下才能够正常有效地运行。如果所需条件不能具备，那么，不只是计划配置方式的正常运行受挫，更严重的是，计划配置方式的内在弊端会变本加厉地显露出来，其理论上的优势却无法正常发挥出来。计划配置方式正常运行条件主要有：一是行政机构集经济上的所有权、经营权和政治上的行政权于一身。这一条件使政府垄断资源配置权，作为资源配置主体来发号施令。它是计划配置方式正常运行的宏观基础。二是企业毫无生产经营权，附属于行政机构。这是计划配置方式正常运行的微观基础，保证作为资源直接使用者的企业服从资源配置主体的所有指令。三是一整套严密的、逐级服从的制度。这是计划配置方式正常运行的组织制度保证。它使中央政府计划机关制订的指令性计划指标能够忠实地、准确地一直传达到直接执行者——企业，并得到有力的执行。四是完全的经济信息。政府必须掌握所有企业的生产能力、生产各种商品所耗费的资源类别及其组合比例等大量的经济信息，这是计划配置方式正常运行的经济、技术保证。

计划配置方式正常运行的条件事实上并不完全具备，就使它在实际运行中进一步扭曲变形，内在弊端得到了变本加厉的显现。计划配置方式实际运行中的弊端主要表现在以下几个方面：

（一）资源短缺和资源浪费并存

资源短缺的典型表现就是传统的计划经济体制中许多产品（包括一些生活必需品）都严重地、长时间地供不应求。供不应求，政府只好靠定量供应或票证制度来解决把少量的产品满足大量需求者中的哪一部分需求的问题，而消费者则通过拉关系、走后门等手段，甚至不惜花高价从"地下市场"或"黄牛"那里买自己急需的商品。在资源短缺、产品供不应求的同时，资源的浪费也十分惊人：很多产品因为货不对路，连削价贱卖也很少有人问津，只好腐烂变质、坐以待毙，枉费了投放在其生产经营中的大量人力、财力、物力和时间资源；企业在使用资源时，浪费人力、财力、物力的情况也属家常便饭，很多能耗指标、物耗指标都超过额定标准，比市场经济国家也高不少。资源本来就具有稀缺性，资源浪费使本来就稀缺的资源更加稀缺了，更加重了资源短缺。于是，资源浪费和资源短缺形成了一种恶性循环，积重难返。

（二）产业结构容易陷入失衡状态

宏观经济是一个有机整体，各产业之间客观上存在一定的比例关系，只有这种比例关系得到保持、实现，产业结构合理，宏观经济才能够正常循环运转。计划配置方式从生产能力出发来配置资源，久而久之，必然会使生产能力强的部门的生产规模越来越大，它们与那些生产能力较小的部门的差距也日渐扩大，各产业部门之间应当有的比例关系得不到保证，从而导致产业结构陷入失衡的误区。我国传统计划经济体制中长期存在的农、轻、重比例失调，至今仍未正常化、合理化的产业结构，仍处于"瓶颈"状态的能源、交通和教育等行业，都表明计划配置方式实际运行中容易导致产业结构失衡，而由失衡走向平衡，又绝非一时一刻之功。

（三）经济活动缺乏活力，效益差

计划配置方式中，企业只是行政机构的附属品，它没有生产经营权，也没有同生产经营成果挂钩的经济利益和经济责任，当然不会尽力去提高微观经济活动的效益。另外，资源短缺，卖方市场长期呈现,"皇帝女儿不愁嫁",企业也不会在更新产品、改善经营管理和降低成本方面下大功夫。作为宏观经济细胞的企业缺乏活力,经济效益差,宏观经济效益又怎么会有所提高呢?我国传统的计划经济体制中企业缺乏活力,整个宏观经济效益差,是一个路人皆知的事实。我国正在进行的企业经营机制转换,既是为社会主义市场经济体制塑造合格的市场主体的过程,也是克服传统计划经济体制中企业无活力、经济活动效益差的过程。

计划配置方式正常运行的条件不能完全具备,也使其理论上的优势未能正常地体现出来。从理论上讲,由中央政府宏观考虑、统筹安排的指令性计划,又靠行政约束力来逐级服从和有力地执行,能较好地保持经济运行过程的稳定性和收入分配的较为平等,但战后以来较长期和较为系统的统计资料,并没有提供计划经济国家的经济增长比市场经济国家更为稳定的实证依据。

三 市场配置资源的优势

市场配置方式的内在特点,使其具有一种自发地使资源配置主体把资源配置给既合乎社会需要又尽可能地少投入、多产出的产品生产上的内在优势。这是因为:

(1)市场价格是市场配置资源的指示器,经济利益是市场配置资源的内在动力。为了得到更多的经济利益,不需要任何外在的压力和强制,企业就会心甘情愿地主动地把资源投放到价格高的产品的生产上。

(2)实行市场配置时,价格和供求关系互相影响,只有供不应求的产品价格才较大地高于价值,企业在经济利益启动下把资源投放到价格高的产品的生产上,其实也就是投放到社会最需要的部门。

(3)企业从每件产品上得到的经济利益,其实也就是这件产品的市场价格与其生产中所耗费的各项资源价格和之差,而企业为了得到更多的经济利益,就必须用最少的资源生产出最多的符合社会需要的产品。由此可见,能较好地实现资源配置的两个目标,不仅是市场配置资源的结果,也是市场配置方式的内在优势。

同计划配置的方式一样,市场配置方式的正常有效运行也需要具备一定的条件。这些条件主要有:

(1) 政府不直接干涉企业的生产经营活动,不垄断资源配置权。这是市场配置方式运行的宏观保证。

(2) 企业自主经营,自负盈亏。这是市场配置方式运行的微观基础。自主经营,使企业有权配置资源,自负盈亏,使企业根据市场价格来配置资源有了盈利的利益驱动和亏损的责任压力,使它们不能不也不得不把资源投放到价格高的产品的生产上。它们也有权力这样做。

(3) 价格要高度灵敏。这是市场配置方式正常运行的机制保证。价格灵敏,及时而又准确地反映市场供求关系的变化,才能正确引导企业把资源配置到社会最需要的部门,否则,会形成误导效应,即使企业根据市场价格及时地调整资源配置,资源也不能配置得合乎社会需要。

(4) 企业规模适度。只有这样,边际成本才可能降低,才可能用最少的资源生产出最多的符合社会需要的产品,才可能使企业成为由市场供求关系决定的价格的遵守者而不是市场价格的决定者,不能凭借垄断高价来获取更多的经济利益,而必须靠发挥资源的最大利用效率来多获利润。

(5) 开放、公平竞争而又完整的市场。各类市场健全,各种资源可以自由流动,没有行业和地区限制,资源向社会最需要的部门的转移才能够更好地实现。市场主体之间公平地竞争,才能够真正地实现优胜劣汰,造就出更多的既能根据市场价格把资源配置得合乎社会需要又能发挥资源最大利用效率的合格的资源配置主体。

当然,市场配置方式也不是完美无缺的,它也有着自己的局限和缺点。人们一般认为,市场配置方式的缺陷主要有:

(1) 市场配置以价格为信号,而价格只能反映市场供求的短期动态,不能反映供求的长期趋势,故市场配置不能自动导致社会总供给和社会总需求的长期平衡，市场方式带有盲目性和滞后性。

（2）市场方式作用的发挥，是以企业追逐各自的利益为动力来实现的，而企业对自身利益的追求，虽然有与社会整体利益相一致的地方，但也不可避免地会引起企业利益和社会整体利益的矛盾，有时甚至会损害社会整体利益，导致外部不经济，如公共设置、公益事业及周期长、周转慢、利润少的产品，市场方式可能失灵。

（3）分配不公平。市场配置讲求效率，由于企业的主客观条件不同，资源配置效率不同，与其相连的收入分配也会不公平。

第二节 资源配置的核心问题：知识问题

在市场配置资源的体系下，各个经济主体为了获取最大的利益，每个市场主体都会凭借自身的各种条件主动积极地掌握有关影响价格、需求、收入等微观的、宏观的信息。正是通过这些信息，来引导和协调各个不同的经济主体的活动，从而形成一种合理的经济秩序"无形的手"。这里的信息，实际上就是存在于各个市场主体中的"知识"。正是因为市场能够解决调节供求关系的"知识问题"，从而可以认为，有关"知识问题"是理解市场在资源配置中起决定性作用的核心所在。

一 哈耶克的知识论

哈耶克是最早提出将"知识"问题作为经济理论核心的经济学家。提出这个问题，主要是针对古典经济学的市场均衡理论的假设的。其目的是对各种各样的干预思想进行猛烈的批判，建立起牢固的自由思想体系，使真正意义上的自由主义得到延续。

哈耶克的知识论是他的经济学思想、政治学思想以及有关对历史、文化、道德解答的哲学基础，而哈耶克的知识论的最基本预设就是："没有超验存在的人类整体知识体系而只有分立存在的个人知识，这种分立的个人知识是有限的。知识愈多我们愈无知。"

第二章 市场在资源配置中起决定性作用的机理

哈耶克在1937年发表的《经济学与知识》中首次将"知识"问题提高到经济学理论研究中的基础性地位,把知识作为经济理论研究的核心要素。这种理论符合了从传统经济向新经济转型的实践需要,是新经济存在的理论根基。从这个意义上说,哈耶克是新经济的正统奠基人。新古典主义经济学在继承以往经济学的基础上,将劳动分工理论发展到完备。但是如何统筹整个社会的经济状态,却又陷入了新的二律背反之中。它对社会的分析总是要求整个经济处于一种均衡的状态。然而在真实世界里,这种假设则是完全不可能成立的。在新经济时代,新经济的增长更多的是爆发式的质变,具有强烈的随机性和不可预测性。

哈耶克将知识分为两大类:一类知识称为明确的知识,"即能使我们陈述此事或他事为何的知识。"这类知识既包括科学知识(又称为专家知识或实质性知识),也包括"关于在何处以及如何去发现所需信息的知识。"[1] 另一类知识"包括了人们对于这些环境所做的一切调适所获的成就。"即通常我们称为制度、规则、传统、习惯等知识。哈耶克说:"此一意义上的知识并非都属于我们的智识(明确知识),我们的智识亦非我们的知识之全部。我们的习惯及技术,我们的偏好和态度,我们的工具以及我们的制度,在这个意义上讲都是我们对过去经验的调适,而这些调适水平的提升乃是通过有选择地抛弃较不适宜的调适行为而达致的。它们是我们行动得以成功的不可或缺的基础,一如我们意识的知识。"[2] 这种明确的知识与环境调适的知识之间又是处在一种互动的过程中,个人在与环境调适的过程中一方面增进明确的知识,另一方面也增进与环境调适的成就这类知识。

哈耶克在其久负盛名的《个人主义与经济秩序》中明确提出:"如果我们可以同意社会经济问题主要是适应具体时间和地点情况

---

[1] 哈耶克:《自由秩序原理》,生活·读书·新知三联书店1997年版,第23页。
[2] 同上书,第41页。

的变化问题,那么我们似乎就由此推断出,最终的决策必须要由那些熟悉这些具体情况并直接了解有关变化以及立即可以弄到的应付这些变化的资源的人来作出。"① 哈耶克进一步论述道:"我们不能指望通过让此人首先把所有这些知识都传递给某一中央机构,然后该中央机构综合了全部知识再发出命令这样一种途径来解决这个问题,而只能以非集权化的方法来解决它。因为只有后者才能保证及时利用有关特定时间和地点之具体情况的知识,但是,'在现场者'又不能光依据他有限然而又直接的对周围环境的了解来做出决策。所以,仍然存在如何向他传递他所需要的信息以使其决策符合更大范围经济体系的整个变化模式这样一个问题。"② 在这里,哈耶克已经非常清晰地论证了计划配置资源方式的根本弊端在于,中央机构不可能掌握"应付这些变化"的全部"知识"。也就是说,发挥市场在资源配置中的核心问题,其实就是"知识问题"。

此外,哈耶克按照劳动分工的基本原理还提出了"知识分工"的概念,并试图以此来理解新经济的增长方式。他认为:任何人都不可能知道所有的事件及事件发生的原因,每个人所拥有的知识只占全社会知识总量的微不足道的一部分。这即是类似于劳动分工的"知识分工"。哈耶克认为用以替代均衡分析的"完美市场"概念的是"知识分工"概念。

二 市场决定与知识问题

哈耶克从门格尔和米赛斯那里继承了古典自由主义的传统,强烈反对人类理性概念,他透彻地论述了市场中知识的性质,并据此形成了自己的社会与经济哲学观念。哈耶克(1937,1945)认为,市场中的知识永远不可能以集中的、整合的形态存在,知识总是分散在不同的个人手中,人所拥有的知识不是完备的,而是分散的和不完整的。人们不可能理性地进行最优化的决策,因为分散在个人

---

① 哈耶克:《个人主义与经济秩序》,贾湛等译,北京经济学院出版社1989年版,第79页。

② 同上书,第80页。

手中的知识不仅是局部的、断续的，而且经常是错误的和自相矛盾的。要想更好地进行资源配置，形成更高效率的制度，必须形成一个合适的框架，尽量把分立的个人、家庭或企业掌握的大量散乱零碎的知识汇集于一处。

市场中知识的特性决定了个人手中分散的知识不能只是集中到某个人或某个集团手中，由他们判定好坏优劣，然后，据此做出最优的资源配置或制度供给，而是应该建立一套制度，使知识的拥有者能使他们的知识为社会所用，他人可据以制订自己的计划、追求自己的目标。在市场经济中，正是由于知识分散于不同的个人，才使劳动分工实际上等同于知识分工。分工能提高劳动生产率也正是来自知识的分工能够使知识更快地增长进而促进技术进步。假设有一万个人，他们的头脑是同质的，如果他们从事同样的工作和发现、创造同样的知识，那么一万个人将得到完全相同的知识或技艺，从而一万个人的知识总量将与一个人的知识总量相同。如果这一万个人从事一万种不同的工作，每一个人去发现和创造不同的知识，那么，知识的总量将是以前的一万倍。当每个人发现了新的知识，都可以把他告诉别人，这就可以形成互相连接的知识网络。实际上，由于人们头脑对知识的接受或容量有限，每个人可以从事特殊的职业和使用他们的特殊知识生产出产品，然后进行交换，每个人都将享受各个人所创造的和占有的全部知识的成果，从而可以使知识以更快的速度增长。

劳动分工的程度取决于市场规模的"斯密定理"实际上代表知识网络的扩大和知识增长速度的加快。显然，劳动生产率的提高来自知识积累的增加、知识网络的扩展与知识增长速度的提高。因而，效率最大化就在于充分利用每一个人头脑进行发明创造。由于知识分散在各个人的头脑中，如何有效地把这些知识联系起来加以处理就成为经济进步的关键。联结和处理这些知识可以利用计划方法和市场方法。在新古典经济学的世界里，计划方法与市场方法实际上是等同的。可用数学表示的新古典经济思想以及"完全"竞争的假设和"均衡"的市场状态依赖于每一个人能够了解其余每个人的意图与所有市场和技术知识,因为它们保证了所有个人计划的协调一致性。市场本身是一个方程组,一个集中市场拍卖者发现一组价格向量,使所有市场的超额需求函数都等于零,从而实现新古典的均衡状态。这与一个计划机构通过所拥有的完备知识或利用包括所有知识的计算机终端根据最优化或共同利益原则分配资源的做法是完全等同的。

哈耶克反对计划的方法,同样也反对新古典的"市场"方法。在他看来,市场经济就是生产者和消费者根据自己拥有的知识和资源,以价格为导向自愿订立合同,进行物品和服务的交换。市场秩序是无数个市场参与者相互作用的产物,不可能是由理性个人或计划机构按照最大化规则和完备信息选择或设计出来。然而,市场并不是那些原子化的追求个人利益最大化者盲目碰撞的场所,通过不同预期之间的碰撞而达成某种最优静态均衡状态。与此刚好相反,在他那里,市场是人类交流的一个组成部分,是人们超越自己心智有限性的途径。按哈耶克的说法,这就是"自发的"秩序。这里的"自发性",实际上就是斯密所揭示的"看不见的手":个人出于自利的考虑而创造和贡献自己的知识,并通过一定方式互相联结成网络,并非有意地创造出巨大知识积累,形成丰富物质财富,并符合公共利益。

第三节 市场竞争:解决知识问题的"自生自发秩序"

用市场配置资源的方式能够解决好影响经济人进行抉择的"知识问题",更深一层细究,解决好这一问题的深层次原因即为"市场竞争"。什么是竞争?从最广的意义上说,竞争是人的好胜图强性的外延,是人与人之间争优劣、争高下、争胜负、争存亡的角逐和较量。这种广义竞争广泛地分布在经济、政治、思想、文化、艺术、体育等各个领域，而且贯穿于整个人类社会历史。[1] 正是因为竞争，才解决了市场经济条件下以"自生自发秩序"为原理的知识问题。

一 哈耶克的"自生自发秩序"原理

哈耶克的"自生自发秩序"概念的形成有一个漫长的过程，散见于他的多篇论文之中，最终形成是在1973年出版的《自由秩序原理》一书中，在这部著作中，哈耶克虽然没有直接给"自生自发秩序"下准确的定义，但已作出了基本的界定，并给出了基本的含义：[2]

（1）自生自发秩序形成和得以维护的前提是服从非人为却也不是超自然智慧的一般性法则；

（2）维护自生自发秩序的基本条件是公正的行为规则；

（3）自生自发秩序的形成是不同的个人和群体在公正的行为规则中根据自己的知识追求各自的目标中的相互冲突和相互协调的循序渐进的试错的结果；[3]

（4）自生自发秩序形成的核心原因是个人的自由，维护的核心也是个人自由，个人自由是一切价值的最终标准；

（5）对个人利益的追求而导致的主观能动性的发挥造成的不协调的非秩序状态，只有通过个人之间的不断努力加以协调，而不是政府权力的强力丁预；

（6）自发性协调的存在理由：自由的个人的主动性的发挥以及这种协调对社会公益具有助益性；

（7）个人行动的动力既非出自上帝之手，也非政治权力的强迫，而是出自个人的自爱；

---

[1] 邹东涛、杨秋宝：《经济竞争论》，四川人民出版社1989年版，第3页。
[2] 廖和平：《哈耶克的自生自发秩序观探析》，《兰州学刊》2006年第2期。
[3] 哈耶克：《经济、科学与政治——哈耶克论文演讲集》，冯克利译，江苏人民出版社2003年版，第343页。

（8）各个个人在特定情势下的自我调适，将会导致整体性秩序；①

（9）真正的自由主义秩序，是个人适应性的结果，但不是任何人强迫他人或被他人强迫的结果；

（10）自生自发秩序的优点是它可以使个人自由地追求自己自利的或利他的目标，它使非常分散的、处在具体时空中的任何单一的领导当局不可能拥有的只作为不同的个人而存在的知识得到利用；

（11）自生自发秩序的功能仅仅为千变万化的个人需要提供最佳的追求机会，它只能实行交换公平而不能实行分配公平；

（12）自生自发秩序不是人特意创造出来的，因此它没有目的。②

通过以上对哈耶克自生自发秩序原理的梳理，我们也可以给自生自发秩序界定为：具体是指在人类社会中，个人由于自身的动力而进行的实现个人价值的行为以及在与他人的冲突中，通过个人之间的自我调适而形成的以个人为核心的具有社会公益性、自愿性的社会秩序。

二 市场竞争、知识与自生自发秩序

哈耶克将分散的知识汇集于一处，并使人们能够相互学习，相互交流的途径归结于竞争。哈耶克认为，由市场竞争所形成的价格体现着社会普遍容易接受的默会知识，当人们向市场提出自己的价格时，实际上是在向别人传递他们关于正在交易物品的知识和偏好，人们可以据此相互交流和沟通。当商品的价格出现波动时，意味着知识结构分布的改变，个人可以因而获得新的知识，并调整与他人的关系。市场价格形成了某种也许某一单个人在掌握了全部信

---

① 哈耶克：《自由秩序原理》，邓正来译，生活·读书·新知三联书店1997年版，第68页。

② 哈耶克：《经济、科学与政治——哈耶克论文演讲集》，冯克利译，江苏人民出版社2003年版，第361—362页。

息（这只具有理论上的可能性）后也能形成的解决方案，而事实上，这些信息是分散在所有参与这一过程的人们中的。换句话说，"价格体系能使我们通过卷入某一制度性过程中，超越我们自己的知识之不可避免的零散性、情景性及不易言传性，从而自发地形成秩序。"

哈耶克虽然提出了在知识的发现过程中以及分散的知识得以传递和利用的机制中竞争和价格机制的作用，但他对竞争的本质和竞争背后的逻辑并没有论述清楚。由于哈耶克研究经济的出发点仍然是实体经济，他也不可能将这些问题论述清楚。只有联系到货币以及由货币引起的市场经济的竞争博弈规则才能真正揭示出竞争的本质和竞争背后的逻辑。

在市场经济中，一个很重要的现象是货币的使用。货币对生产和交换来说，既是手段又是目的，它决定了知识积累的速度和广度以及知识应用的结构，进而决定消费与生产结构。货币处于市场经济的核心地位，市场经济实质上就是货币经济。而在新古典经济学的世界里，货币可有可无，具有中性甚至超级中性。新古典的货币一直患有精神分裂症，根据分析问题的不同，有些新古典经济学家强调货币的交换媒介职能，得出货币数量论的观点，货币除充当"润滑油"之外不起实质性作用，中性和超中性的结论实际上不必需要他们复杂的数学推导就可以直接从其前提假设推论出来；有些新古典经济学家从货币的价值储藏职能出发，强调货币的资产属性，得出资产组合的货币理论，货币是个人最优化决策的结果，这实际上是新古典经济学的逻辑在货币上的具体应用。这种观点虽然有时可以推出货币非超中性假设，但货币中性假设依然保留。[①]

这种对货币的说明并没有表明市场经济的性质，而更像传统的高度集中的计划体制中计划机关简化经济计算的一种手段，它不能

[①] 高保中：《市场经济与竞争均衡：哈耶克的启示与超越》，《南开经济研究》2004年第4期。

成为充分利用分散知识的制度安排。虽然在简单交换经济中，货币仅仅是一种方便交易的媒介。但在市场经济中，货币的属性发生了本质的变化。在马克思那里，货币作为一般等价物而解决商品生产中私人劳动和社会劳动的矛盾。在市场经济中，商品生产者必须把他生产的产品换成货币，才能得到社会的承认。这里，实际产品和货币在真实财富和虚假财富之间存在一个很特别的地方：实际产品对个人来说是一种虚假的财富，只有将其转化为货币，才能成为个人的真实财富。只有将产品转变为货币其价值才能够实现。

而在新古典经济学那里，所有的生产和消费都是用实物表示的，人们做决策时也是根据实物进行的，实际商品才是真正的财富，而货币却毫无价值。认识的不同主要是看货币的角度不同：从个人或企业角度看，货币是实际财富；从社会角度看，货币是表面财富。个人或企业拥有的作为非现实财富的产品只有卖出去，也就是说，只有转化为对社会无价值的货币，它们才能得到社会承认。作为社会真实财富的产品只有在企业预期到它们可以将其转化为社会非真实财富的货币时，才能被生产出来。

生产是由个人或企业进行的，所以货币直接联系到生产的动机和决策。个人或企业的生产动机就是最大化其收益率，或至少是"赚钱"。如果产品不能给企业家带来利润，即使其在技术上是最优的，他们也不可能被生产出来。这与凯恩斯的有效需求与失业理论是一致的。新古典经济理论根据实际工资的效用与劳动的负效用解释工人的失业，从而陷入一种不现实的论证。现实的解释应该以企业家的动机作为出发点，而不应该利用技术关系替代劳动市场上的社会关系。如果个人或企业将其实际产品在可以赚取利润的情况下转化为货币的预期作为生产的主要动机，那么，新古典经济学所说的消费是生产的最终目的就是使经济分析误入歧途。

市场经济造就了个人或企业追求利润的动机，这对于说明知识的利用与创造是非常关键的。为了充分说明这一点，我们可以先讨论一个交换经济。在一个分散决策的市场经济中，每一个人都寻求自己的最大利益。在新古典主义模型中,知识是完备和给定的,竞争是完全的,市场参与者通过协调达成一组确定的价格向量,实现各自的最优目标,这里没有也不需要竞争。但是,在现实市场中,知识分散于每一个人头脑中,每个人占有的信息是不同的,当一些人能够利用他所占有的信息进行贱买贵卖时,他将获得利润。不同个体在追求自身利益最大化的过程中,按照其所掌握知识的多少相互之间进行竞争,为了在竞争中获得更多的好处,新的知识不断被发明和创造出来。竞争是基于每个人占有的不同的信息或对新技术的垄断,交换使人们连接起来,同时,交换是一个垄断竞争的过程,每一个人都基于自己的信息与其他人竞争。

正是在这个过程中,新的信息或技术被应用。与新古典一般均衡模型不同,这里可以解释人们为什么要发明和使用新的技术,竞争和竞争所决定的收入分配是极为重要的。企业和生产的出现可以看作是市场在媒介分散知识交流过程中的一种逻辑必然。拥有优势知识的个人实际垄断这种知识的产权,为了追求自己的利益,它不可能无偿地将这种优势知识告知别人。但市场的存在为这种优势知识的扩展应用提供了可能。如果优势知识带来的收益能够超出市场成本或优势知识的拥有者提供的价格超过了其他个体知识的收益,优势知识的拥有者就可以按照现行的市场价格雇用劳动和购买生产资料,然后使用新的技术生产产品。整个市场过程实际上就是垄断知识基础上的竞争过程,其结果是优势知识得到更加广泛的应用,生产率得到提高,每个人的状况都得以改善。

上面的分析表明,市场作为分散知识创造、发现、传播和利用的一个协调机制是通过基于人们利益冲突的垄断竞争实现的,价格机制的自动调节来自个人追求利润这一市场经济的博弈规则。竞争中形成的协调实现了经济的稳定均衡,我们可以把它称为竞争均衡。但是,这种均衡不同于新古典经济学合作下达到的均衡。在这种竞争均衡中,并不是给定技术的资源配置,而是新技术的发明和应用,价格不仅仅是作为传递信息的信号,而且是竞争的工具,新技术的发明和应用完全来自垄断竞争,这种垄断竞争是以获取利润为特征的,即技术发明和应用只是为了与他人竞争,只有通过工资议价和达成雇佣契约,信息才能被传递,新技术才能被利用。市场经济的各种机制是通过竞争实现的,现实的竞争与新古典理论中的"完全竞争"是有本质区别的。

在这种竞争中,货币既是手段又是目的,它主宰着市场经济中的各种行为,支配着市场经济中的各种现象。所以,在经济理论中,货币不应该仅仅是整个理论体系中的附属物和经济理论车间中决定价格水平的一个独立车间,而应该处于经济理论体系的核心。它应该是均衡体系中的一个自然的部分,而不能把它勉强塞入均衡体系,然后再通过各种假设赋予它价值。

由此可见,正是通过竞争,以货币为媒介,以价格为信息,在完善的市场体系下,各个经济主体从市场中获得了相关的知识,从而为形成"自生自发秩序"提供了必要的机制和渠道。这也可以得出结论:在以市场作为决定性因素的资源配置体系中,经济主体正是通过竞争获得知识,由此使"自生自发秩序"得以实现,这也正是市场决定资源配置的内在机理所在。

第四节　市场与政府的互补共生关系

以上分析表明,在以市场作为决定性因素配置资源的体制下,市场能够完整地解决经济主体的信息与知识问题,能够形成一种"自生自发秩序",从而自动地实现资源要素的优化配置。但是,这一分析并不是说在资源配置光有市场就够了,就不需要政府的存在了。事实上,在现代市场体系中,市场与政府永远呈现出一种相互依存、互补共生的关系。

一　政府与市场各有所长

发挥市场在资源配置中的决定性作用,需要正确认识政府与市场两者的功能和长处以及它们的缺陷和弊端。先说市场。市场有多种含义：一种是商品交易场所；另一种是以商品等价交换为准则的市场机制对资源的配置方式；还有一种是人们之间的生产关系。"使市场在资源配置中起决定性作用"，其主要功能是指市场机制决定的资源配置方式。

在所有经济活动中，最根本的问题是如何最有效地配置资源。市场之所以能够使资源配置以最低成本取得最大效益，是因为在市场经济体制下，有关资源配置和生产的决策是以价格为基础的，而由价值决定的价格，是生产者、消费者、劳动者和生产要素所有者在市场自愿交换中发现和形成的。市场机制作用的发挥是价值规律的表现形式。由市场决定资源配置的主要长处在于：作为市场经济基本规律的价值规律，能够通过市场价格自动调节生产（供给）和需求，在全社会形成分工和协作机制；能够通过市场主体之间的竞争，形成激励先进、鞭策落后和优胜劣汰机制；能够引导资源配置以最小投入（费用）取得最大产出（效益）。[1]

因此，使市场在资源配置中起决定性作用，其实质就是让价值规律、竞争规律和供求规律等市场经济规律在资源配置中起决定性作用。这有利于促使经济更有活力、更有效率和更有效益地发展。但同时也要看到，市场调节有某些自发性、盲目性、局限性和事后性等特点，不能把资源配置统统交给市场，不能使全部社会经济活动市场化。比如，社会供求总量的平衡、公共产品和公共服务的提供、城乡区域差距的缩小、稀缺资源的配置，只靠市场调节经济运行，难以经常保持经济总量平衡和重大结构协调，难以实现基本公共服务均等化，难以避免社会收入两极分化，也难以及时、有力、有效应对宏观经济周期波动和国际经济金融危机的冲击。也就是说，市场配置资源的"决定性作用"不能是所有社会经济领域和活动。

---

[1] 魏礼群：《正确认识与处理政府和市场关系》，《全球化》2014 年第 4 期。

而从政府的角度看，政府作为公共权力的行使者、社会经济活动的管理者，最重要的职能是从宏观上引导方向，保持整个经济社会持续健康稳步发展。在我们国家，有共产党的领导、有社会主义制度的优势，政府可以自觉地依据对客观事物的认识，能动地观察和反映国内外发展变化，按照包括市场规律在内的客观经济规律，对重大社会经济活动做出战略规划与宏观决策，可以对重大社会经济活动做出预先安排，进行有目的、有计划的引导和调控。发挥政府作用的主要长处在于，有可能从社会整体利益和长远利益来引导市场和社会经济发展方向。

同时，政府作为宏观调控的执行者，还可以从宏观层次和全局发展上配置重要资源，促进经济总量平衡，协调重大结构和优化生产力布局，提供非竞争性的公共产品和公共服务，保障公共安全，加强社会建设和环境保护，维护市场和社会秩序，促进社会公平正义，逐步实现共同富裕，弥补市场缺陷和失灵的方面。但政府也有信息掌握和认知能力的局限性，也会有偏颇、僵化、滞后甚至决策失误的毛病，以至于束缚经济社会的活力，不利于微观上优化资源配置和提高效率。

从以上的分析可以得出结论认为：政府与市场是现代市场经济体系中两个重要手段，各有长处但功能不同。政府是一只"看得见的手"，市场是一只"看不见的手"，它们都能对资源配置产生作用，但资源配置和利益调节的机理、手段、方式不同。市场方式主要通过供求、价格、竞争等机制功能配置资源，调节利益关系，市场主体自主决策、自主经营和自担风险。政府则主要根据全局和公益性需求，依靠行政权力和体制，进行重要资源配置，调节重要利益关系。市场决定资源配置是市场经济的一般规律，市场经济本质上就是市场决定资源配置的经济。我们必须高度重视、充分发挥市场在微观配置资源、调节经济利益关系中的积极有效作用。

理论和实践告诉我们，在处理政府和市场关系中，一定要清晰认识这两者之间是呈现出互补共生的关系。要明确认识两者各自的功能和长处，使它们在不同社会经济层次、不同领域发挥应有作用，都不能越位、错位和不到位。同时，要充分发挥两者功能作用，"两只手"都要用，并有效配合。"两只手"配合得好，可以起到"1+1>2"的效果。反之，市场作用的正效能就会下降，副作用就会扩大；同样，政府的正效能也会下降，政府形象和公信力也会受到伤害，甚至造成重大经济损失。因此，两者不可偏废。

此外，在现代市场经济体系下，要发挥市场在资源配置中的决定性作用，应当树立这样的理念：政府和市场应当有机结合而不是板块连接，政府应尊重市场经济规律，自觉按经济规律办事，市场要在政府引导、监管和制度规范下运行。只有这样，才能实现政府与市场各自长处的充分发挥以及两者之间的良性互动。

二 处理好政府和市场关系

政府和市场关系既是经济体制改革的核心问题，也是涉及全面改革的关键问题。这两者关系的理顺和调整，关联到生产关系和经济基础的变化，也势必关联到上层建筑领域的某些环节和方面。坚持社会主义市场经济的改革方向，是经济体制改革的方向，也必然会涉及其他各方面改革，各方面改革也要与之相协调、相适应。必须把坚持社会主义市场经济改革方向贯穿到政治体制、文化体制、社会体制、生态文明体制以及各方面体制机制改革之中，推动各方面改革围绕完善社会主义市场经济体制的目标来展开、来推进。因此，必须统筹设计，整体谋划经济、政治、文化、社会、生态文明等各个领域、各个方面的调整和改革。

政府和市场关系，既是人类社会任何国家发展现代市场经济都绕不开的根本性问题，也是各国长期以来都在致力有效破解的世界性难题。特别是在我国这样一个有着13亿多人口的大国，又是在社会主义基本制度下实行市场经济的历史条件，处理好政府和市场关系的意义更重大，难度也更大，更需要研究解决一系列特殊的复杂问题，更需要推进理论创新和实践创新，更需要努力把握和运用改革规律，以更好地推动国家和人民事业发展。

经过30多年的改革开放，我国社会主义市场经济体制已基本建立，政府和市场关系经过不断调整也发生了重大变化。总的来看，国民经济市场化程度显著提高，市场作用大为增强，但市场和政府都有不到位和越位的方面。政府仍然管了不少不该管的事，也有不少事该管却没有管或没有管好。当前，我国社会主义改革开放和现代化建设进入了新阶段，新形势、新任务对社会经济发展和社会经济体制机制提出了新要求，其中一个很重要的方面，就是要进一步处理好政府和市场的关系。为此，必须遵循党的十八届三中全会精神，按照"使市场在资源配置中起决定性作用和更好发挥政府作用"要求，全面深化改革特别是经济体制、行政体制改革。

（一）推进市场化改革，加快完善现代市场体系

这是使市场在资源配置中起决定性作用的基础。要从广度和深度上推进市场化改革，推动资源配置依据市场规则、市场竞争实现效益最大化和效率最优化。加快形成企业自主经营、公平竞争，消费者自由选择、自由消费和要素自由流动、平等交换的现代市场体系，提高资源配置效率和公平性。

具体需要做到以下几个方面：

第一，建立公平开放透明的市场规则。我国市场体系还不完善，市场的开放性、竞争的公平性和运行的透明度都有待提高，尤其是部分基础产业和服务业价格关系尚未理顺，要素市场发展相对滞后，必须加快市场化改革。党的十八届三中全会《决定》提出了一系列重大改革举措，包括实行统一的市场准入制度，探索实行负面清单准入管理方式，改革市场监管体系，实行统一的市场监管，健全优胜劣汰的市场化退出机制。这是使市场在资源配置中发挥决定性作用的基础。

第二，完善主要由市场决定价格的机制。坚持把主要由市场决定价格作为价格形成的常态机制，凡是能够通过市场形成价格的，包括生产要素价格都要放开价格管制，主要由市场形成价格；对那些暂不具备放开条件的，要积极探索建立符合市场导向的价格动态

调整机制，并创造条件加快形成主要由市场决定价格的机制。改革政府定价机制，要把政府定价严格限定在必要范围内，主要限定在重要公用事业、公益性服务、网络型自然垄断环节。进一步减少政府定价的范围和具体品种。

第三，改革市场监管体系。清理和废除妨碍全国统一市场和公平竞争的各种规定和做法，反对地方保护，反对垄断和不正当竞争。同时，要建立城乡统一的建设用地市场，完善金融市场体系，加快推进科技体制改革。这是完善现代市场体系的必然要求和重要方面。

（二）坚持和完善基本经济制度，着力深化企业改革

公有制为主体、多种所有制经济共同发展的基本经济制度，既是中国特色社会主义制度的重要支柱，也是社会主义市场经济体制的根基。我们搞的是社会主义市场经济，必须始终坚持"两个毫不动摇"：必须毫不动摇巩固和发展公有制经济，发挥国有经济主导作用，不断增强国有经济活力、控制力、影响力；必须毫不动摇鼓励、支持、引导非公有制经济发展，激发非公有制经济活力和创造力。这两者都不可偏废，否则，就不称为社会主义市场经济。关键是要完善产权保护制度，保证各种所有制经济依法平等使用生产要素、公开公平公正参与市场竞争、同等受到法律保护。

企业是市场活动主体，也是社会主义市场经济体制的微观基础。必须深化国有企业改革，推动国有企业完善现代企业制度，健全协调运转、有效制衡的公司法人治理结构，规范经营决策，实现资产保值增值，公平参与竞争，提高企业效率，增强企业活力。要准确界定不同国有企业功能。废除对非公有制经济各种形式的不合理规定，消除各种隐性壁垒。鼓励非公有制企业参与国有企业改革。特别要重视发展混合所有制经济，国有资本、集体资本、非公有资本等，交叉持股、相互融合的混合所有制经济，有利于国有资本放大功能、保值增值、提高竞争力，有利于各种所有制资本取长补短、相互促进、共同发展。要鼓励非公有制企业参与国有企业改革，鼓

励发展非公有资本控股的混合所有制企业，鼓励有条件的私营企业建立现代企业制度。

（三）加快政府自身改革，全面准确履行政府职能

科学的宏观调控、有效的政府治理，是发挥社会主义市场经济体制优势的内在要求。要切实转变政府职能，深化行政体制改革，创新行政管理方式，增强政府公信力和执行力，建设法治政府和服务型政府。要按照党的十八大报告确定的"推动政府职能向创造良好发展环境、提供优质公共服务、维护社会公平正义转变"的基本要求，深化行政审批制度改革，进一步简政放权，切实减少审批事项，向企业放权、向市场放权、向社会放权，特别是要深化投资体制改革，确立企业投资主体地位。

同时，要最大限度地避免用行政手段配置各类资源，用政府权力的减法换取市场和社会活力的加法，激发市场和社会主体的创造活力，增强经济发展的内生动力。要健全宏观调控体系，宏观调控的主要任务是保持经济总量平衡，促进重大经济结构协调和生产力布局优化，减缓经济周期波动影响，防范区域性、系统性风险，稳定市场预期，保障经济安全，实现经济持续健康发展。要合理界定中央和地方政府的职能，充分发挥"两个积极性"。中央政府要进一步改善和加强宏观管理，强化发展规划制定、经济发展趋势研判、制度机制设计、全局性事项统筹管理、体制改革统筹协调等方面职能，促进全国范围内的法规统一、政令畅通和经济社会的平稳健康发展。要发挥地方政府贴近基层、就近管理的优势，进一步加强地方政府在公共服务、市场监管、社会管理、环境保护等方面的职责，以更好地服务于广大人民群众和各类企业。要大力推广政府购买服务，创新政府服务方式。按照公开、公平、公正原则，将适合市场化方式提供的公共服务事项，交由具备条件且信誉良好的社会组织、机构和企业等承担，推动公共服务提供主体的多元化，以此推动政府职能转变，建设现代化服务型政府。

（四）坚持从国情出发探索实践模式，不断有新的发展

古往今来，关于政府与市场关系有多种理论学说和多种实践模式，我们要注意学习研究人类社会和当今世界各国在处理政府与市场关系方面一切有益的思想理论和实践做法。但是，不能照抄照搬别国经验、别国模式。世界上没有一种经验模式可以照抄照搬。我们必须全面、真切地认识我国现阶段基本国情及其内在要求，坚持和运用马克思主义的历史唯物主义，准确把握党和国家发展大势，做到解放思想、实事求是、与时俱进、求真务实，积极探索符合当今时代我国国情的政府和市场关系的科学理论、具体做法和实践模式，既绝不简单地搞拿来主义，也绝不搞故步自封，要不断有新的发现、有新的创造、有新的发展。

（五）坚持正确改革方向，积极稳妥推进体制改革

实行社会主义市场经济体制，既是我们党吸收人类社会文明进步智慧作出的正确历史抉择，也是我国社会发展客观进程的必然要求。必须坚定社会主义市场经济的改革方向和如期实现完善社会主义市场经济体制的目标。把社会主义和市场经济体制结合起来，是人类社会空前的壮举，也是需要不懈探索的重大课题。这方面，我们已经进行了30多年的理论探索和实践创新，也积累了不少经验，但是还有许多未被认识的"必然王国"。

其中，在处理政府和市场关系方面还有一系列棘手的矛盾和问题有待研究解决。这需要以积极进取的精神大胆探索，勇于改革创新，敢于攻坚克难，但对涉及全局的重大改革事项，决心要大，步子要稳，包括对下放权力的改革方向要坚持，行动要坚决，但下放权力的范围、步骤、方法，应与政府宏观调控、监管能力和法治水平相适应、相协调，特别要加快法治建设，使社会经济有法可依、有法必依、执法必严、违法必究，以避免重蹈历史上多次出现的"一放就乱，一乱就收"的不良循环。

（六）把更加重视市场作用和更好发挥政府作用结合起来

在发展社会主义市场经济中，政府和市场这"两只手"，都不

可或缺，也不可分割。因此，"使市场在资源配置中起决定性作用"和"更好发挥政府作用"，不是互相排斥的，而是统一的，把它们对立起来的认识和做法是不对的、有害的。

　　一方面，要从广度和深度上推进市场化改革，以更好发挥市场作用的功能和长处，增进社会经济活力和效率，激发各方面的积极性和创新精神。另一方面，也必须全面正确履行政府职能，实施科学的宏观调控、有效的政府治理，以更好地发挥政府的功能和长处。这样，才能实现社会经济更有效率、更加公平、更可持续健康发展，促进社会公平正义和共同富裕。关键在于，政府和市场"两只手"要有效配合、优势互补、相互促进、相得益彰。

　　（七）坚持准确界定两者功能，合理发挥政府和市场各自的作用

　　在经济、社会、政治、文化、生态各个不同领域，在宏观、微观不同层面，政府和市场发挥作用的范围、程度、方式、形态应有不同，需要深入研究和准确界定，防止两者功能错位、越位、不到位，避免发生错误和损失。在经济活动微观领域中，发挥市场配置资源的决定性作用是必要的、可行的，在其他领域则要正确、合理把握政府和市场各自作用的范围、程度和表现形式。

第三章 倒逼机制的运行机理

第一节 倒逼机制的运行机理

一 倒逼机制的历史背景

改革开放以来，中国经济不断取得新进展，在引进国外资本、资金、技术、先进的管理经验的同时，我们不忘走出去，一大批中国发展的龙头企业，走出国门，冲向世界。这其中最有标志性的要首推"中国制造"，可以说"中国制造"这一头衔既是对中国经济发展的肯定，同时也说明了中国的制造业、工业等发展水平较低，我们之前一直在做的就是充当世界制造业的工厂，依托于中国过去廉价的劳动力，低廉的资源开采成本，宽泛的环境约束要求，不断地在损耗着中国的经济肌体。经历过几十年的高污染、高耗能、低效率的粗放型发展方式，中国经济的肌体已然伤痕累累，同时也略感疲惫。经济的增长缺乏动力，同时资源环境的硬性约束、劳动力成本不断提高的约束、社会矛盾不断激化的约束等，不断地在向我们提出问题，我们是不是真的需要反思自我了，究竟何种发展方式才是更加合适我们的。党的十八届三中全会以来，我们提出创新驱动发展战略，强调倒逼机制改革在企业发展创新方面的重要作用：着力推进供给侧结构性改革，必须用改革的办法推进结构调整，加大重点领域关键环节市场化改革力度，调整各类扭曲的政策和制度安排，完善公平竞争、优胜劣汰的市场环境和机制，最大限度激发微观活力，优化要素配置，推动产业结构升级，扩大有效和中高端供给，增强供给结构适应性和灵活性，提高全要素生产率。将微观主体的主动性与环境资源等的外在约束相结合，倒逼企业在激烈的竞争中找到创新发展的新动力。

二 倒逼机制的实质

所谓的倒逼机制，其产生的机理在于：一些激进的思想方法、体制机制与法规政策虽然被实践证明已经严重超越了我国的实际国情，但仍然在我国现阶段保留有相当的影响，成为一切改革措施不可忽视的约束。然而，面临内外现实的巨大压力，改革要想减少阻力顺利推进的话，就不得不采取适度的妥协策略，灵活采取一些变通的举措。只有等到这些新举措、新制度带来了明显的正面效应的时候，才有可能在更大程度、更大范围内推进改革，从而使旧体制机制自动退出历史的舞台。而新制度之所以能够出台正是因为旧有的那套做法已经行不通了，是睿智而审慎的执政者为化解社会不满和压力而以壮士断腕的勇气杀出的一条血路。这种倒逼机制构成我国一种特色鲜明的改革道路，是一个在激进的迷幻理想的煎熬中一步步化解危机走向理性的清明和常态的过程。自然，当倒逼机制发展到一定阶段，使旧的体制机制的拥护者也意识到自己原来那一套其实是空想性、教条性、无效性的陈规时，是可以在改革中推出一些规范价值的大举措的时候，改革就走了加速道路。然而，如果不能从思想意识的深处深刻清算那种以道德理想治国理政的传统套路和风格的话，新的规范又可能变成新的陷阱。新旧常态转换期面临的最大问题是经济效益大幅下滑。

三 倒逼机制的内涵

"倒逼机制"一词最早出现在1987年，经济学家钟朋荣在《中国通货膨胀研究》一书中指出，"倒逼机制"本意是指国有企业对信贷资金的无限制需求，是自下而上的货币供给扩张过程，字面上是反过来逼迫的意思。它借用了货币超经济发行中的"倒逼机制"内核。按照常识性理解，央行应该根据市场通货膨胀指数等相关经济数据来决定货币的发行量，因而国家基础货币的供给都是由央行控制的，现金流动中，银行能贷给各类企业的资金也是有着明确比例约束的，也就是说，拟贷给各企业的资金基本是固定的，即使是国有企业，贷款份额也应由银行统筹决定。但在我国，国有企业和地方政府往往捆绑在一起向地方银行贷款，迫于种种压力地方银行又不得不贷，作为地方一级银行，需要贷款必须得向总行申请，这样又把压力传导到了总行，考虑到方方面面的因素，总行也只得放宽贷款额度，然而总行也要受现金额度的限制，只能向央行伸手要款，应总行要求，央行最终被迫增加放钱的数量。一个循环下来，本来基础货币的发行量应由央行决定，现在却成了央行被企业倒逼，根据企业的需求被动地制订发行量。历经全球金融危机的冲击和洗礼，人们对"倒逼机制"已经熟稔于心，其内涵也随着语言环境的变化而不断延伸。从中央领导人讲话到各地行为实践，"倒逼机制"很快被运用到各行业语境中。仅就经济发展领域而言，它就被理解为"由国际金融危机产生的不利影响，对某一国家或地区经济社会发展产生外源性压力，倒逼其适应经济发展环境的变化，转变经济发展方式，加快经济结构调整，从而实现经济平稳较快增长。""倒逼机制"是一种外源性因素和内源性因素融合起来对中国今后发展形成的压力机制，是一种自觉性的行为。它通过各种手段和途径，传递各种信号，改变和影响市场主体活动的外部条件，倒逼各类市场经济主体顺应环境变化，改变行动策略，选择更有利于自身长远发展和社会整体利益的增长模式，为今后经济健康长远稳步发展打下坚实基础的机制。同时，"倒逼机制"在现实生活中有着生动的演绎和表现，这与中国特有的文化也有着深刻的渊源关系。先人为我们留下的诸如"生于忧患死于安乐""置之死地而后生"等典故，成为后人克服困难、勇闯难关的智慧宝典。从某种程度上讲，问题和困难是各种矛盾的集中爆发，也预示着下一次进步的开始。一旦经过冷静分析，问题本身往往隐含着解决问题的线索和暗示。危机出现时，如果处理得当，在"危险"中往往会有"机遇"的灵感出现,问题是要看我们有没有捕捉住机遇的眼力和开展行动的敏捷性。回顾30多年的改革开放之路,当面临各种严峻考验时,我们均能够全面分析各种主客观条件,积极应变,最终在应对挑战中去提升自我,走出危机和困境,为今后发展奠定更为坚实的基础。展望未来,我们还要凝心聚力为2020年全面建成小康社会进而在21世纪中叶达到中等发达国家行列的梦想而努力奋斗。虽然有以往很好的底子做基础,但前进的道路上必然还会遇到许许多多可以想见和难以预料的困难,这就需要我们随时准备迎接各种各样的严峻挑战,始终清醒地面对实际,富有智慧和胆略地逐步达到理想的彼岸。

四 倒逼机制的经济学机理

"社会需要—资源"(N—R)关系作用模式是日本学者斋藤优(1984)提出的。他认为,技术创新的动因在与社会需求(Need)和社会资源(Resource)间的矛盾或"瓶颈"即当社会提出某种技术要求或某种产品需求,而现有的社会资源又不能完全满足这种需求时就产生了需求与资源之间不适应的所谓"瓶颈"现象。由资源(R)和需求(N)的缺口形成N—R"瓶颈"将极大地促进和推动技术创新的进行。倒逼机制的创新动力,主要源于N—R缺口催逼的创新驱动。在可承载程度内,N—R缺口越大,创新驱动力越强。创新与否是企业应对发展环境的一种理性选择,影响企业选择的背景是经济增长方式。资源依赖性的发展环境实质上不支持企业可持续性增长,而之所以企业能够长期维持高投入、高消耗、高污染、低效率的增长方式,是由于生产要素低价格政策和环境监管不到位所提供的资源依赖型的市场发展环境。当前中国发展进入了新阶段,各地普遍感到经济发展受到土地资源稀缺的压力、能源价格上涨的压力、人民币升值的压力、水和矿产资源税费上调的压力、劳动力成本上升的压力以及国际收支失衡、环境成本内部化等压力,CPI和PPI持续在高位运行,而且它的能量还在不断聚集等。这些压力汇集在一起,向我们发出了一个强烈的信号,就是依赖要素低成本，靠拼资源、拼劳力无视环境的经济增长方式，将日益受到挑战，逼迫企业走自主创新道路的客观条件已经形成。按照一般规律，资源稀缺价格上升，各个市场主体要么提高资源效率，要么寻求替代资源，要么放弃资源消耗量大的产业和生产方式，使过量的资源需求得到抑制，同时有效的环境监管迫使企业环境成本内部化，越来越高的环境成本。逼迫企业要么投资治理污染，要么创新工艺实现清洁生产，要么退出高污染的行业，使环境污染得到控制，这样资源依赖型的发展环境，就会逐渐转变为创新驱动型的发展环境，伴随这个过程就是技术进步和产业升级，因此构建企业自主创新的倒逼机制是在要素稀缺和环境监管条件下，利用市场选择的压力、行政监管的压力和法律硬约束的压力，对企业的要素选择偏好施加外部的压力，技术创新本身具有高投入、长周期、高风险的性质，没有强大的经济驱动力谁也不会为之所动。

第二节 外部环境分析

一 经济新常态

我国经济经过改革开放后的30多年高速增长，现阶段也出现了不同于以往的新的特点。主要表现在以下三个方面。

首先，经济增速下降。21世纪初的十年左右，我国经济一直保持10%左右的增速，尤其不易的是2008年的国际金融危机，我国通过政府强有力的经济调控，依然使经济保持在8%左右的高增速上，这是极其不容易的，但是，从2011年开始，我国经济增速不断下降，这其中有很多原因，由于我国的经济总量不断增大，要保持如此大的经济总量像以前一样依然保持10%左右的增长是不太可能的。同时也有我国经济自身的问题，如经济增长缺乏动力等。

其次，我国经济增长动力被迫转换，从之前的依靠投资、消费、出口"三驾马车"推动经济增长转变为要依靠创新来驱动等。

最后，现阶段的现实环境逼迫我们必须要转变经济增长方式，调整经济结构。例如，劳动密集型产业、高能耗高污染高投入低效率的产业维系不下去了，依靠人口红利和廉价劳动力也维系不下去了，周边国家的劳动力比我们更加廉价，资源环境的硬性约束条件不允许我们再如同以前一样进行外延式增长，转而更加依靠于专业化精细化的内涵式增长。国际经济形势的低迷使外向型经济结构难以为继，倒逼我国进行经济结构调整。同时国际金融危机打破了世界经济原有的格局，国际经济环境在大调整大变革之中出现了新的变化趋势：世界经济增速放缓，国际市场需求受到抑制；世界经济原有增长模式难以为继，发展格局面临深度调整，世界科技创新孕育新突破，产业升级步伐加快等。

综上所述，在这样的国际经济一体化程度的深入和我国经济与世界经济融合程度不断加深的环境中，虽然我国仍保持了较高的经济发展速度，但是，企业的进一步发展显然面临巨大压力，经济新常态的出现带有必然性的趋势，对我国经济结构调整形成了巨大压力和倒逼机制。因此，我国只有加快结构战略性调整，才能适应世界经济结构的重大变化，才能在后国际金融危机时期适时调整，在国际合作和竞争中赢得主动。

在新常态的经济环境中，着重有两个方面的问题：

首先，传统制造业转型升级面临困难。

一是部分行业产能严重过剩问题进一步凸显。特别是钢铁、水泥、平板玻璃、电解铝，也包括船舶，这几个行业产能严重过剩、供大于求的形势比较严峻。

二是企业的盈利问题，特别是企业的经营成本出现了较快增长，比如劳动力成本、融资成本等。虽然近期大宗物资价格在下降，但是，成本上升的压力依然存在。这样会挤压企业的利润空间，使企业的投资能力出现一定程度的下降。

三是企业创新转型能力不足，特别是核心技术不掌握。这个问题比较普遍。传统产业转型升级最根本的途径是不要继续走规模扩张的路子，而是改变发展方式，把行业整体的增长动力转到创新驱动上来。

创新或不创新是企业应对外部环境的一种选择。有怎样的发展环境，大多数企业就会选择怎样的发展模式。离开市场力量的倒逼机制，转变增长方式几乎是不可能的。影响企业行为的主要经济因素是生产要素价格、环保成本、竞争程度和用户需求水平。在生产要素充裕，而且价格低廉、环境成本可以外部化、"寻租"机会时而出现、市场竞争不规范的情况下，企业往往愿意选择规模扩张、多元化经营、低成本竞争的战略。近年来，资源环境和要素价格上升的压力日益明显。例如，发达地区土地资源稀缺的压力、能源价格上涨的压力、利率上调和人民币升值的压力、水和矿产资源税费价上调的压力、劳动力成本上升的压力、环境成本内部化的压力以及国际收支平衡等压力都在迅速积累。在生产要素趋紧、环保监管从严、市场竞争充分、需求条件挑剔的情况下，优胜劣汰作用强化，依赖要素成本、靠拼资源、拼劳力、无视环境的低效增长模式正面临前所未有的挑战。

所谓"转变经济增长方式"是在要素稀缺和环境监管力度加大条件下，市场作用与市场主体选择的结果。按照一般规律，资源稀缺度增加，价格上升，企业要么提高资源效率，要么寻找替代资源，要么放弃资源消耗量大的产业或生产方式，使过量的资源需求得到抑制。同样，有效的环境监管迫使企业环境成本"内部化"，越来越高的环境成本逼迫企业要么创新工艺降低污染，要么改进技术减少治理成本，要么退出高污染行业。这样，资源依赖型的发展模式就会逐步转变"创新驱动型"发展模式。伴随这一过程，就是企业的信息化、技术进步和产业升级。但是，现在政府还掌握着重要经济资源配置权，控制着重要生产要素的价格，环境监管也不到位。这就使稀缺生产要素升值和资源环境压力大多隔离在了政府层面，没有充分转变为价格信号和更加严格的环境执法，进而成为转变经济增长方式的经济驱动力。当各地政府和企业依据失真的经济信息各自决策时,就不断地重复出现土地管理失控、投资过热、环境恶化、低成本恶性竞争等突出矛盾。在企业可以轻易获得廉价生产要素和大量订单、利润还在不断增长的情况下,无论是地方还是企业,追求速度和规模扩张的冲动越发强烈,谁也不会平白无故地转变经济增长方式,谁也不愿冒险进行技术创新。政府采取要素低价政策的初衷是为企业创造宽松的发展环境,但是资源依赖型的发展环境不支持企业创新。

实践证明,宽松的环境会助长惰性;危机的形势却会调动人们的潜能。1973年世界石油危机,对于能源对外依存度超过90%的日本是巨大的打击。但日本企业潜心开发节能技术,不仅生产过程节能降耗取得了大的突破,而且以汽车为代表的节能产品一举成为世界抢手货,反而成为石油危机的一个赢家;20世纪80年代前期,短短几年日元升值超过40%,对于外贸依存度很高的日本企业是巨大的挑战。结果,一批企业倒闭了,但其产业结构迅速调整,生产效率大幅度提高,国家竞争力反而上了一个新台阶。这是很值得我们思考的。相比较而言,我国在这方面就相对差一点,好在我们通过倒逼机制的改革,可以让我国国有企业不断反思,重新走上创新发展的道路。

其次,企业自身的创新面临问题。企业作为追求利益的市场主体,受到市场环境影响是相当大的。长期以来,我国的市场环境比较宽松,企业出于求稳目的自然会拒绝有较高风险的科技创新发展模式,也正是因此,我国国有企业才会长期走劳动密集型发展道路,缺乏国际竞争力。换个角度来想,如果我们的市场环境变化,那么企业的道路选择也会跟着改变,合理调控市场环境将对企业产生优势引导的影响力。现阶段,一方面,资源环境的压力已经十分强烈,"逼迫"增长方式转型的客观条件已经形成;另一方面,很多企业对这一切没有相应的反应,还在走拼资源、扩大规模、低成本恶性竞争的老路。重要的原因,是资源环境的巨大压力隔离在了政府层面,没有充分转变成价格和税收信号,政府的"屏蔽作用"

使市场倒逼企业创新的力量被阻截了。目前，我国经济发展模式并不健康，企业发展消耗了大量资源，随着工业资源的不断减少，进口资源压力逐渐增大，市场其实已经发出了信号，在不久的将来，企业会面临不得不做出抉择的局面，即是选择使用替代资源还是转换发展模式。从2008年的经济危机后，不少企业已经渐渐开始思考自身的未来，只是对于转变的信念不够坚决，此时政府若紧跟一步，加强对环境的监管力度，对资源消耗过大的企业施加压力，那么，企业就必定会主动放弃资源消耗性生产，随之而来的是利用科技节能减排或者转战低污染、低耗能行业。这就是通过政府的手段全面长期加快企业转变的绝好机遇，既是符合有形手和无形手结合的规律，也是为了提高我国国有企业竞争力和生产水平。反过来说，现在不加紧倒逼，将来必定会失去中国产品在国际上的竞争力。

实际上，现在有一种悖论：一方面，通过中央《决定》、政府文件等形式，实现科学发展、自主创新、建设创新型国家等"行政信号"已经十分强烈，舆论呼声也高潮迭起；另一方面，由于生产要素价格的扭曲，资源环境的压力没有充分转变为价格信号和更加严格的环境执法，大多数地方和企业仍我行我素。一方面，国家一次次设定明确的转变经济增长方式的目标；另一方面，又不断通过行政干预维护一个资源依赖型的发展环境，抑制了市场对企业自主创新的推动作用。政府通过干预生产要素价格为企业创造宽松发展环境的做法付出了巨大的代价，扭曲的价格不仅在高消耗领域制造了大量的过剩产能，把企业引向拼资源的低成本竞争，更重要的是，资源依赖型发展环境使企业对资源的需求远远超过对技术创新的需求。企业在技术创新时面临多种逆向选择，企业可以轻易获得资源、劳动等廉价生产要素，损坏环境成本和各种侵权成本不足以抵消高利润回报对违法行为的遏制。也就是说，这种发展环境不支持企业创新。

实践证明，宽松的环境会助长惰性；危急的形势却会调动人们的潜能。没有经济压力的逼迫，或经济利益的吸引，企业就缺乏创新的动力。举例而言，我国的海上邻国日本，作为一个能源高度依赖进口的国家，在1973年的世界石油危机中其国家工业曾经遭受巨大影响，但由于日本企业长期坚持走节能减排的生产路线，通过生产技术的提高减少了生产过程中的资源消耗，在危机中居然一跃而上，产品的世界销量反而取得巨大成功。纵观日本近代的工业发展史，大多都是如此，在危机面前，与政府联系紧密的日本企业在国家政策的支持下对产业结构进行调整、对关键技术进行突破，既降低了成本又提高了技术。这既是面对市场困难时的日本企业文化精神发挥的作用，也有日本政府对经济实施强大影响引导企业的功劳。企业的国内竞争或者国际竞争，除去对市场环境的把握以外，还有政府长时间的支持乃至强制性推动。

二　国内市场

随着中国改革开放的不断深入发展，中国的经济也取得了举世瞩目的成就，但是随之而来的也形成了诸如产能过剩、经济结构性矛盾突出的问题，依靠传统的粗放型经济发展方式，中国的煤炭、钢铁、水泥等工业产品严重过剩，而这种过剩也给企业自身和国家的发展带来了巨大的阻碍，甚至很多企业也不得不面临常年亏损的状态。中国经济原有的依靠廉价的劳动力、单纯的规模扩大型发展，主要依靠低端的制造业发展，在现代社会已经显得过于笨重，对中国经济的良好发展已经形成了巨人的牵绊。因此，化解过剩产能、转变经济发展方式已经成为中国经济的最为重要的特点。

纵观历史，每一次国内经济急剧转型之时，必然是中国经济大有作为之时。谈到1978年的改革起航标志，很多人对安徽和四川省的包产到户家庭联产承包责任制记忆犹新。在很大程度上讲，是当地农民为了渡过天灾而积极开展生产自救的大胆尝试，经由当时主政该省的负责人和中央层面的大力倡导和推广，很短时间内成为推动中国内陆改革的大势。严峻的生存现实逼着人们开始真正反思哪种生产方式最为适合中国广袤农村的实际，从而又以历史上曾有的

"农村包围城市"的路径进一步推动了城市乃至更高层面更广范围内的改革和发展。

历史有其内在发展的必然规律，该生产方式在20世纪五六十年代的昙花一现，为今后从内源性动力视角撬动中国内陆变革做了宝贵的试验。根据最新研究资料，在与内陆省份农村生产经营体制改革同步出现的还有一种倒逼机制下产生的新现象，那就是经济特区，尤以深圳特区建立和发展为典型。当时的宝安县（今深圳特区）由于紧挨边境前沿，与香港仅一条深圳河相隔。由于受苏联发展模式影响，当地同其他很多地方一样，也呈现出很大弊端，从新中国成立到20世纪六七十年代，当地百姓生活没有多大改观。一边是天天浸染着"我们将会创造出更多奇迹""一定为人民带来比资本主义更为丰富的物质财富""风景这边独好"的鼓动性宣传；另一边是所谓的资本主义"一天天烂下去"的资产阶级生活方式。实际情况则是人家经济发展水平、人民生活水准都很高的客观现实。面对理想与现实的明显对比，百姓有了更多的理性研判。

痛定思痛，当地群众连续演绎了历时30年的百万人"大逃港"，用自己的鲜血和生命为代价，拼命游过深圳河，一股劲儿地往资本主义的香港跑。正是这段曾经被尘封数十年的"百姓用脚投票"的历史事实，使当时主政广东的陶铸、习仲勋、王全国以及谷牧、吴南生等直接实施者深刻地接受了实践教育，将心比心、换位思考，比其他地方的共产党人早一步觉悟，早一点从自我感觉良好的状态中清醒，尽早地摆脱了旧思维，大胆进行自我调整，勇于担当，先行先试，积极向中央争取政策支持，才有了邓小平"中央没有钱，可以给政策，你们自己去搞。杀出一条血路来"这样振聋发聩的顶层支持。可以说，正是"人民群众日趋高涨的'逃港潮'一次次冲击着'围墙'，倒逼着干部进行深刻反思，才导致20世纪70年代末'对港开放'变成了宝安县党员、干部和群众发自内心普遍的要求。"

没有当时的地方主政官员带着群众的强烈愿望赴京请愿，实行特殊经济政策,来真正稳定人心,发展经济,从根本上解决了外逃问题,就没有后来特区作为对外开放"试验田",然后"摸着石头过河",一步步把这一伟大构想层层展开。因此,就"大逃港"这一客观事实而言,确实成了中国南部强力推动改革开放的直接动因,成了我国改革开放进行大步创新的"催生剂"。从群众到领袖,从被迫到自觉,从特区到全国,从群众要求到理论升华……走出了这一步,中华民族伟大复兴才算真正地走上了康庄大道,迎来了新曙光。

三　国际市场

国际市场的倒逼主要集中在这几个方面:原材料成本提高、劳动力成本提高、产业技术升级速度加快,以及国际经济危机的影响,等等。2008年的经济危机席卷全球,中国的市场形势在很短的时间内急速恶化,许多已经取得的经济成果也重新归零,部分行业甚至出现倒退趋势。但是,客观上说,经济危机也带来了一次难得的倒逼机遇。中国在此次经济危机以前一直凭借廉价劳动力在国际市场上与他国竞争,这种经济发展方式获得的利润少、能源消耗大、环境污染严重,而且随着其他发展中国家的崛起,前途日益渺茫;经历了经济危机以后,一方面,市场自动淘汰了一大批弱势企业;另一方面,也将市场的压力加于幸存的企业之上,强制性地促使他们自主创新。这是市场带动企业自身思考、自我转变的一次倒逼机遇。可是如果大多数企业从自身角度出发,仍然不愿意接受具有较高风险的创新生产模式,依旧保守地选择低价的劳动密集型生产方式,这时就需要政府对企业再推一把,促成其转变。目的很明显,既是挽救企业远离濒死局面,也是从整个市场出发,辅助建立一批新兴企业,创设一种新型经济发展模式,为日后的国际竞争甚至新的经济危机到来做好准备工作。选用倒逼机制的原因还在于经济危机后企业经济实力大多减弱,整体市场都急需资金、技术、原料的支持,如果政府对个别企业进行督促和帮助,只能造成疑似"官商勾结"性质的不公平竞争,从长远来说,反而可能是对国内市场竞争秩序的又一次破坏,而倒逼机制则是利用市场规律对市进行调控影响，充分保障企业的竞争机遇和发展空间，有了更多的自主性。

综合而言，经济危机是一把"双刃剑"，它虽然对现有的市场进行破坏，但是也把自主创新、加强自身竞争力的重要性摆在了所有企业面前。有些企业恰恰正是因为掌握了生产的核心技术，在危机中销售额不降反升，获得了一次新的发展机遇，但是就我国大部分企业而言，如果缺乏政府的倒逼，2008年经济危机带来的机遇客观上并不会被企业充分利用。世界整体格局的资源趋紧，使大量依托于原材料初级资源的企业制造成本大大提高，导致中国的制造业等相应竞争力也不断降低，同时劳动力成本有不断上升的趋势，国际经济危机的余波尚未完全平息，使中国的经济出口竞争力大大下降。

四　实体经济

实体经济是经济发展和社会稳定的基础，历史反复证明，实体经济衰落，国家的兴盛就难以持续。但是，在经济寒流下，中国当前实体经济发展遇到了困难。防范产业空心化的潜在风险，推动我国实体经济的健康发展，成为一个迫切需要解决的重大课题。英国经济学鼻祖亚当·斯密在《国富论》中有一个著名的"理性经济人"假设，意思是作为经济决策的主体都是充满理性的，所追求的目标都是使自己的利益最大化。西方经济学研究中所谓理性经济人，是指个人在一定约束条件下实现自己的效用最大化。

我国实体经济遇到了困难，是因为实体经济不赚钱或者赚钱不如非实体经济赚得多。要摆脱实体经济的困境，就必须弄清楚"一定约束条件"究竟是什么，并采取有的放矢的对策。目前来看，"一定约束条件"至少包括这样一些因素，通货膨胀导致的实际负利率，导致资本选择更容易保值增值的金融、楼市、新兴虚拟经济，而不是实体经济；不断上涨的人力成本，加上中小企业高额的融资成本和税负，使一些从事实体经济的中小企业生存都有了问题，更不用说发展了；新一轮的国进民退，加上没有真正放开的垄断行业，使民营企业特别是中小企业不能有效地平等进入和平等竞争；原有实体经济由于人才和观念的缺乏，转型升级困难，导致实体经济活力下降。在影响实体经济健康发展的众多因素中，调节利率、降低融资成本、开放市场领域、塑造公平竞争环境，协调实体经济与虚拟经济、金融经济的关系，虽然都不容易，但相对于产业升级来说，还是要容易一些。因为机会主义成长战略和低成本战略已经形成了严重路径依赖，既无必要的技术能力，也无足够的创新动力，使传统产业步履维艰，高技术与新兴产业无序发展并陷入"低附加值陷阱"，中小企业存活率低且难以做大做强，一些所谓的转型升级，仍然是在原有路径下的微调，实质上是伪升级。推动产业向高端发展，促进产业结构升级，是转变经济发展方式、提升实体经济竞争力的最重要环节。因此，推动我国实体经济的健康发展，就不能只重数量，更要注重质量。

针对路径依赖的问题，必须打破原有的约束条件，重置新的约束系统，倒逼实体经济转型升级。在完善相关政策的基础上，倒逼的路径主要有三个方面：一是打破不适应实体经济转型升级的制度约束；二是推进全面的市场化要素配置和规范公平的市场竞争；三是产品质量标准与国际接轨，让企业在国内国际市场上展开竞争。中华民族伟大复兴的中国梦需要实体经济的坚固基础，仍处于发展中国家行列的我们，如果不注重实体经济，那就是自杀。振兴实体经济需要系统措施，解放税负、解放资本、解放生产力，但如果不能采取倒逼机制实现转型升级，该淘汰的不能淘汰，就可能进一步被动。因此，如何引导实体经济企业回到创新驱动生产性努力上来，就成了振兴实体经济的关键。

五 社会矛盾

当前，我国面临着体制和结构的双重转型，工业化、市场化、城市化、信息化和全球化正在我国同步进行，意味着国家经济社会发展进入了新的历史阶段，也面临着前所未有的错综复杂的社会问题和社会矛盾，没有社会管理体制的重大变革和创新，现代化建设、和谐社会建设都是空话。社会主要矛盾主要集中在四个领域，分别是农村土地征用、城市房屋拆迁、企业改制、涉法涉诉等，此外，还有劳资纠纷、医患纠纷、环境污染等社会矛盾多发领域。这些矛盾在我国改革开放初期都是没有的，或者是极少有的。如今在社会环境日益复杂，对行政管理需求加大的前提下，现实中的管理体制弊端激化了一些社会矛盾，比如前些年的拆迁问题比较突出，实际上很多人都希望通过拆迁改善居住环境，但政府能不能在拆迁时切实做到征询群众的意见，更多地考虑一下他们的住房、就业、社会保障等合理诉求，不能老让一些百姓为发展做牺牲，应让百姓多享受国家发展的成果。可以看出，过去和现在管理环节有问题，重事后处理、轻源头治理，平时只要不出事就行，一旦出事就动用警察，再不行就花钱买团结，这不仅增加了管理的政治成本，也使经济成本上升。所以，现在提出要关口前移，改变过去只停留在管理末端的状态。

社会管理需要由过去重经济建设向经济与社会协调发展转变；由过去"严管整治"向"寓管理于服务"的理念转变；由传统的"政府包揽一切"向党委政府主导下发挥社会协同作用转变；由事后处置向源头治理转变；由硬性行政命令向运用法律、思想道德建设、做群众思想工作、心理疏导、舆论引导等综合方式转变；同时还应该强调多元化治理。许许多多的社会矛盾倒逼社会管理需要创新。党中央早在1993年就提出了社会管理的概念，2004年提出社会管理创新，近几年特别是2011年密集提出加强和创新社会管理，这说明社会矛盾推动了倒逼机制的发展、倒逼机制推动了政府管理的创新。

第三节　市场主体

一　企业

企业作为追求利益的市场主体，受到市场环境影响是相当大的。长期以来，我国的市场环境比较宽松，企业出于求稳目的自然会拒绝有较高风险的科技创新发展模式，也正因如此，我国国有企业才会长期走劳动密集型发展道路，缺乏国际竞争力。换个角度来想，如果我们的市场环境变化，那么企业的道路选择也会跟着改变，合理调控市场环境将对企业产生优势引导的影响力。如果政府对企业生存的市场环境加以影响，通过对企业的生产因素进行调控，有意识地逐步增加采用资源密集型生产方式的企业的压力，并且适当鼓励其进行科技创新，让敢于走科技进步道路的企业尝到甜头，创造竞争激烈、监管严格、科技主导的市场环境，企业就会主动转变自身发展模式，走上科技创新的道路。值得一提的是，这种引导显然会是一种全面的、长期的甚至进展艰难且缓慢的过程。

现阶段，一方面资源环境的压力已经十分强烈，"逼迫"增长方式转型的客观条件已经形成；另一方面很多企业对这一切没有相应的反应，还在走拼资源、扩大规模、低成本恶性竞争的老路。因此，企业要想在激烈的社会竞争中赢得主导，要想在经济相对疲软的环境中继续向前发展，就必须转变自身的发展方式，通过创新思维方式，把企业的发展推向更高的层次，在不断摸索中继续前进。

二 消费者

20世纪90年代以来，随着市场权力由厂商向用户的转移，市场由卖方市场转变为买方市场。在买方市场条件下，用户挑剔性的需求是倒逼企业创新的最强动力。因为产品功能是由内嵌其中的各种技术决定的，不同产品在市场上的竞争力存在差异，表面上是由产品的功能决定的，实质上是由内嵌在产品中的技术决定的。从用户角度逼迫企业进行自主创新，改变旧的生产模式。政府可以一方面营造企业之间的绿色竞争氛围，鼓励科技竞争、创新竞争，让企业树立正确的市场理念，接受讲求长远发展的企业道德文化，摒弃以往短浅、低回报、高消耗的生产理念，转向讲求环境效益和高回报的发展理念；与此同时，还要注意协调区域发展不平衡的问题，在倒逼的同时改善区域生产发展不均衡的局面。发挥用户倒逼企业创新、驱动经济发展的作用，从以下几个方面采取措施：一是扩大对外开放，通过向发达国家出口产品或服务，将更加成熟的消费者纳入本地企业的服务对象，倒逼企业创新；二是严格规范各种产品和服务的技术标准，加大技术监督部门的执法力度，坚决杜绝不符合技术标准的技术次品到达消费者手中；三是扩大对技术标准宣传的力度，使更多的消费者由无知型消费者成为成熟型消费者。

三 政府

20世纪80年代末，伴随中央控制经济资源的减少，中央集权弱化，地方权力增强，一种中央和地方分权的模式开始形成。地方政府公司化是中央和地方分权过程中出现的一种特有现象，地方政府公司化促进了地方经济的发展，但也形成了凸显GDP的政绩考评体系。地方政府直接或者间接地参与企业的经营活动，甚至直接公司化，成为具有无限管理职能和利益诉求的经济主体，以GDP增长作为政府活动的出发点和落脚点，追求GDP背后的经济利益，导致政府迷失公共价值目标，本应承担的公共职能严重缺位，公共产品和服务匮乏，社会保障制度滞后。发挥政府对企业创新的倒逼作用，最根本的做法是彻底贯彻科学发展观，尽快使政府回归本位，地方政府官员的职能由经营转换为公共管理，在地方政府官员的考评指标体系中弱化GDP权重，增加产业转型、创新驱动发展、提高民生福利、淘汰落后产能、节能减排等指标的权重，用指标考核倒逼各级地方政府加快产业转型升级，促进企业创新，从而驱动经济发展。

四 外部市场主体

（一）竞争倒逼

当一国国际贸易与世界多国在发展中不断产生深层次的交集时，各个贸易主体国在全球化的浪潮中都不可避免地被对方所影响。世界技术创新历史表明，每次技术革命都是强烈竞争倒逼的结果。在这种情况下，发明一种任何地方都能使用的动力装置就成为一个急需解决的重大技术难题。纺织企业之间激烈的技术竞争，有力地推动了蒸汽动力技术的发展。为形成竞争倒逼机制，有必要竞争性地扶持新兴产业发展。扶持战略性新兴产业、推进农业产业化等的发展,建立专项资金竞争扶持机制,通过公开招标、公平竞争、公正评审方式,使市场前景广阔、资源消耗低、带动系数大、综合效益好的产业项目得到更多的资金扶持。通过正向激励,对那些高能耗、高污染、高成本的企业产生倒逼压力,逼其通过技术创新实现微观经济增长方式转型。

(二) 技术外溢迫使企业技术创新的倒逼

企业技术创新倒逼机制形成技术外溢的效应。这些效应,既有抑制企业技术创新的负面效应,也有推动企业技术创新的正面效应,此外,还存在将技术创新成果的经济社会效应扩大的正面效应。这些正、负效应所形成的综合效应,将对企业技术创新行为产生复杂多样的影响。在确定不会影响企业技术创新积极性的前提下,即技术创新抑制效应不发生的情况下,技术外溢对企业技术创新行为的倒逼作用将变得明显起来,由此形成技术外溢迫使企业持续进行技术创新的倒逼机制。这一倒逼机制是指创新企业的技术成果,在行业内适度外溢,成为行业共同知识或共享技术,打破部分大企业对行业的技术垄断,迫使这些企业继续创新,同时,接受技术外溢的企业,也获得了创新的基础和动力,由此形成整个行业"竞争性"创新的局面,形成产业创新和社会创新效应。

从企业创新到产业创新,一般的理解是,竞争驱动企业自主创新,导致产业创新,但这是一种割裂式的创新扩散;我们提出另一种创新扩散,即技术外溢导致创新共享,由此倒逼全行业创新。我们具体分析一下倒逼机制的形成过程,也是创新的产业扩散与自我强化的过程,表现为"企业创新—技术外溢—外溢效应—倒逼企业创新"。技术外溢对技术创新的倒逼机制形成后,会产生一系列的经济社会效应。

首先,直接促进了全社会企业的技术进步,推动了整个社会技术水平的提高。从间接影响来看,倒逼机制首先促进了经济增长。熊彼特认为,"技术创新是经济增长的主要动力",哈罗德—多马模型把技术进步作为稳定经济增长的因素之一,认为统计上稳定的经济增长与技术进步有关。林毅夫认为,"科技创新是经济社会发展最根本动力,是支持中国经济复苏的动力"。世界各国经济发展实践均已证明,技术创新在经济增长中的作用显著。但是,在今天高度发达的市场经济背景下,在技术日益更新的时代浪潮中,人类社会不再要求粗放式的、以环境污染为代价的经济增长,而要求"低耗费、低排放、低污染"的经济增长模式。因此,更加突出了经济增长过程中的技术作用。将技术创新成果应用到现代生产过程中,提高经济增长质量是时代发展的要求,而作为技术创新的重要微观经济主体——企业,在当中发挥着不可小觑的作用。

其次,倒逼机制形成的全社会技术进步,也会带动社会福利的提升。技术进步提高产品科技含量与市场竞争力,增加消费者的消费者剩余。例如,大量科技含量较高的国外电子产品涌入中国市场,增加国内市场的供给,进一步促进国内市场充分竞争,从而消费者剩余也将变大,使消费者的欲望得到更大程度的满足。对于很多电子产品而言,消费者愿意支付的价格明显高于国内市场价格。美国著名经济学家阿瑟·奥肯测算出实际经济增长率与失业率之间存在反向关系的经验规律,这也符合中国经济发展的实际情况。

长期以来,一直存在这样一种观点,他们认为,技术进步在推动经济增长的同时,会带来大量的人口失业。这一观点实质并不正确。首先,在科学技术发达、生产力高度发展后,社会积累的财富、物质资料逐渐丰富了,建立了更高水平的社会保障机制,提供了更高水平的社会福利条件,这样一来,即使存在失业现象,社会保障与社会福利机制也可以解决。其次,生产力的提高为社会创造了财富,极大地刺激了需求,从而可以创造出大量的就业机会。因此,无论从提高消费者剩余角度,还是从提高就业机会角度分析,倒逼机制都提升了整体社会福利水平。但是,倒逼机制的形成,有一定的前提条件。并且,并非所有的技术外溢都能产生好的倒逼效应,有些场合下,技术外溢产生的可能是不良"倒逼效应",阻碍技术创新和经济社会发展。比如,当技术外溢程度过高,创新企业分享的成果收益过低，不能弥补其创新成本，或者创新风险收益与付出成本不对称。尤其对于中小创业企业，实力有限，抗拒市场风险能力差，创新收益可能难以弥补其成本。这种情况下，技术外溢只有对创新的抑制效应。因此，技术外溢的范围和程度必须要有一定的范围，要有一个临界点，至少能保证创新者收回创新成本，有创新的积极性。这就需要与技术成果相关的专利权和知识产权的合理安排，以及恰当的政策支持，这种制度安排和政策支持，将技术外溢限定在合理的范围内。正是凭着政治勇气和智慧，我们不失时机地推行改革开放，逐步破除了一切妨碍科学发展的思想观念和体制机制弊端，逐渐摸索出了一条路子，形成了一套理论，积累了丰富的经验，各种全面细致的改革才渐渐瓜熟蒂落，水到渠成。

正如习近平总书记所言，我们的改革是由问题倒逼而产生，又在不断解决问题中而深化。自主创新需要经济驱动力。这种动力既可以是主动的，也可以是被动的。主动的动力来自新理念、新目标、新的技术基础等，顺理成章地孕育创新。主动的创新当然是最理想状态。而被动的创新动力往往是在环境条件、资源供给发生不利于维持现有生产过程的情况下，生产者为了生存和发展而被迫进行的创新。被动的创新虽然一开始并非由创新者主动进行，但是其动力大小、创新的规模和成果往往比主动创新毫不逊色。这是由于被动创新的背后往往是生死存亡的压力，所以，很多情况下，恰恰会产生人们所意想不到的创新成果。近几年，每当新一轮宏观调控政策出台后，有不少人不理解、困惑甚至牢骚满腹，但是随着时间的推移，资源要素和环境约束的倒逼带来的新技术、新举措的应用，产生人们始料不及的进展，甚至解决了多年来未能解决的问题，使越来越多的干部群众意识到，这是在经济领域引发一场"创新革命"的历史性机遇。自主创新需要动力或压力，要素供给和制度环境的变化会逼迫人们加快自主创新，谁先抓住这个倒逼的机遇，谁就在发展中赢得先机并赢得未来。

从资源环境以及技术角度看，目前企业自主创新动力不足的原因有：资源环境损耗型的增长模式还有生存空间。不同的增长方式是企业应对外部环境的一种选择。有怎样的发展环境，大多数企业就会选择怎样的发展模式。我国长期以来对资源和环境保护方面的法制和行政管理不够严格，标准也过于宽松，企业以资源消耗和环境损害为代价，粗放地扩大生产规模，不少地方政府为了创造更高的GDP增长率，更是过度容忍那些靠大量消耗资源损害环境以达到扩大生产目的的企业行为。同时，由于法律和机制的问题，资源环境的成本可以部分甚至全部外部化。事实上，在环境监管不到位的情况下，谁严格治理污染反而会降低自己的竞争力。只要这种状况不变，企业还能生存，甚至利润还在增长，就不会冒着风险、付出成本去搞技术创新。生产要素供给的比较成本不利于创新行为。

在经济起步阶段，粗放的发展模式下进入门槛比较低，政府维持资源要素低价、低税政策，企业依靠要素的低成本，很快可以形成某种竞争优势，创造短期的经济增长，这就造成资源依赖型的发展环境。实际上，在资源低价格政策之下，谁多消耗了资源，谁就多分享了经济利益。这势必遏制了人们节约和有效利用资源的创新动力。同时由于劳动力的廉价，在很多领域呈现劳动力替代资本和高效率技术的倾向。

从成本核算角度，往往用较多廉价劳动力进行生产操作所付出的成本，比通过自主创新形成高效率生产方式的总体成本更低，因为后者既要投入风险较大的创新资本，又要支付运用高技术和高层次人才所带来的相应高成本，以及昂贵设备运行所需的较高的维护成本，同时还可能要承担由于效率提高而减少对劳动力的需求、解雇工人所带来的社会压力。这种情况会进一步压抑企业自主创新和产业升级的动力。那些单纯依靠扩大规模来保持利润总量的低附加值、低盈利、低工资收入的企业不断地横向扩展。在我国社会总体收入水平偏低的需求环境下，这些企业的低附加值产品能够凭借较低的价格销售出去；相反，生产高附加值产品的企业在那些"低质低价"产品面前却可能缺乏竞争优势，从而产生"产业逆淘汰现象",使那些注重创新但成本相对较高的企业反而无法生存,这显然是一种我们不愿看到的产业倒退。市场竞争态势及知识产权保护的现状不利于创新行为。由于多种因素导致粗放式投资冲动而形成的产业同质性、低层次、规模攀比的竞争,产业的扩张速度往往远快于创新周期。在行业中,一个企业或通过引进,或自主生产出一个新产品,如果市场销路好,同类企业会蜂拥而至,争相仿制,只要有利润可图,生产就会扩大,形成巨大的同质化产能规模。规模化冲动遏制了企业的研发能力、创品牌的冲动和自主知识产权的创立。一部分企业依靠盗用他人知识产权和仿冒先进企业的创新成果为生,生产规模和盈利不断扩大;相反,一些着力于创新的企业却因知识产权得不到保护而遭受损害。

当仿冒成了企业之间竞争的一种习惯后,谁还会花大量的人力、物力,承担巨大的风险去搞创新呢?主动创新的动力不足,倒逼机制就尤为必要。国际上不乏在资源环境的倒逼机制下推进自主创新而实现强国目标的例子。德国自然资源较贫乏,多数原料供应和2/3的初级能源需进口。第二次世界大战以后,国内一片废墟,然而经过60余年的努力,创造了举世瞩目的经济成就,也是充分利用了困境时期的倒逼机制。战后巨大的生存压力反而迫使德国成功地实现了经济创新:一是实行有远见的产业政策,促进高新技术产业的优先加快发展;二是重视科技进步,政府非常重视科技投入,研究与开发经费总额多数年份占GDP的2%—3%;三是发达的教育与高素质人力资源,这也是德国产品享誉全球的重要原因之一。

韩国矿产资源极度贫乏,对外依赖程度甚于日本。韩国成功地实施产业升级也是被资源困乏的境况逼出来的。人们认识到依靠资源进行加工贸易的道路走不通,只有靠技术和新兴产业立国才是唯一选择。政府运用经济政策对资源消耗型的产业毫不留情地进行改造和淘汰,实行"以技术为主导"的发展战略,研究人员数量、国际专利等达到国际一流水平,30年来教育经费一直占财政支出的20%左右。科技和人才使韩国成为世界经济强国之一。强化资源有效利用标准和环境保护标准,遏制低效消耗资源和损害环境的投资生产行为,促使企业创新以实现集约和可持续发展。

对资源的利用效率低,或对环境的负面影响大,这是落后而缺乏创新的企业较普遍的标志。因此,采用更强有力的手段提高全社会对资源有效利用的强制性标准很有必要。例如,对单位产出的能耗、对单位土地、矿产(或其转化的原材料)、水资源等,都要规定更严格的有效利用标准。低于标准的不得进入生产领域和进入市场,从而对落后企业形成一个"釜底抽薪"的机制。同样也要制定更严厉的减少有害排放、保护环境的标准,实行环境损害"一票否决制"。标准的严格实施,必然会对企业形成更强的倒逼压力,促使其在生产技术、管理和人员素质上进行创新,否则就难逃被淘汰的命运。真正使创新者生存、落后者淘汰,优胜劣汰的机制会切实促进创新氛围的形成。以资源要素价格及资源税的调整,遏制那些依靠低成本要素供给维持低水平规模扩张的行为,促使企业通过创新提高产品附加值以盈利和发展。

资源的低价和低税政策助长了依靠"低盈利—规模扩张"的生存和发展模式,但有一点是无法回避的,就是要消耗大量资源。如果资源成本提高,这种模式就无法维持。因此,提高各类生产要素的价格和相应的资源税费,实际上意味着对这些低水平规模扩张的生产形成严厉制约。在这种压力面前,那些不事创新而仍然维持粗放模式的企业就面临淘汰的命运,而那些愿意创新并且有能力创新的企业反而面临一种机遇,因为这将使他们解除不堪承受的低层次竞争压力,其投入较多成本进行创新所创造的附加值能够在市场上得以实现,而盈利水平的提高会更进一步提高其创新能力,从而实现在自主创新上的良性循环。

大力保护知识产权,遏制盗用他人知识产权、仿冒先进企业创新成果以盈利的行为,促使企业自主创新以求生存和发展。只有建立最严格的制度保护知识产权并提高知识产权的使用成本,加大违法行为的惩治力度,才能激励人们不断创新。对于恶意侵犯知识产权的企业和个人必须依法惩治，而不能以罚代刑，同时在经济上使其付出惨重的代价乃至无法生存。只有付出高昂的人身成本和经济成本，才能断绝那些靠盗取他人创新成果为生的企业的盈利诀窍，同时对那些具有创新能力的企业增大保护力度，使其真正通过创新获得良好收益。政府加大对品牌与专利等知识产权的保护力度，营造公平、公正、公开的技术市场环境和法制环境。同时，要建立与完善行业协会，加强行业自律，避免"火拼式"低价竞争。

第四节 倒逼机制的形成

一 利益引导

企业作为市场活动的微观主体，它的决策行为是理性的。当劳动力价格低廉、损毁环境成本和各种侵权成本都不足以抵消高利润回报对违法行为的遏制的条件下，企业对技术创新的高投入高风险带来的不确定性的顾虑，超过了技术超额利润带来的高收益的诱惑。在这种情况下，企业的理性选择往往是保守主义行为，宁可选择低成本低风险低收益的劳动密集型生产方式，而不愿意选择高投入高风险高收益的创新型生产方式。外在表现上呈现出对自主创新"企业不急政府急"的错位现状。于是，处于引导地位的政府，"迫不得已"在许多时候只能直接冲到企业一线亲临"督阵"。但是，无论政府对创新企业表彰也好、对有功技术人员重奖也好、对企业采取减税、贴息也好，种种优惠激励政策，在效用有限的同时，政府过多的直接"帮助"，优厚了部分企业，给其他企业带来了有损自由市场经济公平竞争法则的壁垒，也有悖于政府调控间接性的市场经济法则。政府在构建地方创新体系，推动企业自主创新积极性的工作中，应该从过多的直接"帮助"，转向努力构建一种置身于经济社会环境中的利益倒逼机制。这种倒逼机制的一个特点，应该是以利益导向为核心的作用力机制。让企业在做出投资抉择时，用利益的天平来权衡是采取以增加劳动力要素投入来提高产出的外延式扩大再生产？还是以增加技术要素投入来提高劳动生产率的内涵式扩大再生产？政府应该设法使利益的天平倾向于后者，以此引导企业的理性抉择。

二 机制的特点

机制泛指自然现象、社会现象内部组织和运行变化的规律。机制是两个以上"变量因素"相互作用的结果。机制表现出"平台效应"，是多个群体共生的相互作用的整体。机制效应来源于"变量因素"之间相互的作用；而这种相互作用又来源于"变量因素"和"变量因素中的个体组织"的利益关联性。机制的基本功能是通过其产生的良性效应，顺利达到人们预期的目的。

倒逼机制原本是银行经济学的一个术语，在强政府干预的经济体制条件下，大量的国有企业和地方政府，出于自身利益，往往压迫商业银行不断增加贷款，从而迫使中央银行被动地增加货币供应，形成所谓的"倒逼机制"。企业创新行为外部压力内源化的作用机制是一个与银行经济学上的倒逼机制如出一辙的作用机理和传导路径。

一是传导路径的逆向性。正向指令信息的传导路径是由信息源向信息传导管道末端的信息接收器和信息感收器扩散的过程。而倒逼机制的信息传导路径恰恰相反，是一个自下而上传导并对信息源的决策产生约束性影响的逆向传导过程。

二是具有鲜明的负反馈特性。倒逼机制是感受器对信号变量的变化造成信号结果进一步偏离目标结果的不满，并通过负反馈装置，对信号源发出的信号变量的变化作出抑制或是修正。从信号源的视角来看，它感受到的就是负反馈装置对它产生的压力或是约束力。

三是比较明显的外部性。倒逼机制试图构建的是一种由政府凭借特殊的政治资源来调控的，以协调企业经济效益与社会公众和国家整体利益为支点的，通过对经济要素、公共资源、制定管理制度和政策法规的主动作为，依托市场和行政、法律等途径，对企业创新能动性弱的"惰性"营造一种外部约束和压力。可见，倒逼机制的外部性既具有企业创新决策的自主性又具有政府推动的间接性。

我们知道，不同的经济增长方式是企业应对外部环境的一种选择。有怎样的发展环境，企业就会选择怎样的发展模式。比如，在我国的经济起步阶段，由于政府采取的要素低价、低税政策一直在延续，这就造成资源依赖型的发展环境。企业在这种环境下，进入门槛比较低，依靠要素的低成本和无视环境因素，很快就可以形成某种竞争优势，可以创造短期的经济增长。从而形成了粗放的发展模式。如果外部环境没有大的变化，企业仍然可以轻易地廉价获得生产要素，环境成本至少一部分可以外部化，利润还在增长，那么，无论是地方还是企业，谁也不会平白无故地转变经济增长方式，也不会冒着风险去搞技术创新。实际上在资源低价格政策之下，谁多消耗了资源，谁就多分享了经济利益。在环境监管不到位的情况下，谁严格治理污染反而会降低自己的竞争力。

进入21世纪，我国一些地区土地资源稀缺的压力，能源价格上涨的压力，人民币升值的压力，水、矿产资源、税费上调的压力，劳动力成本上升的压力以及国际收支失衡、环境成本内部化的压力，都在迅速增长。这些压力汇集在一起，实际上，向社会上传递了一个重要的信号，那就是依赖要素低成本，靠拼资源、拼劳力，无视环境的发展模式已经无法继续。这就逼迫企业转变传统经济增长方式，走自主创新的道路。这样，就自然产生了倒逼机制的问题。

由社会主义市场经济的特定性质所决定，有三个"变量因素"对经济增长方式的影响是至关重要的，那就是政府、企业、外部环境。从这一点出发来定义的话，所谓倒逼机制，简单地说，就是政府充分利用自己管理者的"天然权威"，通过各种手段，通过各种途径，传递各种信号，改变和影响企业活动的外部条件，"倒逼"企业顺应环境变化，改变行动策略，选择更有利于自身长远发展和社会整体利益的增长模式。

三　机制的运行方法

首先，倒逼机制利用经济利益使企业主动自我改变或者被动强制调整。企业是追求市场效益的经济主体，获取利润和不断扩大再生产是企业进行市场活动的根本目的，正确的倒逼机制不能违反这一点；相反，倒逼机制正是利用这一点不断促使企业进步。事实上，利用倒逼机制的决策者更是希望企业能从劳动密集型产业向技术密集型产业转变。

其次，倒逼机制的运动方向是从外到内而非从内到外的。政府的倒逼机制往往利用现有的经济形势，对某些产业进行创新的逼迫，在符合经济规律和自主竞争的前提下将市场的外在压力转换成企业必须创新的内在要求，无法适应的企业将被更快淘汰，但是，转型成功的企业将能获得更好的市场竞争力与面对更广阔的市场需求。

最后，政府的倒逼机制是反向运作的。相比行政命令，倒逼机制反而从底部开始影响企业，通过市场影响敦促企业自我转变。有效的倒逼机制更是对经济规律和市场秩序的成功运用，所以既有国家的制度规定，也有市场内在的影响力。

四　倒逼机制的形成

倒逼机制，从字面意思上理解，就是反过来逼迫的意思。然而，面临内外现实的巨大压力，改革要想减少阻力顺利推进的话，就不得不采取适度的妥协策略，灵活采取一些变通的举措。只有等到这些新举措、新制度带来了明显的正面效应的时候，才有可能在更大程度、更大范围内推进改革，从而使旧体制机制自动退出历史的舞台。而新制度之所以能够出台正是因为旧有的那套做法已经行不通了，是睿智而审慎的执政者为化解社会不满和压力而以壮士断腕的勇气杀出的一条血路。这种倒逼机制构成我国一种特色鲜明的改革道路，是一个在激进的迷幻理想的煎熬中一步步化解危机走向理性的清明和常态的过程。自然，当倒逼机制发展到一定阶段，使旧的体制机制的拥护者也意识到自己原来那一套其实是空想性、教条性、无效性的陈规时,是可以在改革中推出一些规范价值的大举措的时候,改革就走了加速道路。然而,如果不能从思想意识的深处深刻清算那种以道德理想治国理政的传统套路和风格的话,新的规范又可能变成新的陷阱。新旧常态转换期面临的最大问题是经济效益大幅下滑。

2014年全国国有工业企业利润总额下降了8.01%,全国工业企业利润下降了0.32%。全国财政收入2013年增长速度勉强维持在两位数,同比只增长了10.2%,2014年同比增长速度又进一步降到8.6%,多年来增幅第一次降到个位数,但此前则以20%以上的速度增长,财政连年超收。

表 3–1　　2010—2014 我国工业企业利润和财政收入增速

	2014 年	2013 年	2012 年	2011 年	2010 年
工业企业利润总额（亿元）	68154.89	68378.91	61910.06	61396.33	53049.66
工业企业利润增长速度（%）	-0.32	10.45	0.84	15.73	53.58
国有工业企业利润总额（亿元）	2708.44	2944.29	3881.71	3567.45	3302.77
国有工业企业利润增长速度（%）	-8.01	-24.14	8.08	8.01	67.38
我国财政收入（亿元）	140370.03	129209.64	117253.52	103874.43	83101.5
财政收入增长速度（%）	8.6	10.2	12.9	25	21.3

资料来源：根据有关年份《中国统计年鉴》整理。

这种情况表明,中国经济进入新常态,经济增长速度下来了,但经济增长水平还没有真正上去,仍然带有很强烈的速度效益型的特征。中国经济在新旧常态的转换不是一朝一夕就可以完成的,在新旧常态之间必然有一个转折、过渡的时期。这也是最为困难、最为艰难的时期,同时也是最为重要、最为关键的时期。而度过了这个时期,中国经济会变成一个稳定的、常态性的增长。在新旧常态的转折过渡期,我们也面临着错综复杂的矛盾和许多两难的选择,需要妥善处理好稳增长、控风险、调结构、促改革之间的关系,在多目标兼顾中寻求到一个最佳的结合点、平衡点。要围绕调整和优化经济结构,推动产业升级,创造一个有利于结构调整的经济环境和动力机制,促进各种资源、要素的优化配置和合理重组,特别是推动企业结构的调整,实现创造性破坏,把资源、要素从产出效率低的领域、行业和企业转移到产出效率高的领域、行业和企业,让优势企业和优秀企业家掌握更多的资源,加快企业优胜劣汰的步伐。面对改革中的阵痛,调整的阵痛,经济下行的压力,要有充分的思想准备和一定的忍耐力,抓住机遇、迎难而上,而新常态下最大的机遇就是经济结构的调整,这种调整在经济高速发展、经济过热的时候是不大可能进行的,唯有在经济偏紧的环境下,才能形成一个倒逼机制,才有可能顺势进行调整。面对历史的机遇与挑战,我们唯有走上去,把握住这次难得的机遇,分析问题,主动调整,为中国经济成功实现新旧常态的转折和讨渡,顺利进入新常态和全面提升新常态而不断奋斗。

诚然,一种机制的形成,不是偶然的,它是由其所处的环境经过长时间的作用而形成的。当然,倒逼机制有其产生的历史背景,其理论上是想通过政策的制定、工作的落实将外部压力内源化的,不断通过倒逼的方式,使各种市场主体面对压力产生动力,从而实现更好的发展,但是,每一种机制的设置都不是完美而没有缺陷的,当各市场主体在面对压力时不能很好地把压力转化成动力,并且相应地找到解决困难的办法时,那么这种倒逼的方式有可能会产生相反的效果,同时,并不是每种事物的发展都需要倒逼,或者说利用倒逼方式就一定会对事物的发展产生正向的效果,揠苗助长可能会适得其反,还是要根据具体问题具体分析。

总而言之,倒逼机制的产生有其深厚的理论支撑以及现实依据,它是现阶段我国经济发展面临困难时所能提出的最好的解决办法,深刻领会倒逼机制的精髓,抓住主要矛盾,以及矛盾的主要方面,寻求突破口,充分发挥各个市场主体的自身优势,不断寻找解决问题的办法,埋头苦干,久久为功。同时,政府做好自己的服务工作，营造良好的创新机制环境，通过对宏观市场环境的适当调整和影响，主要从制度等层面将市场的外部压力转换成企业自身的内在动力，凡事预则立，不预则废，政府应加强顶层设计，不断完善各项政策议程。倒逼机制的良好运行有赖于各个市场主体的相互合作，每一个市场主体都应该增强自身的主动意识，树立主人翁意识，坚信办法比困难多。只有各个市场的参与者一起想办法努力，持之以恒，相信中国经济必然会越来越好，倒逼机制也必将会对中国经济产生深远的影响。

第四章 倒逼机制的主要表现

第一节 经济"新常态":倒逼政府加快改革

习近平总书记在2014年5月考察河南时首次使用"新常态"这一概念,新常态的实质就是我国经济将进入高效率、低成本、可持续的中高速增长阶段。经济新常态包含动力转换、速度换挡和结构转型三大主要特点。这意味着在未来相当长的时期里,中国社会,由上而下均要主动适应经济发展新常态。新常态下,如同习近平总书记所指出的那样,创新是中国发展的引擎,改革是必不可少的点火器。随着经济的放缓,许多问题和挑战将逐渐浮出水面,而改革就是政府应对经济新常态诸多挑战的唯一出路和法宝。换言之,经济新常态的现状正在倒逼政府加快改革步伐以应对危机。

一 经济放缓倒逼改革创造新的经济增长点

经济发展新常态的一个显著特征就是经济放缓,在这种情况下依然要保持经济能够健康运行,就要在调速中实现提质增效,做到调速不减势,量增质更优,让经济发展动力从传统增长点转向新的增长点。新的增长点从哪里来?主要来自政府的改革,通过改革重新配置资源,让市场发挥决定性作用,主要靠市场发现和培育新的增长点。在市场决定资源配置的开放型的国内外市场中,经济的增长必然直接地并且最终地取决于市场的实现。市场从来是在变化中发展的，每一阶段性变化的跌宕起伏，每一周期性变化的螺旋上升，都会蕴含着丰富的机遇和挑战。由于我国仍然是全球最大的发展中经济体，这就使我们的国内市场不仅体量大，而且层次格外丰富。与此同时，科技进步、市场业态、生活方式和生产方式的变化速度都在加快，墨守成规的经营愈加难以为继，这一切都在提供着大量显在的或潜在的新增长点。在国际市场上，处于不同发展阶段、具有不同发展水平的国家和地区，提供着结构丰富的市场需求；各国内部的产业调整也在渴求外部资源的介入，为我们更全面优化进出口贸易结构与更深度介入国际投资提供了发现新增长点的种种条件。

改革是发展的强大动力，全面深化改革，是巨大的系统工程，对于新增长点的培育也必然是全方位的。从市场主体看，改革能够为各类经济活动主体的创业和创新提供更宽松的政策环境，做大做强国民经济增长的微观基础；从市场体系看，改革能够为各类市场特别是要素市场活力的增强构造更完善的机制，并在配置资源中发挥市场机制倒逼存量调整和激活增量的功能。从宏观调控看，改革能够通过政府释放更多行政审批权和职能转移及强化服务为特征的自身革命，给社会和民间提供更加充实的自主发展的正能量。从增长结构看，改革为结构调整与可持续发展构建了包括促进战略性新兴产业发展、加强生态环境保护、更加重视民生改善和社会建设等领域的制度设计，这不仅对发展观的转变具有重要影响，而且也在传统增长领域以外开辟了新的广阔的增长空间。

对于新常态，不仅要认识和适应，更要善于引领；引领就需要创新，需要以改革破除不适应社会主义市场经济体制运行的种种束缚，破除影响激发市场活力和创新力的种种藩篱；并通过营造更好的市场竞争环境，建立起有利于大众创业、市场主体创新和社会进步、民生改善的政策环境和制度环境，从改革中发现培育新增长点，赢取发展红利。靠市场发现和培育新增长点，就需要市场创新，既要对现有市场作深度开掘和推陈出新，又要对传统市场以外的新市场加以发现与另辟蹊径,以凝练有潜能的新增长点;而市场创新的主体是企业,对任何一个产业群体或企业个体而言,在发现与培育新增长点的过程中,必须不仅注重需求导向,也要注重供给导向,因为两者都可以产生激发市场需求、引领新增长点的作用。在风云变幻的市场中,我们不要做被动的云,而要争做主动的风,而主动的风就是主动地改革。

我国在新常态下存在大量新的增长点,潜力巨大。但新的增长点不会是天上掉下的馅饼,而必须在我们对国内外市场变幻与发展趋势的牢牢把握的基础上,把握规律,加快政府改革步伐,实现速度、质量与效益全面协调,把存量调整与做优增量结合起来,利用好改革释放出的新一轮的增长点,国际经验表明,失去对新增长点的把握,发展状态就可能陷入徘徊。所以,政府改革已经刻不容缓,新常态在倒逼改革步伐,市场作用在倒逼政府改革,历史的机遇和挑战在考验政府的改革力度和速度。

二 动力转化倒逼政府打造创新驱动新引擎

动力转换与速度换挡、结构转型作为经济新常态的三大主要特点,其中动力转换是重中之重,决定着速度换挡和结构转型的进程及质量。这是因为,不同的动力将决定不同的增长质量和效率,新常态旨在提质增效,动力转换就至关重要,要从要素驱动、投资驱动到创新驱动。事实上,动力转换的迫切性在倒逼政府步步进行改革,市场主导作用倒逼经济发展走创新驱动之路,创新驱动成为保持经济稳定增长的必然选择。

实现创新驱动对适应引领经济发展新常态尤为紧要,这不仅因为眼下全球竞争的"主战场"已转到创新能力比拼上,通过在原场地、靠粗放的要素投入来驱动发展难以为继,而且因为我们的资源、生态、环境制约越来越突出,不依靠创新将没有出路。尤其是经济发展步入新常态,增长的传统动力减弱,亟须最大限度地发挥创新驱动的原动力作用,这就需要更加注重改革创新,因为只有通过改革创新才能够进一步释放市场活力。释放市场活力核心是处理好政府和市场的关系,使市场在资源配置中起决定性作用和更好发挥政府作用,加快政府职能转变,简政放权和加强监管同步推进,既从越位点退出又把缺位点补上。创新投融资体制改革,是释放市场活力的有效手段,落实重点领域投融资体制机制改革措施,完善有利于社会资本参与的融资模式,消除束缚市场主体手脚的各种体制性障碍,将会以简政放权形成组合拳,最大限度地释放微观主体活力。

只有通过改革创新才能进一步增强发展动力,培育新的增长动力和竞争优势。具体来说就是:

第一,创新供给,激活需求,释放消费潜力,使消费在推动经济发展中发挥更大作用。在新常态之下,由于模仿型排浪式消费阶段基本结束,个性化、多样化消费渐成主流,如何创新供给的规模、渠道和方法,关乎能否适应和满足消费需求的深刻变化。电子商务爆炸式的发展扩大了消费,增加了就业,充分说明创新供给渠道和方式的重要意义。

第二,创新投融资方式,把握投资方向,提高投资驱动的边际效益至关重要。在互联网经济的大趋势下,随着新技术、新产品、新业态、新商业模式不断涌现,必须充分发挥市场作用,把握新的投资方向,建立公平的市场准入环境,给投资者合理的回报预期,多种方式吸纳社会投资。

第三,创新产业组织模式,以激发更多的新兴产业和服务业,使小微企业的作用更加凸显。随着第四次工业革命的到来,生产小型化、智能化、专业化的程度日益提高,必须把握新一轮科技和产业革命发展的新趋势,改变现有的基本技术和经验,实施科技创新,探索针对新趋势和新的市场需求的创新解决方案。企业应成为科技创新的主体,更要特别注重吸引中小企业参与创新驱动。中小企业不仅可以成为新一代智能化生产技术的使用者和受益者,而且可以成为先进工业生产技术的创造者和供应者,从而进入转型升级的主力行列。

第四,创新绿色低碳循环的发展方式,改变被动保护环境的思维和对资源环境过度依赖的发展方式。维护生态环境必须与转变发展模式、科技创新密切结合，不能再维持拼资源、拼消耗的粗放经营，不能以牺牲环境为代价、以浪费资源为成本盲目换取"高增长"，必须切实改变传统落后的生产方式，实行数量质量效益并重的可持续集约发展。要创新循环经济发展战略，创新和开发更多的绿色产品，创新保护生态环境的制度体系，把资源消耗、环境损害、生态效益纳入经济社会发展评价体系，坚决守住生态底线，建立生态环境损害责任终身追究制。

当前经济增长的传统动力减弱，倒逼政府加大结构性改革力度，倒逼政府加快实施创新驱动发展战略，改造传统引擎，打造新引擎。在经济发展新常态下，市场主导作用倒逼经济发展走创新驱动之路。而现实也是如此，要达到调速不减势、量增质更优的目标，必须开启创新驱动的新引擎，将创新落实到创造新的增长点上，把创新成果变成实实在在的产业活动。

三 调结构转方式倒逼政府全面推进结构性改革

在经济下行压力较大的形势下，如果不能突破传统增长模式的限制、实现增长动力从投入驱动型向创新驱动型转变，经济增长速度就可能一路减缓，经济向形态更高级、分工更复杂、结构更合理的阶段演化也可能受阻。那么，如何突破传统增长模式，实现增长动力转换？答案就在转方式调结构中。研究表明，消除妨碍资源配置的体制性障碍，加快转方式调结构，就可以发掘新的增长源泉、形成新的增长动力。因此，转方式调结构是稳定经济增长、提高增长质量和效率的源泉，是引领经济新常态的路径和手段。调结构转方式就需要政府全面推进结构性改革步伐，结构调整的必要性也在倒逼政府改革的步伐。

如果从广义的角度认识经济发展，而不是仅仅将其看作经济总量的增长过程，转方式调结构就是经济发展不可或缺的组成部分。也就是说，转方式调结构不仅是经济发展的结果，也是经济发展的源泉。转方式的主要表现是经济发展方式从粗放增长向集约增长转变,调结构的主要表现是产业结构升级,其关键都是生产要素从生产率较低的部门向生产率更高的部门转移,进而形成新的增长动力机制和增长点,从而使经济整体的资源配置效率得以提高。随着结构调整进入到更深层面,资源重新配置可以进一步带来效率提高。在一个行业内部的企业之间,生产率提高速度快、更具创新能力和市场竞争力的企业胜出,而生产率低下、创新能力弱从而没有市场竞争力的企业被淘汰,就能使生产要素得到优化利用,提高整个经济的生产率水平,实现更快的增长速度。目前存在的各种体制障碍,如一些行业和企业因拥有垄断地位,即使没有竞争力也难以退出,新成长企业特别是中小企业面临门槛高、融资难融资贵从而难以进入、发展受限等问题,都妨碍着生产率的提高。

只有大力推进改革和创新,遵循生产率导向原则推动转方式调结构,才能实现增长动力转换,保持中高速增长,迈向中高端水平。第一,在构造现代农业生产方式的过程中,要加快户籍制度改革,进一步转移农业富余劳动力,提高非农产业劳动参与率,推进工业化和城镇化。第二,促进现代服务业加快发展,使第三产业发展建立在第二产业结构优化特别是制造业升级基础上。由于现代服务业占比高,对第三产业发展的贡献更大,因而服务业发展有利于提高生产率。今后应创造更好的体制和政策环境,使现代服务业的增长速度赶上甚至超过传统服务业。第三产业发展并不必然伴随着制造业萎缩。实际上,制造业升级也包括从价值链"微笑曲线"的底端向两个高端攀升,进而发展出研发、设计、营销、售后服务等生产性服务业,这些生产性服务业可以帮助制造业变得更具竞争力。这样,制造业升级和现代服务业发展就能够同步进行。第三,要努力形成充分竞争的市场环境,通过市场机制实现优胜劣汰,实现企业间资源优化配置。我国生产要素在企业、部门和地区之间的合理流动还受到垄断、地方保护等的羁绊,一些地方政府和政府部门挑选赢家的产业政策造成不公平的竞争环境,能者缺乏"进"的激励,庸者没有"退"的压力,企业缺乏提高生产率的动力。因此，进一步深化国有企业改革和投融资体制改革，打破限制企业进入和退出的制度门槛，让市场在资源配置中起决定性作用，是转方式调结构能否得到实质性推进的关键。

总体来说，调结构转方式的任务离不开政府改革的推动，需要政府全盘筹划，作为一个结构性的整体部署来统筹推进。现实的迫切性倒逼政府加快改革，释放红利，发展方式的转变倒逼政府结构性的改革，要做好这一切改革部署，就要稳中有进，稳中有新，真正把握改革释放红利和机遇。

四　楼市地方债等潜在风险倒逼政府全面推进市场化改革

经济新常态背景下，就世界经济形势来看，短期内的不确定性很大。中长期来看，世界经济进入了大调整、大转型时代。关于国内的经济形势，短期来看，是在回落，下行压力很大。在这种情况下，前期扩展期积累的许多问题将会浮出水面，很多潜在风险会被放大，这其中最主要的几个风险是房地产、地方债和部分金融风险。为了避免风险集中化爆发和系统性的风险，政府必须要未雨绸缪，做好准备。市场化改革是政府应对这轮经济风险的关键，各种风险的显现也在倒逼着政府也不得不加快市场化改革的步子，改革的重点包括财税体制改革、利率市场化改革和国有企业市场化改革等，着力理顺市场关系，实现市场化改革导向的战略性转变，走向公平可持续的市场经济。

对于政府的宏观调控来讲，首先要求房地产业能健康发展。房地产行业确实存在一些潜在风险，一些不正当投资房地产的需求、比较高的房地产价格，都刺激了泡沫的形成。房地产业要健康，第一，不能出现泡沫，或者说尽量不要出现大泡沫；第二，不能出现崩盘风险。调控要在这两者之间进行权衡。一直以来，中国经济属于政府主导的经济，在房地产带来的收益中，政府是房地产繁荣的最大受益者，中国对房地产风险的应对，首先是让政府回归理性，以勇气面对。经济演化有一个铁的规律，天下没有免费的午餐。财富必须在成本补偿的等价交换中增值。房地产危机是中国经济增长必须付出的补偿性代价，同时也是中国经济改革与转型的倒逼动力。只有通过危机，把一些泡沫清算之后，经济增长才能恢复正常财富创造机制。对于房地产引发的系统危机，从经济自身增长周期看，并不全是坏事，而恰恰为经济转型和改革提供了倒逼动力和机遇。

对于地方债问题，近两年来越来越成为舆论关注的焦点，一方面，存在的风险值得警惕，地方债务规模仍在不断加大，局部风险和偿还能力需高度注意。另一方面，是国际"唱空中国"舆论的助推，对此，我们应该有清醒的认识，不必过分夸大风险，地方债务的负债大多是因城市建设带来的，负债对应的有资产，所以风险是可控的，但需切实加快改革来规避风险。现行的中央与地方财政体制是导致地方债高速增长的最主要的原因，地方政府"唯GDP"论，盲目扩大投资，大举借债，风险意识差，考虑当下政绩而欠考虑长远增长，从而导致债台高筑，这背后的根本原因是体制问题。在宏观经济继续下行、结构调整紧迫性加大的当前环境下，地方债被广泛关注，这也将倒逼改革尤其是财税体制改革的推进。

最近两年，随着民间借贷危机爆发，以及银行业务"表内"向"表外"转移的意愿增强，在金融行业混业经营加速的大趋势下，金融可能发生的系统性风险也备受关注。金融资源分配不均是导致小企业融资难的主要因素，也是利率市场化受阻的直接结果，这就导致了地下钱庄和影子银行的发展膨胀，这些都和利率的管制有关，需要把对影子银行、理财产品以及信托产品的监管、调整和利率的调整结合起来。经过调整，有些地下金融就能阳光化，利率也可以达到更加合理的水平，使价格不那么扭曲。政府要加快金融业改革步伐，推动地方政府逐步从地方性银行中退出，把相应的股权和控制权转让给当地最优秀的民营企业，彻底切断地方政府对地方银行的行政干预，将地方性银行改造成真正的民营银行。

总体来说，楼市、地方债和银行业金融风险的交叉叠加，风险危机的集中显现，倒逼政府加快市场化改革，完善财税体制改革和市场化改革等一系列改革部署。

第二节 收入分配改革：倒逼需求结构改变

随着收入分配改革呼声越来越大，备受关注的《中央管理企业负责人薪酬制度改革方案》于2015年年初正式实行，收入分配改革不断提速，力度也越来越大。另外，机关事业单位和城镇职工养老"并轨"改革方案也将付诸实施。除此之外，政府也抓住这一契机进一步深化收入分配相关改革，包括抓紧推进综合与分类相结合的个人所得税改革有关工作，更好发挥税收调节收入差距作用。收入分配的改革必将导致收入的重新分配，这无形中将会对需求结构产生深远的影响，随着人们的收入的变化必将倒逼需求结构产生巨大改变。

一 城乡居民收入增长扩大总体需求

随着收入分配改革的推进，我国城乡居民收入稳步提高。根据国家统计局的数据，2016年全国居民人均可支配收入23821元，比上年名义增长8.4%，实际增长6.3%，居民收入保持较快增长（见表4-1）。与此同时，物价保持稳定，全年CPI上涨2%，老百姓钱袋子越来越鼓。这主要是由于经济的稳定增长保证了就业形势的总体稳定，同时各级政府积极出台促进就业创业政策，就业人数稳中有增。最低工资标准和工资指导线标准均有不同程度提高，促进劳动者特别是低收入劳动者工资水平提升。

表4-1　　　　2000—2014年城镇居民与农村居民
人均可支配收入情况

年份	城镇居民人均可支配收入（元）	农村居民人均可支配收入（元）
2016	33616	12363
2015	31195	11422
2014	28843.85	10488.88
2013	26467	9429.59

续表

年份	城镇居民人均可支配收入（元）	农村居民人均可支配收入（元）
2012	24564.7	7916.6
2011	21809.8	6977.3
2010	19109.4	5919
2009	17174.7	5153.2
2008	15780.8	4760.6
2007	13785.8	4140.4
2006	11759.5	3587
2005	10493	3254.9
2004	9421.6	2936.4
2003	8472.2	2622.2
2002	7702.8	2475.6
2001	6859.6	2366.4
2000	6280	2253.4

资料来源：国家统计局网站。

消费能力主要取决于收入水平和收入结构，一般来说，人均收入水平越高，收入均等化程度越高，消费需求就越高；消费意愿则主要取决于人们对未来的预期以及供给结构，未来的不确定性越大，人们就越不敢消费，转而倾向于多储蓄，供给结构与人们的消费需求结构越脱节，人们的消费意愿就越无法实现。而随着城乡居民收入的不断提高，居民的整体消费需求也在不断增加。特别是增加城乡居民特别是中低收入者的收入过程，就会显著地提高这些消费者的有效消费需求。近年来，政府一系列惠农政策和最低社会保障制度的实施使最需要社会保障的人群的利益得到了基本的保障，农民收入得到了多方面的保障，使中低收入群体的收入得到了明显的改善，而中低等收入者边际消费倾向最强，培育这部分人的消费需求，主要依赖于他们的购买力水平，也就是通过政府一系列提高和保障中低收入家庭的收入水平的措施，增强其收入预期，实现了他们的潜在需求向现实需求的转化,从而增加了整个社会的有效需求。

在消费需求不断旺盛的情况下,重点是要调整优化商品供给结构,满足居民的消费意愿。现在消费者并不完全是缺乏消费意愿,而是没有更多地给他们提供一些愿意消费的商品和服务。对此,一是要加强市场调查,深入了解市场的供求情况,了解消费心理和消费需求的变化趋势,及时调整产业结构、产品结构。二是要引导出口型企业面向国内市场,面对出口受阻,要引导更多的出口型企业调整产品结构,将适合国外消费的产品调整为适合国内消费的产品,确保企业生产和满足居民消费需求。三是要大力发展服务消费市场,服务消费将是我国未来消费的一个非常广阔的领域,如家政服务、老人护理、健康保健、休闲旅游、金融保险服务等方面的消费以及信用消费等,这些消费将在居民消费结构中占有越来越大的比重。与此同时,要继续整顿市场经济秩序,改善消费环境,加大打假的力度,净化市场,使人们敢于消费,放心消费。

二 提高社会保障和就业民生支出刺激低收入消费

根据国家统计局的数据,2014年,全国居民收入基尼系数为0.469,是2003年以来的最低值,我国居民收入水平的差距正在进一步缩小。居民收入中位数比上年名义增长12.4%,快于居民收入的平均增速,这意味着收入差距有所缩小;2014年全国居民人均转移净收入3427元,增长12.6%,转移净收入占全国居民人均可支配收入的比重由2013年的16.6%提高到2014年的17%。城镇居民人均转移净收入增长11.4%,农村居民转移净收入增长13.9%。同时,农村居民收入增幅已连续五年超过城市居民,城乡收入差距继续缩小。政府发放的养老金或离退休金以及各种救济金是转移性收入的重要组成部分。虽然财政收入增速有所放缓,但是投入民生的"真金白银"却大幅增加。

我国社会保险覆盖面不断扩大,更多居民享受到基本社会保障。2014年,参加基本养老保险和基本医疗保险的分别约有8.4亿人、

6亿人；城乡居民养老保险待遇水平不断提高，全国城乡居民基础养老金最低标准提高至每人每月70元，城镇居民医保人均政府补助不断提高，已达到320元。各地进一步增加财政投入，提高困难群体的补助补贴标准，促进城乡居民增收。到2014年年底，企业退休人员养老金已实现"十连涨"，企业退休人员基本养老金水平明显提高，月人均水平已超过2000元。2015年又迎来第11次上调，将有近8000万退休人员受益。

　　随着社会保障和就业民生支出的增加，低收入群体的消费需求得到了有效刺激和直接推动。其中的动力机制主要在于，首先，社会保障可以通过收入增长作用提高农村居民消费能力。社会保障支付可以直接表现为农村居民收入，社会保障还因为解除农村居民后顾之忧，加快农村劳动力转移，也增加了农村土地经营权流转的供给和需求，推进农村产业化进程，有利于农村经济快速发展，促进农村居民收入增加。其次，社会保障可以通过不确定性效应提升农村居民消费意愿。社会保障影响农村居民消费最重要的作用，在于改变农村居民收支预期，化解风险，减少不确定性。不确定性减少，可以减轻农村居民流动性约束，减少居民预防性储蓄数量，消除短视行为，增加居民平滑生命周期消费能力，提升农村居民现期消费意愿。最后，社会保障具有能力提升作用，能增加农村中等收入群体人数，有助于农村居民消费示范效应形成。失业保险为失业者提供了接受再就业培训的缓冲时间和动力，有助于农村居民劳动素质的提高；专门的技能培训、提高社会整体福利水平、提高农村公共教育水平，也都有助于农村居民能力的提高。农村劳动力素质提高，有助于农业产业化进程，提高农民就业竞争力，这都有助于农村居民收入增长，增加农村中等收入群体人数。中等收入人数增加，可以起到较好的消费示范效应，促进农村居民增加消费支出。

　　综上所述，社会保障和就业民生支出的政策导向作用，极大地影响农村居民等低收入者的消费心理，改变他们的消费习惯和收支预期，促进低收入者的消费意愿提升。社会福利水平的提高，也有助于低收入群体收入感知的提升和对宏观经济形势感觉的向好转变，能增加他们的消费意愿，最终刺激了低收入群体的消费。

三 收入分配秩序改善有助于调节不合理消费需求

我国收入分配不均贫富差距拉大，其中一个主要原因是来自我国法制化进程推进比较晚，存在许多的不合理收入和垄断收入。收入分配改革方案坚持"提低、控高、扩中"为主线，建立合理的分配秩序。"提低"就是提高低收入群体的收入阻力相对较小，落实的可行性更大。所以，关键和重点就是"控高"，即调节过高收入，规范隐性收入和打击非法收入。

调节垄断行业的高收入就是要尽快打破垄断，让民间资本进入一些可以开放的领域，在经济发展中形成更好的良性竞争，同时加大对垄断行业占有国有资源的相关税收征收，提高国有企业税后利润上缴比例，从源头上调控垄断行业的高收入来源。再就是真正落实对垄断行业实行工资总额、工资水平双重调控的可操作性措施。同时，继续抓好对部分企业高管的偏高、过高收入的调控，加大对高收入社会群体的个人所得税征收。对部分过高收入行业的国有及国有控股企业，严格实行企业工资总额和工资水平双重调控政策，逐步缩小行业工资收入差距。首先，建立与企业领导人分类管理相适应、选任方式相匹配的企业高管人员差异化薪酬分配制度，综合考虑当期业绩和持续发展，建立健全根据经营管理绩效、风险和责任确定薪酬的制度，对行政任命的国有企业高管人员薪酬水平实行限高，这一举措被社会称为"央企高管限薪令"，这些举措缩小了国有企业内部分配差距。而对非国有金融企业和上市公司高管薪酬，通过完善公司治理结构，增强董事会、薪酬委员会和股东大会在抑制畸高薪酬方面的作用。其次，深化收入分配改革，还必须规范灰色收入，当前灰色收入的量比较大，制度外的东西比较多，这对收入分配关系的调整会形成很大冲击，因此必须着力规范。最后，要坚决打击非法收入，在全社会提倡勤劳致富合法经营的良好社会氛围。

随着收入分配秩序的改善，清理整顿制度外收入、不规范收入投资，将暗的收入转为明的，将制度外的收入转为制度内的；进一步规范职务消费以及"三公"费用，夯实收入分配的基础管理制度，堵塞收入分配的各种漏洞。在这种情况下，没有了"职位消费""三公"消费，许多不合理消费必将遭到抑制，人们的消费需求也将更加合理，消费需求结构也会得到相应的调整，更加趋于完善和合理。

四 收入差距缩小，"橄榄形"分配结构完善需求结构层次

国务院《关于深化收入分配制度改革的若干意见》中提到了逐步形成"橄榄形"分配结构，即乡、区域和居民之间收入差距较大的问题得到有效缓解，扶贫对象大幅减少，中等收入群体持续扩大。相对于"金字塔形"收入分配格局而言，"橄榄形"的收入分配结构具有的重要意义主要在于：第一，中等收入者多，两极人数少，能让绝大多数人分享社会发展的成果，有利于社会的持续稳定和健康发展。第二，中等收入者多，有利于扩大消费需求、提升消费结构，促进产业升级和结构合理，促进资源优化配置，加快经济发展。第三，中等收入者多，多数社会成员的生活质量较高，也有利于人们更好地接受教育和培训，提高人力资源的质量和社会成员的素质，加快经济社会文明进步。第四，"橄榄形"的收入分配结构使社会成员的整体收入差距缩小，有利于防止社会群体矛盾尖锐化，促进社会稳定和谐。

收入分配难题困扰多年，如何有效解决初次分配和再次分配的关系，是收入分配改革中的重要部分。首先，要继续完善初次分配机制。一是完善劳动、资本、技术、管理等要素按贡献参与分配的初次分配机制。二是实施就业优先战略和更加积极的就业政策，扩大就业创业规模，创造平等就业环境，提升劳动者获取收入能力，实现更高质量的就业。三是深化工资制度改革，完善企业、机关、事业单位工资决定和增长机制。其次，推动各种所有制经济依法平等使用生产要素、公平参与市场竞争、同等受到法律保护，形成主

要由市场决定生产要素价格的机制。最后,加快健全再分配调节机制。一是加快健全以税收、社会保障、转移支付为主要手段的再分配调节机制。二是健全公共财政体系,完善转移支付制度,调整财政支出结构,大力推进基本公共服务均等化。三是加大税收调节力度,改革个人所得税,完善财产税,推进结构性减税,减轻中低收入者和小型微型企业税费负担,形成有利于结构优化、社会公平的税收制度。四是全面建成覆盖城乡居民的社会保障体系,按照全覆盖、保基本、多层次、可持续方针,以增强公平性、适应流动性、保证可持续性为重点,不断完善社会保险、社会救助和社会福利制度,稳步提高保障水平,实行全国统一的社会保障卡制度。

"橄榄形"分配结构的完善,中等收入群体的扩大,势必会倒逼需求结构的进一步改变,低收入群体的增收会加大对低端消费品和耐用品的需求量,而对过高收入者的调控也将抑制部分的不合理消费和奢侈品消费,随着收入更加均等化,需求结构也将更加合理,层次更加清晰。

第一节 需求结构改变:倒逼产业结构调整

现代经济发展的本质在于结构变动,产业结构的合理化与高度化,是指各产业协调发展,并能够满足不断增长和升级的社会需求。改革开放以来,我国经济快速增长,产业结构日益改善,而旺盛的固定资产投资、稳步增长的居民消费是产业结构调整的最根本原因。有什么样的需求结构,就有什么样的产业结构,分析需求结构对我国产业结构调整的影响,不仅有助于理解我国产业结构的变化趋势,同时也可以为未来我国产业结构的调整优化提供方向和思路。

一 社会消费需求提高倒逼消费品工业的巩固和发展

改革开放以来,我国经济经历了30多年的高速增长,人民生活水平得到了有效改善，人均可支配收入大幅提高。相应地，我国社会整体消费需求得到了显著提高。

随着社会需求结构改变，产业结构调整成为题中应有之义，因为工业产业作为产品的供应方，必须考虑产品能否有效出售来实现其价值，而需求结构就是产业调整的指挥棒。而随着社会整体需求的提高，产业调整的关键任务就在于发展消费品生产，以适应人民生活和经济建设的需要。党的十八届三中全会的胜利召开，既明确了消费品工业面临新的形势，又为消费品工业提出了新的任务。

第一，消费品工业要坚持走中国特色新型工业化道路，把握好扩大内需这一战略基点和稳中求进的工作总基调，以转型升级为主攻方向，更加注重"十三五"规划的贯彻落实，更加注重自主品牌和诚信体系建设，更加注重淘汰落后产能、企业兼并重组、产业集聚和有序转移，更加注重行业准入管理、技术改造、"两化"深度融合、标准规范建设，攻坚克难，创新进取，巩固了消费品工业平稳回升态势。

第二，要把握好改革形势，推进行业管理职能转变；把握好发展形势，推进消费品工业转型升级；把握好稳定形势，高度关注和改善民生。面临新形势和新挑战，要认真处理好政府与市场的关系，在使市场在资源配置中起决定性作用的同时，更好地发挥消费品工业行业管理部门的作用，弥补市场失灵；要认真处理好生产与消费的关系，统筹扩大消费需求和增加有效供给，实现消费品供求基本平衡；要认真处理好事前管理与事中事后管理的关系，事前管理要更多地运用负面清单管理方式，同时加强事中事后监管，实行统一的市场准入制度；要认真处理好财税金融政策与产业政策的关系，主动协调政策，促进行业转型升级；要认真处理好信息化、工业设计、文化创意与工业化融合关系，促进消费品工业实施创新驱动战略。

第三，发展消费品工业，应当把着眼点放在挖掘企业的潜力，防止重复建设和盲目发展上。要努力提高现有设备的完好率和利用率，把设备开好、开足；要努力节约原料、材料、燃料，降低动力消耗，在保证质量的前提下，降低物化劳动在成本中的比重；要努力提高工人的技术水平和操作的熟练程度，提高生产效率；要努力提高生产技术水平和产品质量，开展技术改造和技术革新，使生产技术不断发生质的变化；要努力改进生产组织和劳动组织，提高劳动生产率；要努力改善企业管理，加强经济核算，提高工作效率，真正收到好的经济效益。

二 服务消费需求旺盛倒逼产业结构更加依靠第三产业

我国已进入现代服务业快速发展和服务业需求旺盛的时期。这主要是由于，首先是近年来服务业增加值在我国国内生产总值中所占比重稳步提高；其次是目前我国处于人均国内生产总值接近7000美元的发展阶段，根据国际经验，这正是制造业加速转型升级、服务消费需求旺盛、产业结构快速演进的重要时期。这些将推动我国服务业进入现代发展轨道。

我国服务业发展跑出加速度，是有重要的现实背景和发展条件做支撑的。但说到底，还是由于消费需求的旺盛引领了第三产业的加速发展。具体来说，首先，我国服务业受国际金融危机影响较小。制造业产业关联度高，需求弹性大，因此，2008年以来的国际金融危机对全球制造业需求影响较大。我国作为全球制造业大国，制造业受国际金融危机的冲击也更大。而服务业尤其是消费性服务业需求弹性小，市场需求相对稳定，受经济波动的影响较小。其次，服务业得到有效内需的有力支撑。现阶段，很多制造业产品处于产能过剩状态，"去库存化"还需要相当长的时间，而产能不足的部门几乎都是服务业部门，如医疗、教育、养老、住宅等，其中知识技能密集的高级生产性服务尤其缺乏，服务业成为我国有效内需的重要内容。因此，过去一个时期，我国扩大内需政策发力，主要是扩大了市场主体对服务业的需求。最后，服务业发展环境和条件得到了进一步优化。一方面，在外部需求萎缩的情况下，某些具有本地化需求属性的服务业部门得到迅速扩张。另一方面，服务业跨国转移成为经济全球化新的显著特征,其表现:一是跨国公司在全球范围组织生产活动,需要获得全球化的贸易、金融、通信、运输等服务,这些服务出现了向发展中国家转移的浪潮;二是信息网络技术在世界服务业中的应用使服务业摆脱了本地化需求特征,可贸易性越来越强,从而为服务外包等国际分工的全面深化打下基础。

我国三次产业发展还是不均衡的,特别是服务业,与同样经济发展水平甚至人均国内生产总值比我们低的国家相比,我国服务业增加值占国内生产总值的比重和从事服务业的劳动力占全部劳动力的比重都较低,其直接结果是很多制造业产能严重过剩、很多服务业有效供给短缺。造成这种局面的原因固然很多,但一个重要原因是服务业尤其是生产性服务业存在较高的行政进入门槛即行政性垄断壁垒,导致资源不能按照市场需求信号顺利流入现代服务业。因此,我国产业政策的一个重点,还是要加大向第三产业倾斜,加快第三产业发展,特别是对生产性服务业的扶持,这是现实形势所迫,是服务需求旺盛倒逼的结果,是无法回避的现实压力倒逼的出路。

党的十八届三中全会提出"对内对外开放相互促进""以开放促改革"的改革开放思路,引申到服务业发展方面,就是要求服务业要素市场深化改革开放,要求金融等现代服务业领域深化改革开放,以降低交易成本和形成全面、持久的国家竞争优势。这是商品市场开放倒逼服务市场开放的一个方面。另外,在战略上选择渐进式开放服务领域,可以减缓改革的阻力,并使国内生产性服务业有时间做好应对国际竞争的准备。

三 新型城镇化理念倒逼低碳产业生态产业的发展

当前我国正处于快速城市化发展阶段。城市化意味着产业的聚集和人口的聚集,需求的扩大,带来新的经济增长点,改善人民的生活。但是,由农村向城市的过渡,必将带来快速增长的能源消费,同时也带来日益严重的生态环境问题。因此我国城市化进程一定要避免沿袭发达国家所走过的以无节制消耗化石能源为支撑的高能耗和高碳发展模式，要以生态文明理念为指导，引导城市化进程中生产方式和生活方式的转变，走绿色、低碳发展的路径，这也将成为我国新型城市化道路的重要标志和特征。因此，在新型城镇化理念下，以建设生态城镇为目标的低碳产业就成为产业结构调整的重点。

在新型城镇化过程中，工业产业和消费品市场将形成非常强烈的消费需求，特别是城镇化过程中需要大量基础设施的建设和能源的消费，加上城镇化各种软件设施的配套需求，各类文化服务类消费品也必将快速增长。但由于在我国当前的城市化发展进程中，面临着严重的资源制约、环境污染的形势，我国资源依赖型、粗放扩张的发展方式已经难以为继。在这种情况下，在新型城镇化建设理念的引领下，更多的产业需求落在了生态产业和低碳产业上面，生态产业和低碳产业成为新型城镇化的主流。新型城镇化理念下的需求结构倒逼着产业结构向着低碳产业和生态产业调整。

党的十八大提出了要把生态文明建设放在突出的地位，提出绿色发展、循环发展和低碳发展的理念。低碳发展也就成为当前城市化进程中的重要特征和发展趋向，建设低碳城市则成为推进生态文明建设、实现低碳发展的重要领域和关键着力点。在城市化进程中要统筹工业化和农业现代化，统筹城乡一体化低碳基础设施的建设，避免农村城镇化过程中沿袭过去城市发展的高碳模式。新农村社区建设要重视节能环保，避免盲目扩张无污染防治措施的分散低效的煤炭燃烧和利用方式，要尽量为农村提供天然气、电力等优质能源服务。这种系统性统筹的节能环保效益将远大于技术效率提高的效果。城市化进程中要努力构建低碳型的城市布局、基础设施、生活方式和消费导向，引导社会公众消费观念和消费方式的转变。在注重提高建筑物节能标准、提高家用电器能效、提高汽车燃油经济性等技术节能和低碳措施的同时，也必须更加重视低碳城市建设的总体布局和规划，避免盲目大拆大建，延长既有建筑物使用寿命，优化建筑格局和户型结构，建筑设计因地制宜，与自然和环境相和谐，避免过分依赖人工调节的高耗能运行模式。要改变过度追求物质享受的奢侈型消费理念和追求大面积豪华住房、大排量高档汽车等高碳消费方式，要把低碳型消费作为一种社会公德，引导、规范和制约社会公众的消费行为。要以建设生态文明和低碳社会的理念为指导，探索新型的以低碳为特征的生态城市圈的发展模式和绿色人居的生活方式，走出中国特色的生态低碳城市化道路。

四　高科技产品的需求推动战略性新兴产业发展

近年来，智能终端在中国市场迅速普及。由于智能移动终端的普及及其所带动的移动互联网用户的增长，数字消费者的生活已经被"移动化+社交化"模式所绑定。全数字、全智能终端产品的普及为中国数字消费市场的发展奠定了基础。通信、媒体及高科技行业是最直接的受益者，同时也是竞争最为激烈的战场。随着人们生活水平的提高，对高科技产品的需求也越来越旺盛，不仅是对信息产业智能终端的偏爱，包括新能源汽车、节能环保电器等受到的追捧也在与日俱增。另外，我国人口众多、人均资源少、生态环境脆弱，又处在工业化、城镇化快速发展时期，面临改善民生的艰巨任务和资源环境的巨大压力。只有抓住机遇发展高科技产业，生产高附加值高端产品，推动节能环保、新能源、信息、生物等新兴产业快速发展才能在未来国际竞争中占据有利地位。现实的需求倒逼我们必须大力发展战略性新兴产业，加快形成新的经济增长点，创造更多的就业岗位，更好地满足人民群众日益增长的物质文化需求，促进资源节约型和环境友好型社会建设。

高科技产品的需求是调整产业结构优化升级的动力和支撑点，而加快培育和发展战略性新兴产业是推进产业结构升级、加快经济发展方式转变的主要手段。战略性新兴产业以创新为主要驱动力，辐射带动力强，加快培育和发展战略性新兴产业，有利于加快经济发展方式转变，有利于提升产业层次、推动传统产业升级、高起点建设现代产业体系，体现了调整优化产业结构的根本要求。此外，加快培育和发展战略性新兴产业还是构建国际竞争新优势、掌握发展主动权的迫切需要。当前，全球经济竞争市场正在发生深刻变革，科技发展正孕育着新的市场需求和增长点，世界主要国家纷纷加快部署，推动节能环保、新能源、信息、生物等新兴产业快速发展，以期能首先占领市场，我国要在未来国际竞争中占据有利地位，必须加快培育和发展战略性新兴产业，掌握关键核心技术及相关知识产权，增强自主发展能力。

要充分发挥我国市场需求巨大的优势，创新和转变消费模式，营造良好的市场环境，调动企业主体的积极性，推进市场需求引领产业调整方向。我国虽然在加快培育和发展战略性新兴产业方面具备诸多有利条件，但也面临严峻挑战。主要是企业技术创新能力不强，掌握的关键核心技术少，有利于新技术新产品进入市场的政策法规体系不健全，支持创新创业的投融资和财税政策、体制机制不完善等突出问题。面对这些挑战，需要我们立足我国国情，积极探索规律，发挥企业主体作用，加大政策扶持力度，深化体制机制改革，着力营造良好环境，强化科技创新成果产业化，抢占经济和科技竞争制高点，推动战略性新兴产业快速健康发展，为促进经济社会可持续发展做出贡献。

第四节 经济结构调整：倒逼发展方式转型

经济结构调整的依据首先是要从我国实际出发。经过几十年的改革发展，我国经济结构调整取得了重大成绩，近年来，为应对金融危机而出台的措施也收到了明显成效，国民经济结构发生了积极变化。随着我国经济结构的变化，加快经济发展方式转变成为必然要求。加快经济发展方式转变，将是关系到改革开放和社会主义现代化建设全局，实现全面建成小康社会目标的关键。

一 实施扩大内需战略切实转变发展方式

调整经济结构最重要的是扩大内需。扩大内需是我国经济社会发展的战略基点，建立一个投资、消费和出口相协调的经济发展机制，是保持经济平稳增长的基础。投资、消费、出口三者并不是独立的，而是相互关联、互相影响的。投资不同于消费，在短期内投资扩张会提高总需求水平，但也会形成新的生产能力，需求不足的实质就是生产能力过剩，导致未来供需更大的不平衡。因此，不能一味地用扩张投资来解决原本属于投资过度导致的生产能力过剩。我国的投资率不仅大大超过世界平均水平，也大大高于与我国处于同等经济水平的中低收入国家水平。这次全球性金融危机暴露出的我国生产能力过剩问题既是长期依赖外需的结果，也是过度投资的结果。解决这个问题的关键是提高消费率，特别是居民消费率，这是调整优化产业结构，消化过剩生产能力，减少环境资源代价，保持经济可持续发展的有效途径。

扩大内需是加快转变经济发展方式的基本要求和首要任务。首先，我们调结构、转方式，很重要的就是调整和转变需求结构。经过30多年改革开放，我国已经成为世界上第一出口大国，贸易依存度高于世界许多国家。随着全球贸易保护主义抬头，扩大出口遇到越来越多的摩擦、壁垒和障碍，国际竞争更趋激烈。国际经验表明，无论是发达国家，还是发展中国家，大国经济发展主要是靠内需。只有立足扩大内需，才能使我们的发展立于不败之地。其次，扩大内需是保持经济长期平稳较快发展的必由之路。我国人口众多、国土辽阔，是世界上最大的发展中国家，正处于发展的重要战略机遇期，市场空间大，回旋余地大，内需潜力大，对经济发展具有持久的拉动作用。因此，必须坚定不移地实施扩大内需战略，总结经验做法，针对现实问题，建立健全扩大内需的长效机制，牢牢掌握发展的主动权。

消费需求是最终需求。无论是从应对当前挑战的实际需要看，还是从长远发展的根本目的看，都必须把扩大消费特别是居民消费放到扩大内需更加突出的位置。我国消费潜力巨大，但还没有得到有效发挥，在实际工作中，扩大投资的办法较多，扩大消费的办法较少，这种状况必须扭转。要完善鼓励居民合理消费的财税、信贷等政策，着力改善消费环境，培育新的消费热点，尤其要增强居民消费能力。为此，要深化收入分配制度改革，调整国民收入分配格局，逐步理顺收入分配关系，努力实现居民收入增长和经济发展同步、劳动报酬增长和劳动生产率提高同步，多渠道增加低收入者收入，提高中等收入者比重。在初次分配中，鼓励群众就业创业，合理提高劳动者报酬；同时，发挥好再分配的调节作用，健全养老、医疗、失业等保障制度，推进基本公共服务均等化，构筑社会保障安全网，为就业创业者解除后顾之忧。同时，要正确处理好内需和外需的关系，要坚定不移地扩大国内需求。坚持扩大内需是我国经济发展的长期战略方针和基本立足点。增强实施扩大内需战略，切实转变发展方式的紧迫感和责任感。

二 调整优化产业结构，促进经济发展方式的转变

我国在产业结构方面存在的主要问题是第一、第二、第三产业发展不协调，第一产业不稳、第二产业不强、第三产业不足；各产业内部结构不合理。在第一产业发展中，国家对农业基础设施投入不够，农业基础设施薄弱，还不能从根本上解决靠天吃饭的问题；经营单位规模小，经营分散，现代化农牧业比重小、水平低；在工业发展中，某些行业产能严重过剩，高耗能产业发展过多、过快，传统产业技术水平低、战略性高新技术产业发展慢；第二产业的发展相对滞后，现代服务业比重低，特别是生产性服务业的发展没有得到足够重视。调整和优化产业结构，要更好发挥市场配置资源的决定性作用。产业结构的调整和优化，经济方式的转变最终还要靠市场的力量。

世界经济发展的实践表明，从本源上抓好需求结构、产业结构等的调整。促进内外需结构平衡、产业结构优化，必将有助于提高经济发展的质量。因此，要夯实农业基础地位，加快服务业发展。在三次产业中，农业处于基础地位。农业丰则基础强，农民富则国家盛，农村稳则社会安。推动产业结构优化升级，实现经济社会又

好又快发展，必须加强农业基础地位。当前，要抓住有利时机，采取科学的金融、财税等优惠政策，加大强农惠农政策力度，完善强化农业基础的长效机制。要通过结构优化增收，继续搞好农产品优势区域布局规划和建设，支持优质农产品生产和特色农业发展，推进农产品精深加工。要在金融信贷方面支持农业产业化发展。培育壮大一批成长性好、带动力强的龙头企业，支持龙头企业跨区域经营，促进优势产业集群发展。服务业的发展对推进产业结构优化升级的作用也是明显的。一些国家在农业、工业和建筑业发展到一定水平后，服务业产值和就业比重的提高往往成为产业结构优化升级的主要标志之一。为此，我们必须全面提高认识，将发展服务业作为加快推进产业结构优化升级、转变经济发展方式、提高国民经济整体素质的一条重要途径，进一步促进服务业拓宽领域、增强功能、优化结构。

政府的政策对调整和优化产业结构，转变经济发展方式有很重要的作用，表现在以下几个方面：一是制定正确的宏观经济政策，保持经济总量平衡，保持各种主要关系的协调，使国民经济平稳较快发展，为调整和优化产业结构创造适宜的宏观环境。二是通过财政政策引导新兴产业、弱势产业的发展，培养新的经济增长点；引导企业进行技术改造，淘汰落后生产力，鼓励技术创新和开发新产品，增强市场竞争力。三是通过税收政策的调整，鼓励企业进行技术改造，采用新技术、新工艺。四是通过制定法律、法规和政策，促进企业进行产业结构的调整和升级，促使企业节约资源、能源和保护环境等。

产业结构的调整和优化，经济方式的转变最终还要靠市场的力量，既要靠市场配置资源的决定作用来推动，也要靠市场的最终反应来检验。政府的政策只能是因势利导，加大其助推力。为此，我们必须深化改革，完善有利于市场机制充分发挥作用的体制机制，进一步深化财政体制、预算制度、税收制度、投资体制、国有企业的改革，推进行政管理体制改革。只有深化改革，完善社会主义市场经济体制，使市场在资源配置中发挥基础性作用，才能在宏观经济政策的指导下,顺利推进产业结构的调整和经济发展方式的转变,才能巩固调整、转变的成果。

三 经济结构调整倒逼自主创新成为转变发展方式的重点

经济发展方式转变和经济结构调整能否取得成功,关键在于科技的发展、应用和自主创新。经济发展方式转变和结构调整为科技创新提出需求、提供动力,科技重大突破和创新会极大地推动经济发展方式转变与经济结构的重大调整。我国要赶上甚至超过一些发达国家,就必须抢占未来经济科技发展的制高点,这就不能只是被动地学习模仿,而必须依靠自身力量走中国特色道路进行自主创新。

只有坚持不懈地提高自主创新能力,形成强大的核心竞争力,才有可能实现经济发展方式转变,才有可能突破发展"瓶颈",才有可能在激烈的国内外竞争中始终掌握主动权,立于不败之地。随着经济全球化的深入,竞争已经从价格竞争、质量竞争发展到了价值竞争、品牌竞争。要有价值和品牌,就必须有自主知识产权;要有自主知识产权,就必须进行自主创新。从我国的情况看,目前国内企业的自主创新能力还比较薄弱,企业普遍重生产轻研发,重引进轻消化,重模仿轻创新,原始创新能力不足、发明专利数量少,技术集成能力薄弱、关键技术自给率低的现状,已对我国经济的可持续发展构成制约,因此,必须大幅度提高自主创新能力,把推进自主创新作为转变发展方式的中心环节来抓。

自主创新是通过改变投入要素、变革生产方式、催生新兴产业等方式,全方位作用于经济发展过程,支撑引领产业结构升级和发展方式转变的。但其关键作用在于提升核心技术自主创新能力、推动和加快转型升级。具体表现有以下几个方面:

一是推动生产要素高级化。投入要素的高级化,是转变经济发展方式的重要基础。长期以来,我国很多地区经济发展过分依赖自然物质资源和低技能劳动等初级投入,自主创新通过为经济发展提供高效型、清洁型的投入要素,可以减少资源能源消耗、减少污染排放和环境破坏,提高生产效率和产业竞争力。

二是推动产业结构高端化。产业结构的调整、转型升级,是以市场为主导,创新驱动、重点突破、引领未来的要求为出发点的。通过自主创新培育和形成一批新兴产业。现代科技创新是多学科、多领域齐头并进,孕育着新的经济增长点。另外,自主创新催生创新型企业和企业家。具有创新能力的企业和具有创新精神的企业家,是推进自主创新、转变经济发展方式的主导力量。通过实施自主创新战略培育一批创新型企业,能够更加高效地优化配置资源,抢占国内外产业竞争制高点。

三是推动经济体系知识化。在科技全球化的趋势下,以信息技术为代表的科技创新与产业化,引领人类从工业社会进入知识经济社会。在这个转入和转型过程中,我们可以看到,全球范围内知识产权竞争日益激烈,智慧型城市日益兴起,知识型服务业日益壮大。知识信息、人才智力、创新创意等"软资源"在经济发展中的作用超过了土地、矿产、设备等传统的"硬物质",进而推动形成了以知识为基础的新经济。

四是推动供给结构性改革。围绕经济结构的制度性问题来推进改革,激发内生动力,营造外部环境,释放新需求,创造新供给,有效地解决制约经济持续健康发展的突出问题,形成经济增长新机制。

四 环境友好型经济倒逼全面协调可持续的发展方式

改革开放 30 多年来,我国一些地方就环保论环保,就污染谈污染,甚至重蹈"先污染、后治理"的覆辙,付出过大的环境代价。面对日益严峻的环境问题和资源短缺问题,环境友好型经济成为新的发展方向,我国的经济结构也向着更加环境友好的方向转变,在这一背景下,转变经济发展方式,加快推进全面协调可持续的经济发展方式就成为必然选择。因此,立足我国的基本国情,走出一条代价小、效益好、排放低、可持续的环境保护新道路,是形势使然、出路所在。面对日趋强化的资源环境约束,必须牢固树立绿色、低碳发展理念，以节能减排为重点，加快构建资源节约、环境友好的生产方式和消费模式，增强可持续发展能力。

环境友好型经济指的是人与自然和谐相处和共生的一种社会形态。在环境友好型经济下，其所建立的环境友好型社会是由环境友好型的技术、企业、产品、产业、学校和社区等组成的，并包含着有利于环境的生态和消费方式，以及对人体健康和环境没有不良影响的各种活动等。环境友好型经济的需求倒逼全面可持续的发展方式，因为可持续发展作为一种既满足当代人又满足人类后代需求的发展方式，其对社会不仅不会具有危害，还在一种密不可分系统基础上，实现着当前社会经济发展的目的，保护着人类所赖以生存的自然环境资源。在可持续发展的建设中，将环境友好生态的建设作为实现发展的重要内容，这主要是因为，环境的友好不仅在社会的发展中，直接或间接地创造出更多的经济效益，还为发展提供着适宜的环境和资源。

环境友好型的经济发展方式的推进需要大力发展循环经济建设。循环经济的发展与建设就是走高科技、资源消耗少、经济效益好、人力资源得以充分发挥的新型工业化发展道路，加快转变不可持续发展的生产与消费方式。具体来说，就是要以提高资源产出效率为目标，加强规划指导、财税金融等政策支持，完善法律法规，推进生产、流通、消费各环节循环经济发展。

第五章 倒逼机制对不同市场主体的作用

第一节 投资者：净化环境，合理投资创业

市场的倒逼机制对投资者来说，无疑是巨大的利好，市场对资源配置的决定作用，将会极大地造福投资者，资源更加合理的配置，意味着垄断企业将无法获得大量垄断资源来获得垄断利润，相应地，更多的资源会流向中小企业，而这也将降低中小企业的融资成本。在这种环境下，企业投资环境必将得到净化。同时，资源的自由合理流动，也将给创业者提供无数的创业机会，有利于形成全社会"大众创业、万众创新"的新局面。

一 限制国有垄断企业的垄断利润

在我们今天的经济生活中，我国的国有垄断企业凭借其垄断地位，获得大大超过平均利润的高额利润——暴利，已经引起人们的广泛关注，并成为社会的一个热点问题，也是一个亟待解决的重大社会经济问题。当市场能够在资源配置中起到决定作用的时候，就能从根本上防止企业利用垄断地位损害公众利益，市场是解决垄断的长远和根本之路。道理很简单，一些企业损害公众利益的"特权"是垄断，将垄断特权铲除后就从根本上消除了损害公众利益的现象。

市场的倒逼机制是解决垄断利润的有效良方。要说明这个原理，我们先要解释一下垄断企业获得暴利的原因。行政垄断是垄断暴利

产生的根本原因。行政垄断是指在计划经济条件下的政府及经济管理职能部门，在转型期内滥用职权，排斥、限制、妨碍或消除企业间的合法竞争的不正当行为。是政府干预市场的一种突出表现，具有极大的负面影响。行政垄断之所以是暴利产生的根本原因就在于，行政垄断主要集中在原来政府的行业管理部门，由于转型特别是体制改革而被取消后新组建的企业。这种"变脸"来的企业，在原计划经济体制下形成的、全面的、唯一的行政性垄断，今天仍然霸占着某种商品或服务的经营活动，排除或阻挠其他经济成分的介入，限制了竞争或者根本不允许竞争。经营利润和收益全部留置本行业内部，不许其他企业分享，这是垄断暴利产生的根本原因。所以，只能通过调整结构，强化市场机制，限制和消除行政垄断。

要真正限制垄断利润，破除行政垄断。第一，要真正地实行政企分开，使企业从行政机关的附属变为自主经营、自负盈亏的法人实体和市场主体，彻底打破政企合一、官商合一的行业垄断状态。还企业以本来面目：企业就是营利组织，它不能既是企业，又代表政府；既行使政府职能，又要超额利润。第二，发展多种经济成分，允许非国有的其他资金投资于垄断行业，消除人为的市场壁垒与限制，建立多元的市场竞争主体，从体制和结构上形成竞争态势，达到抑制行政垄断的目的。第三，强化市场竞争机制的功能。市场经济要求机会均等，公平竞争，只承认实际效果。因此，每个市场参与者都要反对垄断。制定公开、透明的市场经济法规体系。布坎南说过，"没有合适的法律和制度，市场就不会产生任何体现价值最大化意义上的效率"。所以，要保证每个市场主体的平等地位，公平、合法的竞争，制裁打击不正当竞争。

时至今日，我们虽出台了多部法律法规，但是，保证市场参与者平等竞争的法规，尤其是建立在平均利润率规律基础上的"反垄断法""反暴利法"却迟迟没有出台。这是造成市场垄断、缺乏竞争、垄断企业凭借其地位采取不正当手段攫取暴利的一个重要原因。市场经济应该是法制经济，市场机制的倒逼作用将必然迫使政府不得不正视垄断的不合理性和无效性，尽快加强对垄断行为的监管，必然要求能够反映市场发展规律的法律制度及时出台，从而保证市场经济能够在法制的轨道上健康发展。对于市场中存在的国有垄断企业来说，都应该意识到，面对来自国内、国外的各种挑战和机遇，应有紧迫感和危机感。要以一个普通市场主体的心态，革故鼎新，重振雄风。

二 降低中小企业融资成本

2016年以来，通过降低中小企业融资成本来实现经济发展的改革动议被反复提及，并在国务院办公厅层面出台了相应的指导意见，这是一项十分有战略性意义的工作。降低中小企业融资成本的前提是解决企业融资难，一旦后者得到妥善解决，降低企业融资成本问题实际就已得到部分解决。市场化是资本融通的最快方式，市场对资本资源的决定性作用会倒逼着资金向着更高效更有利可图的方向流动。放松管制、强化竞争就是降低小微企业融资成本的重要途径。

市场的倒逼作用是否的确有助于解决企业的融资问题，这就要我们先分析中小企业融资难的症结所在。造成中小企业特别小微企业融资成本高企的原因多种多样，须对症下药，有的放矢。从小微企业看，其存活率平均只有短暂的2.5年，而且往往财务制度不规范，信用记录空白，单笔贷款数额较小，这些先天不足使其很难获得金融机构青睐。金融机构由于存在以贷款规模管控为代表的各类管制措施，金融资源配置效率低下，市场竞争远不充分，导致小微企业屡屡遭遇融资"瓶颈"。另外，小微企业融资成本包括贷款利息和费用，费用又包括银行费用和第三方费用。由于银行利息占融资成本的比例较高，且其他收费和银行信贷也有关系，所以银行也常常被认为高融资成本的推手。而事实上，很多时候是小微企业杠杆率提高拉升了贷款利率。中国国有企业的盈利水平普遍较低。从利润率来看，最新的数据显示，规模以上企业的利润率是6%左右，而小微企业的利润率比这个水平还要低。同时，企业的融资成本较高，那么企业利润必然会减少。企业既要还贷，又要发展和扩大投资，就必须更加依赖于贷款，提高财务杠杆。但是在企业的杠杆率升高、企业的利润水平又低的情况下，银行在考虑放贷时也会非常犹豫，所以就会要求有更高的风险溢价。因此，融资成本进一步提高，进一步压低企业利润率。企业要投资、要发展，就更加依赖外部融资，从而导致杠杆率进一步提高。

总而言之，小微企业融资难的根本还是不能提供足够的担保，针对这个问题，市场的倒逼机制已经开始发挥作用，以阿里小贷为例，借助阿里巴巴、B2B、淘宝、支付宝等电商平台为例，他们为小微企业放贷的方式，就是市场倒逼的力量，他们不断积累客户信用数据及行为数据，并通过交叉检验技术辅以第三方验证确认客户信息的真实性，从而将客户在电子商务网络平台上的行为数据映射到企业和个人的信用评价，并最终给予一定限额的授信额度。根据系统记录的客户的信誉状况，就可以对客户进行评级放贷，这就是市场解决融资问题的方式。

展望未来，考虑到征信行业发展投资大、见效慢，继续依靠欧美那样漫长的市场竞争去实现征信机构的充分发展，很难帮助我们在短期之内解决小微企业融资贵、融资难的"燃眉之急"。因此，建议政府部门在我国征信体系发展初期发挥加速器作用，对各类企业使用、经营征信数据持鼓励态度，不但在财税政策上"大开绿灯"，也要在适度监管基础上，本着开放务实的态度，从制度上敞开工商、税务、社保、海关、法院、公安等政府部门的数据大门，积极配合他们收集、更新、修正征信数据，借助完整、权威、可信的征信数据"指南针"，真正降低小微企业融资成本。

三　改善民营企业的投资环境

国务院多次研究部署鼓励民间投资发展，引导民资进入交通电信能源等领域，鼓励民营企业通过参股、控股、资产收购等多种方式参与国有企业改制重组等措施。表面上看，这是非公有制经济发展的利好消息，给市场带来了国有垄断行业改革的曙光。但是，民营经济进入国有企业垄断行业的状况很不理想，甚至在很多领域出现了倒退。有数据显示，我国私营控股投资在金融业仅占9.6%，交通运输、仓储和邮政业仅占7.5%，水利、环境和公共设施管理业仅占6.6%，许多领域仍然是国有资本一股独大。

如今，随着市场机制逐渐在资源配置中开始发挥决定性作用，倒逼政府实行改革，把许多以前垄断着的资源释放出来，扩展了市场容量，极大地改善了我国民营资本的投资环境，为民营资本投资创造了空间。中国拥有大量的民间资本，一直以来，这些资本因投资途径狭窄而不得不将注意力放在房地产、大宗商品或其他商品的炒作上，一方面导致这些产品市场泡沫化，另一方面也造成了民间资本资源的浪费。市场的倒逼机制可以使资源更加合理地配置，资本市场将发挥其他媒介无法比拟的作用。要积极引导民间投资在中国经济发展中发挥更大的作用，使其成为激发经济发展的内生动力，就需要在相关行业进行必要的私有化。国家相关部门要引导民间投资进入基础设施、基础产业和公用事业等领域，督促地方、部门推出鼓励民间投资参与的重大项目，积极鼓励民间资本参与金融机构重组改造。

市场倒逼首先要求政府部门要放权。政府部门和国有企业在30多年的经济快速发展中发挥着决定性的作用，民间资本则起到了很好的补充作用，它们之间的关系是主副关系，是不平衡的。在当前中国经济发展的大背景下，要做好经济转型升级这篇大文章，就需要平衡政府部门和国有企业与民间资本的关系。其次，要真正确立民营企业的投资主体地位就需要加快改革。简单地说，就是国有企业从一般竞争性领域退出，民营企业承接相应的产业转移和开辟新的投资方向，政府部门在政策、市场和投资环境上给予支持。唯有如此，才能真正确立民营企业的投资主体地位。当前正在进行的PPP模式就是一种民间资本和国有资本相互融合的典型方式。在这种公私合作的模式下，资源的汲取与分配能以高效率的方式进行。政府负责政策制定与规划，而将政策执行落实于民间社区或私营部门，这样，不仅可以减轻政府长久以来的财政负担，又可将社区及民众力量引入公共服务的进程当中，以强化公民意识与社会认同感，同时提高了资源使用效能和建设、运营效率。

四 "大众创业、万众创新"的新局面

近年来，从北京中关村兴起的"创客风潮"，迅速向深圳、上海、天津、四川、贵州等地扩散。奔涌的"创客风潮"不仅激发了无数人的激情梦想，也预示着我们将迎来一个"大众创业、万众创新"的崭新时代。更多的人才资源配置到了更有前景的行业和更有潜力的部门，这就是市场在资源配置中的显著作用。正是市场的力量给年轻人以机会以实现梦想。

正是市场的倒逼政府改革，净化了创业生态。政府决心加快改革，陆续出台一批针对中小微企业的税费减免政策，各地各部门也要尽快落实相关实施细则，严查并制止形形色色的"土政策"、取消不合理收费。同时还要通过加强制度建设和作风建设，严格规范基层行政执法人员行为，惩治"小官大贪"、治理"苍蝇扑脸"，根除故意刁难、吃拿卡要、滥权牟利的"蝇贪"之患，打造一个风清气正的创业创新生态系统。除此之外，市场还给创业者提供了必要的基础保障。创业创新者的愿望是美好的，但风险也是很大的，而能够为这种高风险埋单的往往是市场，是愿意承担风险的投资者和投资机构。在一些发达国家，兴旺交易的资本市场催生了风险投资基金、股权投资基金，不仅大范围分散了风险，也加快了财富实现速度，让诸多有才干的年轻人成为创新英雄。目前，我国资本市场在新股发行、信息披露、交易监管等环节还存在不少体制性制度性问题，需要加快改革步伐，为广大创业创新者提供有力支持。此外，还可考虑在各地设立创业创新基地、创业扶持基金以及创业创新指导中心等专门机构，为创业者提供尽可能多的资金、政策支持和市场分析指导。

党的十八大以来，中央以简政放权为突破口，推动经济转型、释放社会活力，社会投资和创业创新热情迸发。当今世界，新一轮科技革命和产业变革浪潮席卷而来。信息、能源、材料、医药、环保等领域技术不断取得激动人心的突破，催生了新的制造模式和商业模式，也催动着一场全人类走向智能生产、绿色生活的新迁徙，为了顺应这一潮流，我们只有加快创新和建设创新型国家，才能扎实推进经济转型升级和提质增效，抢占国际竞争的战略制高点。另外，兴起"大众创业、万众创新"热潮，还有利于广泛动员和激励人民群众参与改革、推动改革，形成全面深化改革的强大合力。实践一再证明，基层和群众的探索实践、创新创造，是推动改革车轮滚滚向前的重要力量。创业创新是亿万群众参与的伟大实践，在这一过程中也必然会面对各种阻力特别是体制机制的障碍藩篱，创业创新者由此也就自然成了改革的呼吁推动者，进而还会让更多人成为改革的最大受益者。这对于发动广大人民群众齐心协力推进改革、使改革获得不竭的力量源泉，显然具有重大意义。

如今，"大众创业、万众创新"热潮所孕育的奇迹已露端倪，只要我们从体制机制和政策上大力支持和鼓励"大众创业、万众创新"，放手让一切劳动、知识、技术、管理、资本的活力竞相迸发，让一切创造社会财富的源泉充分涌流，让每一个创业创新者都拥有梦想成真的公平机会，必定能够开辟经济增长新天地，必定能够形成奋发进取的时代新风尚和社会繁荣新气象。在资源和环境压力加大、传统增长动力不足的情况下，我们唯有加快经济转型特别是进一步兴起"大众创业、万众创新"热潮，才能为建设创新型国家筑牢基石，为经济发展增添持久动力。

第二节　监管者：约束权力，强化公共服务职能

十八届三中全会指出，经济体制改革是全面深化改革的重点，核心问题是处理好政府和市场的关系，使市场在资源配置中起决定

性作用和更好发挥政府作用。政府作为市场的监管者,要当好市场秩序的"裁判员"和改革创新的"守护神"。一方面,要拿出完整的"权力清单",下放权力清单,简政放权,激励市场活力;另一方面,政府也要加快职能转变,各级政府和部门要带头做遵法学法守法用法的模范,善于用法治思维和法治方式发展经济、治理社会,建立法治政府。最后,要积极推进服务型政府建设,更好发挥政府在创造良好发展环境、提供优质公共服务、维护社会公平正义的作用,强化公共服务意识,建立服务型政府。

一 做好市场的裁判员,维持市场秩序

我国社会主义市场经济体制虽已建立,但在很多方面还不完善,核心问题是政府对资源的直接配置过多,不合理的干预太多。近年来,政府这只"看得见的手"的确闲不住。产能过剩、城镇化大跃进、地方债风险、生态环境破坏等问题,很大程度上都与政府的干预过多有关。比如产能过剩,除市场本身的盲目性外,一个很重要的原因是政府干预,是地方政府推动下的盲目投资。政府的行为目标有很多,但这不应该成为政府干预市场机制作用的理由。对于违背公平竞争原则的行为,政府不但应该管,而且应该非常坚决放手,政府要做好市场的裁判员,监督市场行为,打击非法,维持市场秩序,这才是合格的裁判员,绝不能既是裁判员又做运动员,这样才能引导市场走向为人民创造福利的方向。

市场如同赛场一样,作为社会主义市场经济中的政府,不应该代替企业或者同企业一样充当驰骋于市场的"运动员",而应该做市场上公正的铁面无私的"裁判员"。要当一个好的"裁判员",就要为企业提供一个施展自己才能、公平竞争的市场机制,这就要求政府要建立市场竞争的规则。市场的运行实际上是各个主体间的竞争,有竞争就要按一定的规则来进行,否则就无法公平地进行比赛。所以,政府就要领导市场规则的建设工作,在确立市场主体在市场上的经济自由权利的基础上,制定具体的行为标准与行为规范,用以判断各市场主体的行为正确与否。政府既然制定出了相关

的政策与法规，政府就要担任好自己"裁判员"的角色，用公平、公正的态度来对待各个市场主体，保持政府廉洁奉公的形象。由于市场竞争的类型是多种多样的，市场规则当然也不例外。因此，政府要培育多种类型的"裁判员"，政府要当好"裁判员"还要不断地积累自身的经验，以提高水平，尽量减少错误，保证市场经济体制健康、有序地运行。

强调市场在资源配置中起决定性作用，绝不是否定或弱化政府作用。在现代经济中，市场和政府的作用同样重要，没有市场或没有政府，经济发展都会孤掌难鸣。"使市场在资源配置中起决定性作用"并不是说政府放弃市场一走了之。在市场经济中，由于受各自利益的驱使，市场的主体在经济活动过程中难免会出现功利性和短视性，所以市场就会出现宏观性的失灵，这就需要政府来进行有效的干预，以弥补由市场失灵造成的损失。政府干预的优点是通过协调的方式来解决，包括不同生产部门之间的协调、社会关系的协调、近期目标与长远目标的协调，等等，这些是市场调节所做不到的。但是，政府的干预一定要适度和得当，否则也会妨碍经济的发展。"棍棒打不倒经济规律"，"在这个世界上，所有存在的东西，必有其合理性，否则它就绝不会诞生"，所以政府只能弥补市场所做不到的事情，切忌代替市场能做到的事情，否定市场存在的合理性。因而，我们应该把政府的适当干预和市场调节有机地结合起来，促进我国国民经济的协调发展。政府干预的实质是使用行政权力来进行政府调节，政府以调解员的角色出现在市场经济的舞台上，对市场经济进行宏观调控，包括保持经济总量的平衡，促进国民经济的优化，引导国民经济持续、健康、快速地发展，推动社会全面进步。

只有处理好政府与市场的作用，政府当好组织者和裁判员的角色，放手发动市场竞争，才能激发市场活力，才能使市场在资源配置中起决定性作用和更好发挥政府作用。

二 下放权力清单，激活市场活力

简政放权，下放权力清单是使市场在资源配置中起决定性作用的必然要求。党的十八大以来，以习近平同志为总书记的党中央对深化行政体制改革提出了明确要求。十八届二中全会指出，转变政府职能是深化行政体制改革的核心。十八届三中全会强调，经济体制改革的核心问题是处理好政府和市场的关系，使市场在资源配置中起决定性作用和更好发挥政府作用。目前，市场在很多方面尚不能起到配置资源的决定性作用，其中一个重要制约因素就是一些政府部门以行政审批为形式和手段过度干预微观经济事务、不当干预市场运行。因此，需要继续简政放权、深化行政体制改革，这是市场的必然要求。也可以说，是市场在资源配置中的决定作用倒逼着政府加快改革，简政放权，下放权力清单来进一步激发市场和社会活力、打造大众创业创新新引擎，稳增长、调结构、实现经济健康增长。

本届政府成立之初，开门办的第一件大事就是推进行政体制改革、转变政府职能，把简政放权、放管结合作为"当头炮"、"先手棋"。两年多来，简政放权力度空前，成效显著，有力地激发了市场活力和社会创造力。以简政放权来说，首先，要拿出完整的"权力清单"，政府应该干什么，"法无授权不可为"，这样才能防止公权滥用，减少"寻租"现象，使政府真正履行为人民、为大众服务的职责。其次，要给出"负面清单"，政府要让企业明了不该干什么，可以干什么，"法无禁止皆可为"，以形成公开透明、预期稳定的制度安排，促进企业创新活力充分迸发。最后，要理出"责任清单"，政府该怎么管市场，"法定职责必须为"，以建立诚信经营、公平竞争的市场环境，激发企业动力，鼓励创新创造。总体来说，这轮简政放权的力度空前，成效显著，有力地激发了市场活力和社会创造力，在世界经济总体上复苏艰难、国内经济下行压力加大的情况下，我国经济能持续较高增长，经济结构不断优化，就业率不降反升，社会保持和谐稳定，可以说，简政放权等改革所释放的红利发挥了关键作用。

当然,在取得成效的同时,我们也应该清醒地认识到这项改革的任务仍然很艰巨。一方面,改革中遇到的一些新问题已经显现出来。比如,取消下放的审批事项含金量不够高,相关措施不配套、不衔接,保留的审批事项程序不规范、效率低,红顶中介"中梗阻",事中事后监管跟不上,等等。另一方面,改革走到这一步,更多深层次的体制机制矛盾和触动利益格局的问题也会逐步暴露出来,改革的阻力和难度将越来越大。简政放权不等于一放了之。下放之后,如何接得稳,则是更艰巨的问题。改革不仅是一个逐步深化的过程,同时也是一个系统工程。继续做好简政放权这篇大文章,需要更加注重改革的系统性、整体性和协同性,要注意从宏观层面,从顶层设计上把握,要把简政放权与转变职能紧密结合。简政放权绝不是一放了之,必须有破有立,在放权的同时必须加强和改善政府管理,也就是要"放、管、服"三管齐下,协同推进,这是社会主义市场经济的内在要求,最终目的还是要把政府职能转到创造良好发展环境、提供优质公共服务和维护社会公平正义上来。从机构编制管理的角度看,还要把简政放权与优化机构编制资源配置紧密结合起来。精简和严控机构和人员编制本身就是简政放权的应有之义。本届政府成立之初就提出要实现财政供养人员只减不增。这就需要把该减的坚决减下来,而且这也有利于形成倒逼机制,从而更有力地推进简政放权;同时,把调整出来的编制资源配置到一些需要加强和充实的重点领域和环节,为更好地履行政府职能提供支撑。

我国当前正面临着经济下行压力持续加大等严峻困难和挑战,但这些困难和挑战也正在倒逼我们创造一个最好的创业时代。简政放权、削减审批、降低门槛、优化服务,目的正是给亿万劳动者搭建平台,为我国经济发展引入创新动力,从而加速建设一个"大众创业、万众创新"的新时代。

三 约束政府权力，建立法治政府

市场在倒逼政府加快改革，加快简政放权的步伐，但是政府的简政放权能否成功，关键还在于政府能否约束自身权力，建立起一个法治的政府。以往我国历次机构改革、简政放权始终无法摆脱"一放就乱——乱就收——收就死"的怪圈。究其原因，主要还是由于以往过多依赖人治思维和行政方式推进改革，放权缺乏明晰、可预期的规则标准，监管缺乏适应新要求的方式方法，导致每次改革都不是很彻底。破解这一历史难题，根本上还是要善于运用法治思维和法治方式。法治的规范性、稳定性、预期性、强制性等特点，要求简政放权、放管结合必须明制度于前、施严管于中、重威惩于后，切实以法律规范清权、减权、放权、制权、晒权、行权，做到始终在法治的轨道上推进改革。

深入推进依法行政、加快建设法治政府，是党的十八届四中全会确定的重大任务，是全面推进依法治国的重要方面。政府权力是一把"双刃剑"，依法行使可以造福社会，缺乏约束也会误国误民。首先，要把权力关进法律和制度的"笼子"，依法全面履行政府职能，核心就是要把行政权力限定在法定框架内，做到政府职权法授、程序法定、行为法限、责任法究。同时政府要履职尽责、敢于担当，对懒政、庸政、怠政依法问责。其次，要健全政府依法决策机制。决策是行政权力运行的起点，也是规范的重点，决策不能任意，更不能"任性"，必须科学、民主、合法，体现民意，保证质量。再次，要积极推进严格规范公正文明执法。行政执法是法律实施的关键环节。顶层设计再好，法律法规再完善，最后还是要落实在执法上面。最后，要强化对行政权力的制约和监督。公开与透明是对权力最好的监督。各级政府都要坚持以公开为常态、不公开为例外原则，推动决策、执行、管理、服务、结果的全过程公开，养成在"放大镜""显微镜"下行使权力的习惯。这一点对建设法治政府尤其重要，不然，一旦缺少约束和监督，权力很容易出现滥用和失控，法治政府、依法行政更是无从谈起。

当前，全面建成小康社会进入决定性阶段，改革进入攻坚期和深水区，经济发展进入新常态，国内外环境复杂多变，改革发展稳定任务繁重，风险挑战增多，社会结构和利益格局深刻调整。人民群众盼望通过法治更好保障合法权益、维护公平正义，经济发展需要通过法治维护公平竞争的市场秩序和良好环境，社会力量、社会关系需要通过法治更好地去统筹和调节。历史的趋势，现实的需要，人民的期待，决定了我们必须坚持依宪施政、依法行政，加快建设法治政府，推动经济社会发展在深刻变革中既生机勃勃又井然有序，为全面建成小康社会、全面深化改革"保驾护航"。

四 强化公共服务职能，建立服务型政府

处理好政府和市场的关系首要问题是要厘清政府与市场的关系。政府转型要进一步调整政府与市场的关系，必须明确政府与市场的边界，必须认识到，经济发展的主体力量在市场，企业和人民群众是创造财富的主体，政府应该是创造环境的主体。政府的职能要转到为市场主体服务、创造良好的环境上来，主要通过保护市场主体的合法权益和公平竞争，激发社会成员创造财富的积极性，增强经济发展的内在动力。

加强政府公共服务职能，是转变政府职能、建设服务型政府的核心任务。判断政府公共服务职能是否得到加强的标准是：公共服务职能是否上升为政府的主要职能；公共服务部门是否成为政府的主要部门；公共服务支出是否成为政府的主要支出；政府基本公共服务能力是否得到明显提升；政府基本公共服务水平是否满足了人民群众的合理需求。为实现政府职能转变，必须加强行政法治建设，依法明确公共服务在政府职能中的主导地位，加快推进政企、政资、政事、政社分开，加大对基本公共服务的投入，大力推进以公共服务为主要内容的政府绩效管理，设立公共服务质量奖，强化公共服务问责制。

转变政府职能、加强政府公共服务职能，首先，要求优化政府组织结构，包括合理确定政府规模，适当提高公共服务部门的地位

和比重，积极稳妥实施大部门制，最大限度地减少职能重叠和职责交叉，从体制机制上，消除政府履职中的推诿扯皮现象。其次，建设服务型政府，必须加快干部人事制度改革，依据服务型政府建设对公务员公共服务能力的要求，构建以分类为基础的公务员公共服务能力框架，健全以能力为本位的选人用人机制，切实提高公务员公共服务能力。最后，要改革和完善公共服务监督机制。完善公共服务监督主体，进一步加强各级人民代表大会对政府公共服务履职情况的监督，完善公共服务监督内容，加强公共服务预算监督、公共服务过程监督、公共服务效果监督；完善公共服务监督方式，加强对公共服务供给进行全方位、多层面、复合型的监督，特别要强化社会监督；通过科学的绩效考核，强化各级政府公共服务的行政责任，通过年度考核，强化公务员个人的公共服务责任。

在社会主义现代化建设的今天，建设服务型政府具有十分重要的战略意义。它有助于保障和改善民生，让人民生活得更加幸福、更有尊严；有助于提高居民消费率，扩大内需，使内需成为驱动经济发展的重要引擎；它能够从整体上提高国民素质，为实现经济发展方式的根本转变奠定坚实的人力资源基础；能够为经济社会发展创造良好环境，激发经济社会的内生动力，促进经济社会提质增速和协调发展；能够维护最基本的社会公平正义，为实现国家长治久安奠定更加坚实的政治基础和社会基础。

第三节 劳动者：维护权利，提高竞争力

市场在资源配置中发挥决定性作用的过程，对市场主体形成了倒逼机制，迫使资源更加合理高效的配置。而劳动者，一方面，作为人力资源，受市场的配置作用，向着更加需要的地方流动；另一方面，劳动者作为有思想和意识的社会人，在市场化的大趋势下，开始注重工资待遇，维权意识也在不断觉醒。与此同时，劳动者有

了更加广阔的职业选择范围，自主就业机会增多了，随着市场化竞争不断加大，劳动者就业的竞争压力也不断加大，所以越来越多的劳动者开始更加注重提高个人素质的提高，注意学习知识，通过更多的技能学习和职业培训来增强市场竞争力。

一　劳动者对工资待遇要求不断提高

习近平总书记在庆祝"五一"国际劳动节暨表彰全国劳动模范和先进工作者大会上的讲话中指出，无论时代条件如何变化，我们始终都要崇尚劳动、尊重劳动者，始终重视发挥工人阶级和广大劳动群众的主力军作用。随着我国人口红利逐渐消失，"农工荒"不断显现，劳动者意识的逐渐觉醒，我国的劳动者对提高工资的诉求不断加大。这也是市场经济的必然要求，因为资源合理配置要由市场来决定，所以劳动者工资也最终要由市场来定。

长期以来，我国劳动报酬在初次分配中占比较低已成为不争的事实，目前一直在45%左右徘徊，这反映了我国劳动者的工资议价能力普遍较低，相对应的是资方的工资议价能力普遍很强。毋庸置疑，市场经济天生具有资本偏向的特征，尤其是在私营企业中，资本一家独大的分配格局很明显，而普通劳动者只能忍气吞声。这主要是由两个方面的因素决定的。一是劳动者的市场竞争情况。如果劳动者供大于求，那么就会出现买方市场，劳动者只能接受资方的较低工资；如果劳动者供不应求，那么就会出现卖方市场，劳动者可以要求获得较高的工资。改革开放初期，中国的农村剩余劳动力大量涌入城市，劳动力供大于求，绝大部分劳动者只能获取较低的工资。二是我国劳动者组织力量薄弱，我国的工会尚未充分发挥维护劳动者权益的职能，在企业内一般只负责福利发放、组织文体活动等日常事务；而在薪酬制定、职工权益保护等方面并没有很强的话语权。

然而，近年来，我国东南沿海地区出现了较大面积的"民工荒"，劳动者供不应求，进而劳动者可以要求资方提供较高的工资。以农民工为主的一线工人广泛地开展了提高收入的要求，他们成群结队地在工厂企业门前梭巡,向企业提出提高待遇的要求,若工资待遇不符合要求就过其门而不入,最后宁可回家,这个现象既是工人的觉悟性有了进一步的提高,也有家乡经济有了发展而多了些选择机会的原因,不管怎样,在劳动力供大于求的情况下,结果还是成功地迫使资方大幅度地提升了工资待遇了,这其实也是很正常的事情,因为现在我国根本就没有劳动力大量过剩,而且我国人口老龄化的趋势在加强,也就意味着劳动力供给在减少,我国的人口红利在逐渐弱化,这在一定程度上会增强劳动者的议价能力。另外,由于国家九年义务制教育的广泛普及,农村劳动力的学习能力在不断提高,知识积累在不断加快,整体素质在不断提升,劳动生产率在不断增加,因此,劳动者应获取较高的市场均衡工资。

劳资双方博弈是经济发展的正常表现,没有博弈反而不正常,说博弈其实既有斗争也有妥协让步,在经济不景时工人同意,甚至主动提出减薪都是文明社会常有的事情。从实际情况来看,仅仅依靠市场调节还不能较大程度增强劳动者的工资议价能力,必须更多依靠制度改革来增强劳动者的工资议价能力。这里需要澄清的是,增强劳动者的工资议价能力并非是要把劳动者和资方对立或者刻意打压资方,而是为了实现劳资和谐的良性循环,提升企业核心竞争力。另外,不少人对于劳动力成本的上升表示担忧,认为会削弱中国的廉价劳动力优势,从而提高出口产业尤其是制造业的生产成本,进而削弱企业的国际市场竞争能力,不利于中国出口的增长。不可否认,他们的担忧有现实依据,但他们只看到了问题的一个方面,忽略的是劳动力成本不是企业降低成本的唯一方式和最有效方式,企业的组织成本和制度成本还有很大的节约空间。

二 劳动者维权意识日益增强

在社会经济高度市场化、社会关系日益法治化的形势下,劳资关系已发展成为社会最基本和最重要的社会生产关系的法律表现形式,它与绝大多数普通民众的日常生活和个人发展有着最为密切的联系。随着劳动者的维权意识觉醒,如何有效保障劳动者合法权益，并不仅仅属于个别劳动者与特定用工者之间私权范围的事情，而是涉及公众利益和社会基本生产关系的重要课题。

我国劳动者长期以来的维权意识都是相对薄弱的，在几千年的封建统治下，少数权贵阶层掌握了居社会生产资源绝对主导地位的土地，劳动者所能支配的、能以此换取生存条件的仅有自己的劳动，有的甚至连自己身体及其附属的劳动都属于权贵阶层的附属物，权贵阶层对劳动者具有绝对的支配权和处置权。在计划经济时代，劳动用工关系的行政化管理模式，使职工必须紧紧依附于企业或者用工方，才能获取更多的生存、生活和发展空间，用工方对劳动者的工作和生活仍然有相对独立的支配和处置的权利。劳动者为获取更宽松的生存环境，往往无暇顾及自身权益被忽略和肆意侵害的现实。即使是改革开放以后，国家通过立法的方式将劳动权及相关权利赋予了劳动者，但思维的惯性仍然让用工方和劳动者未能对自身的法律地位和权利义务进行正确的评判，劳资双方仍然存在强势的支配地位与弱势的被支配地位之间的悬殊，在用人单位缺乏自制能力、劳动者缺乏自治能力、行政司法监督手段缺位的情况下，劳动者权益被侵害的现象仍普遍存在。

由于我国劳动保障法律体系建设较晚，大多数劳动力进入务工领域后，受自身知识结构的限制，法律意识和维权意识相对淡薄。劳动保障法律法规作为现行法律体系的重要组成部分和调整绝大部分民众切身利益法律关系的法律部门，其普及力度还有待加强。另外，劳动者在运用法律途径的过程中，将承担巨大的时间、精力、经济成本和不一定胜诉的司法风险成本。但是，随着新生代劳动者的受教育水平逐渐提高，其自身素质相对较高，即使是农民工外出的动机不只是基于生存需求，更多的是为改变生活方式和寻求更好的发展契机，对打工地的选择不仅仅注重工资待遇，而且关注务工的工作和生活环境、社会保障、劳动保障等，在自身权利受到损害的时候，会选择诸如跳楼、堵路、上访等司法途径外的方式甚至更加极端的手段来维护自身的合法权益。

在当前经济社会改革不断深化、民众法治意识和维权意识进一步觉醒、劳资纠纷日趋明显的形势下，如何有效保障劳动者合法权益就成为重要课题。在面对劳动者群体维权诉求或劳资双方激烈冲突时，首先应对劳动者的集体维权诉求行为给予正面评价，而不能把劳动者正常的维权行为定义为"聚众闹事"，少用、慎用、合理运用行政强制力量。应迅速调查冲突根源，找出解决问题的最佳途径和办法，及时消除矛盾和冲突，避免让问题演变为恶性事件。另外，针对损害劳动者权益的行为要加大查处力度，通过提高劳动侵权行为的违法成本，迫使用人单位提高遵守劳动保障法律法规的自觉性和主动性，依法履行劳动用工中的各种义务，规范劳动用工行为，减少劳动纠纷，使劳动者盲目求职、职业中介坑人、用人单位用工随意的现象有较大改善，促进劳动关系的和谐稳定。因此，各级政府要采取各种手段，有效保障劳动者合法权益，激发劳动者劳动热情、切实维护社会公平正义和法律权威。只有这样，才能保持社会和谐稳定、推动经济社会健康发展。

三 注重提高自身素质、增强市场竞争力

市场经济是竞争经济，市场在配置资源中的决定作用将迫使劳动者不得不通过提升自身的素质，来增强市场的竞争力。因为，企业在对用工人员的选拔时，首先关注的是这个人能不能给企业带来价值，能不能为企业做出贡献，这就是一个双向选择的过程。只有劳动者有更多的技能和特长，才能获得用工单位的青睐和赏识。这就是市场经济的倒逼作用，再也不是计划经济时代的"铁饭碗""大锅饭"，而是按劳分配，按工计酬，干得多干得好就有更好的报酬，干不好甚至是偷工懒工，那就会被惩罚甚至是开除出企业，这就是赏罚分明的市场制度。劳动者在这样的大环境下，就不得不更加关注自身素质的提高，增强市场的竞争力，争取获得更好的就业机会和更高的报酬。

进一步说，劳动者注重自身素质的提高也是经济发展的必然。劳动者素质的提高其实是时代发展的必然要求，劳动者要适应时

代，就要不断学习，提高自我竞争力，适应时代发展的需要。当今中国还处在经济转型期，工业化程度还不是很高，生产方式由劳动密集向技术密集转化还需要一个相当长的过程。虽然经济全球化导致的世界产业结构的调整，给了中国成为世界制造中心从而有可能加快发展的机遇，但制造业，特别是处于产业上游前端的加工制造业将仍然占据主体地位，这就需要大量高素质的制造业人才和高素质精英。要在后金融危机时代赢得主动，找准国际产业发展新方向，坚定不移地调结构、促转变，进一步增强自主创新能力，提高经济增长质量和效益，努力实现可持续发展，更是需要数以亿计的高素质的劳动者，需要数以千百万计的专门人才。同时，经济发展方式转变呼唤劳动者素质全面提升。经济发展方式要从粗放型向集约型转变，在很大程度上取决于劳动力的文化素质，因为科学技术的转移与扩散、科技成果的转化与推广，立足于劳动者的参与与支持，没有文化素质高的劳动力，就没有科技进步所推动的经济集约型的增长。

  劳动者作为市场中真正的主体，面对市场变化需求变化，有着更加深刻的感受。劳动者大军已经意识到了只有提高自身的竞争力，才能获得更好的发展和待遇，市场的强大推动力必将推动我国劳动力素质的快速发展和提高。市场的倒逼机制既对劳动者自身素质提出了要求，更要求政府培养劳动者素质，建立一支现代化的高素质产业劳动大军。这就要政府提高对教育包括职业教育的重视程度，充分认识教育的经济功能，扩大对教育的投入；要充分发挥市场机制，让劳动者参与市场竞争，实现劳动者与生产资料的优化组合，让劳动者不断认识自我，提高自身的文化素质。与此同时，要按照全面实施人才强国战略和建设创新型国家的要求，更加注重引进和培养人才，全方位提升劳动者素质，努力造就知识型、技术型、创新型职工队伍。只有劳动者的文化素质提高了，才能促进我国经济持续、快速、健康的发展，现代化建设的宏图伟业才能不断推向前进。

四 职业选择范围更加广阔，自主就业

市场对资源配置的倒逼机制不仅给对劳动者素质的提升起到了重要的推动作用，而且从市场的角度，为劳动者的自由择业提供可能。城乡一体化进程持续推进，社会人口流动加剧，新常态经济转型升级，都深刻影响着劳动者的就业选择、职业规划，多样、自由、流动已成为新时代劳动者的群体写照。士农工商再也无法完全涵盖所有的社会身份，大量前所未有的职业正在出现；"从一而终"再也不能限定劳动者的职业生涯，跳槽实属平常，创业屡见不鲜；背井离乡描绘着市场经济对劳动力资源的配置，"候鸟般的生活"成为中国大地上突出的社会现象。劳动者职业选择之多样、行业差异之巨大、个体变化之迅速已经达到了相当显著的程度。这为社会带来劳动热情、创新潜能、经济活力的同时，更一次次突破和刷新着我们的旧有认识。

在当今时代，新一轮技术革命驱动生产力飞速进步，劳动的形态也日益多样起来，身处于电脑之后提供服务、奔走于金融市场寻求投资、穿梭于买方卖方搭桥牵线，"互联网+"、金融融资、中介服务等行业已蓬勃发展起来。除此之外，越来越多的求职者、创业者选择了自主创业，如今大把的市场机会就在眼前，早一步出手也许就能更好地开发一个新的市场。从北京中关村兴起的"创客风潮"已经不断扩大，成为自主创业的热点。奔涌的"创客风潮"不仅激发了无数人的激情梦想，也预示着我们将迎来一个"大众创业、万众创新"的崭新时代。

自主就业选择范围的增多，自主创业机会的不断扩大也需要政府的大力支持。推进"大众创业、万众创新"，就要政府通过转变政府职能、建设服务型政府，营造公平竞争的创业环境，使有梦想、有意愿、有能力的科技人员、高校毕业生、农民工、退役军人、失业人员等各类市场创业主体"如鱼得水"，通过创业增加收入，让更多的人富起来，促进收入分配结构调整，实现创新支持创业、创业带动就业的良性互动发展。另外，就业选择的增加，也要

求劳动者根据个人自身特点选择适合自己发展的职业，避免盲目从众心理影响自己的选择。政府应该组织更多有意义的培训教育，来帮助劳动者做好职业规划，为他们提供建议意见。

无论劳动形态如何多样、劳动者就业选择如何改变、劳动关系如何发展，劳动的内核没有改变也不会改变，即用脑力和体力的付出创造价值、改变世界、改善生活。越是社会变迁、技术进步、观念多元，越需要弘扬和传承劳动精神。所以，劳动者最终还是要靠自己辛勤的劳动来创造美好的明天。

第四节　消费者：提高收入，理性消费

随着市场经济的日益深化，社会关系更加错综复杂，市场这只"看不见的手"使产品质量和服务水平不断提高的同时，也使消费者的需求更加多样，选择更加全面，消费要求也不断提高，消费者的自我维权意识也显著改善。同时，越来越多的消费者开始更加注意产品和服务品质和体验，更加注重理性消费、合理消费。

一　产品质量要求提升、更注重情感体验

市场化的发展，不但给企业带来机遇和挑战，也对消费者的需求产生了巨大的影响。随着人均收入和消费水平的提高，消费者的需求结构将逐步趋于高档化。在我国，以商品房、私人轿车、电子信息产品逐步进入城市家庭为主要标志的消费需求已经成为重点。消费质量的关注也越来越受到重视，越老越多的消费者诉讼都可以见诸报道，可见消费者在市场经济发展的今天，已经越发看重产品和服务的体验，产品和服务的质量，这也是市场机制的结果。

人们开始越来越多地关心产品和服务的质量，而不仅仅是局限在单纯的产品提供上面，这主要是由于我国城乡居民收入不断提高，改革开放以来，我国城乡居民收入持续增长。同时，恩格尔系数不断下降，消费意识进入了一个高层次，消费不再意味着满足温

饱，人们越来越重视商品的时尚化和个性化特征，尤其在服装、鞋帽、首饰及室内装修等的消费方面。

现代社会，经济活动的高度市场化和高科技浪潮的迅猛发展，引起了人们生活方式的剧烈变化。快节奏、多变动、高竞争、高紧张度取代了平缓、稳定、优哉游哉的工作方式；电子产品大量涌入家庭，使人们越来越多地以机器作为交流对象。与全新的工作方式和生活方式相对应，人们的情感需要也日趋强烈。正如美国著名未来学家奈斯比特所说：每当一种新技术被引进社会，人类必然要产生一种要加以平衡的反应，也就是说产生一种高情感，否则新技术就会遭到排斥。技术越高，情感反应也就越强烈。作为与高技术相抗衡的高情感需要，在消费领域中直接表现为消费者的感性消费趋向。在感性消费阶段，消费者所看重的已不是产品的数量和质量，而是与自己关系的密切程度。他们购买商品是为了满足一种情感上的渴求，或是追求某种特定商品与理想的自我概念的吻合。在感性消费需要的驱动下，消费者购买的商品并不是非买不可的生活必需品，而是一种能与其心理需求引起共鸣的感性商品。

二　消费者维权意识逐步增强

市场化程度越来越高，消费者的维权意识也在相应地不断提高，2014年3月15日实施的新《中华人民共和国消费者权益保护法》，加强了对消费者的保护。随着新《消法》实施，消费者的维权意识也进一步觉醒，开始自觉地利用法律武器维护自己的权益，各地出现了新一轮的依法维权高潮。这主要是因为我国还有不少企业忽视质量管理，一味追求高产出、高速度，个别单位甚至贪一时之利生产伪劣假冒产品，害己害人。还有的企业对质量概念认识不清，缺乏消费者质量观念，质量意识不健全。像之前报道的各种"毒大米""毒奶粉"事件，都是企业不注重质量管理的典型，在这种现实下，更多的消费者开始拿起了法律的武器来维护自身权益。

尽管消费者的维权意识在不断觉醒，但是，据统计，当消费者权益受损时，也只有22.3%的消费者能主动投诉。消费者维权效果在相当程度上取决于消费者自身的积极性与主动性。消费者意识依然有待进一步加强。现实中,消费者往往会因损失小、怕麻烦或规避诉讼风险等原因而放弃对自身合法权益的维护,无疑是对侵权行为的放纵。所以,消费者应是自己利益的最好维护者,维权意识的觉醒需要消费者加强学习,从我做起,从现在做起,自觉强化自我保护意识,维护自身合法消费权益。

法律赋予了消费者各种权利,不仅包括《消法》规定的一般权利,也包括消费者根据其他法律或与经营者签订的合同而享有的权利。消费者应当了解自己享有哪些权利,在合法权益受到侵害时,才能有法有据地与侵害行为进行斗争。如果消费者对于自己的权利漠不关心或放弃权利,听任经营者侵害,无异于是对经营者违法行为的纵容,届时,受到损害的不仅仅是消费者自身的利益,还包括社会的公共利益,经营者会因消费者的软弱而变得更加肆无忌惮。因此,尊重自己的权利,维护自己的权利,一定意义上也是消费者的义务。

我们鼓励消费者积极为自己的权利而斗争,并不意味着消费者可以无理取闹。消费者应当以一个文明的现代消费者的标准要求自己。首先,消费要求合法,绝不能以消费为名,行偷盗、诈骗之实,在购买商品或接受服务时,应当尊重经营者的人格,爱护经营者的商品。其次,在消费时应当自觉遵守经营者规定的各项合理的管理规章,接受消费场所工作人员的管理。最后,要注意礼貌,言辞举止适度。在与经营者发生纠纷时,应当尽量心平气和地在协商的基础上解决,协商不成时,应通过合法的渠道,如向经营者设立的投诉机构或管理人员或消费者协会投诉,向经营者上级主管部门或国家有关管理部门申诉,申请仲裁或提起诉讼来谋求解决。不论采取哪一种方式解决争议,都应当注意保持文明的形象和良好涵养。

三 消费选择个性化、需求多样化

伴随着生活需要满足水平的逐步提高和生活态度及方式的改变,

直接或间接的生活、消费经验的丰富，消费心理的不断成熟，在心理追求上，由于更多的人"求异"或"优越性追求""自我满足追求"，或为表现个性，或为自我满足，追求个性独立、自由和产品、服务的专属性甚至唯一性趋势愈加明显。首先，随着生活水平的提高，生活领域不断扩大，生活方式多样化，消费生活的范围不断扩延，其需求的领域逐步扩大。其次，心理需要层次的提高，在对具体产品、服务的消费上，追求、关注的方面也越来越广。以前购买衣服穿着合适就行，现在买衣服不仅要合适，还要注重材质、花色、搭配、款式、品牌、适合穿的场合等各个方面。最后，随着环境的变化和一系列条件的满足，人们具备或正在具备追求更高层次生活的愿望和能力。

需求的多样化是高层次化、个性化、情感化的直接结果。随着心理需要层次的提高，需求变得越来越复杂、多样。特别是对于不同的个体，在情感、精神的追求方面将会表现出更大的差异。首先，对同一种生活行为，不同个体表现出千差万别的追求。物质短缺时代，对某项产品或消费属性的需求较为集中。随着物质、精神生活水平的提高，需求属性开始呈现出多样性。整体上追求的属性增多，而不同个人的各种需求属性权重的差异性越来越大；如更加注重食品的具体的成分及其效用等，比如关心是否绿色，是否有利于健美，热量和胆固醇的含量多少，以及口味、口感等。整体上追求的属性增多，而不同人的各种需求属性权重的差异性较大。其次，同一个体为满足某一生活需要表现出更多的需求。如为满足娱乐的需要，可以有打牌、看电影、运动、聚餐等，还可以有旅行、电子游戏、购物、唱歌、蹦迪等多种选择，由生活情景等不同表现出多样性。最后，对于同一顾客，在不同的生活领域其追求的差异性也变得愈加明显。由于生活方式的多样化，人们在不同的生活领域可能表现出不同的生活方式，进而相应的消费需求也会呈现出差异性和多样性。

随着生活水平的提高，越来越多的消费者在消费过程中不再盲目从众，不同社会阶层、文化背景、民族的消费者，会根据自己内心的感受和需求进行个性化消费，在市场上形成多个消费热点，市场上消费品和商家的服务也因此呈现出百花齐放的局面，有利于经济保持稳定发展。企业认识到我国消费发展的新常态后，也就不会再盲目跟风生产，而是更关注发掘企业的内生动力，培育自己的核心竞争力，研究消费者的消费心理，根据市场上消费者的新需求来确定发展战略，满足消费需求。

四　消费方式更加合理，追求理性消费

改革开放以来，随着我国经济建设的持续快速发展，人民群众消费水平和消费质量不断提升，物质文化生活更加丰富。但讲排场、比阔气的铺张浪费现象也日益凸显，不但严重影响社会风气，而且制约着社会的进步和可持续发展。但是随着市场在资源配置中的决定作用越来越明显，市场化的程度越来越提高，人们的消费需求也更加追求合理化，人们更加注重理性消费。这是因为，许多的非理性消费大多来自"三公"消费和政府类消费，随着市场化程度的加深必将得到遏制，在中央厉行节约、反对浪费的背景下，大量公款消费减少了，相应带动了社会整体消费风气，让消费者能够理性思考，合理消费。

其实，非理性的消费心理和消费行为的原因有很多，其中，有炫耀性消费，"炫耀"很大程度上源自"面子"。在人际交往中，个体借助"面子"来彰显社会地位和加强身份认同，并以此固化社会关系。其次就是攀比消费，"炫富"必然导致"斗富"，从消费层面上则表现为"攀比消费"的滋生。这些消费从消费功能的属性上讲，是多余或不必要的。因为这种消费的目的不是满足实际的基本生活或合理的品位需要，而是满足不断追求被制造出来、被刺激起来的奢侈欲望，其所消费的不是商品和服务的使用价值，而更多是它们的"符号象征意义"，是讲排场、比阔气、攀比性的消费。但这些不理性的消费行为毕竟不会长久，企业要靠这种消费需求来谋得长远发展既是不现实的，也是不符合市场机制的作用的。随着奢

靡消费收紧，相关行业去泡沫后，企业面对的是靠理性消费支撑的市场。企业不要抱任何不切实际的幻想，加强市场调研，摸清真实需求，提供符合市场需要的产品和服务，相关行业才可能成功。

不合理的消费不仅要消耗大量的自然资源，还会给社会的发展和文明进步带来严重的负面影响。消费者消费方式更加合理，消费更加理性，这是市场化发展的结果，市场在资源配置中起决定作用的结果，但也要政府的合理引导。因为我们谋求科学发展不是以浪费资源和破坏环境为代价的。节约资源、维护环境的基本要求是要必须做到理性消费和科学生活的，像我们这样一个十多亿人口的大国，如果大家都不能理性地消费和科学地生活，即便通过发展能够使物质财富增长得又多又快，但毫无节制的挥霍浪费将会严重地阻碍整个社会的发展水平和质量。所以，我们全社会也应该在市场化推进过程中适时地提倡合理消费，呼吁全体公民养成良好消费习惯，在全社会营造节约消费氛围，实现全社会的理性消费。

第六章　利用倒逼机制实现资源配置中市场决定性作用的迫切性

从改革开放以来，我国已经历了长达30多年的发展黄金期，多数年份的GDP增长率在10%左右，然而到了2008年，以雷曼兄弟公司倒闭为导火索的金融危机席卷全球，并引发了世界性的经济衰退。各个国家纷纷采取各种措施进行救市，但在如此严峻的形势下依然难以招架，即使是欧美发达国家面临着信贷紧缩，消费不振，经济发展缓慢等问题，特别是欧盟的主权债务危机迟迟难以找到可行的解决办法，不仅如此，近几年来，由于中东政局不稳引发的"难民潮"更给欧洲国家经济社会发展带来了负面影响。而我国经济是以出口作为拉动经济发展的主要动力之一，面对全球经济萧条的局势也不可能幸免，近几十年来，为追求经济总量的增长而采取的粗放的经济发展模式也开始暴露出许多问题。受世界经济大环境的影响，我国经济面临着诸多困境，经济下行压力增大，发展速度一再放缓。然而从另一个角度来看，种种困境所造成的压力可以转化成一种倒逼力量，成为督促、支持我们转变经济发展模式，升级产业结构的动力。在这种情况下，我国应当及时地把握住这一契机倒逼，发现并解决阻碍经济转型、束缚经济活力的问题。

第一节　宏观经济环境恶化，经济形势下行

2008年金融危机以来，我国宏观经济持续受到负面影响，始终

没有摆脱下行压力的影响。如图6-1所示，2008年中国GDP增长率从2007年的14.19%陡降至9.62%，特别是在2012年之后的后危机时代，我国GDP增长率始终在7%上下徘徊，直至2015年GDP增长率下降至6.9%。

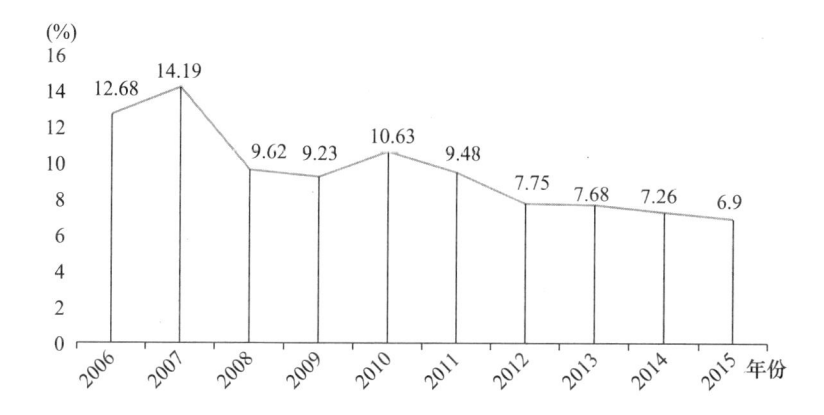

图6-1 中国2006—2015年GDP年增长率

资料来源：《世界银行数据库》。

到2015年年底，全年GDP同比增长6.9%，三大产业对GDP的累计同比拉动比率分别为0.4%、2.5%和4.0%，第三产业较2014年提升了0.3个百分点，第二产业下滑了0.6个百分点，受工业下滑的影响，第二产业持续走低。总体来看，投资颓势难改，房地产和制造业均处于去库存阶段；消费保持平稳。随着供给侧结构性改革的推进，生产层面和金融链条的风险有待释放，面临企业盈利恶化、银行坏账增加等风险，经济见底仍需时间。其中突出矛盾有以下几个方面：

一 产能过剩，经济结构需要继续调整

由于我国工业化发展是在全球化的条件下推进的，产业结构更多地强调比较优势，并按照国际分工体系以及国际需求进行布局和调整，满足了国外对我国生产的中低端产品的需求。这一产业发展战略以及思想在我国改革开放初期这一特定阶段充分发挥了劳动力成本的比较优势，使我国成为全球产业格局中大规模投入、低成本

产出、低技术含量的传统产业的集中区域。而这种过分依赖外向需求的产业结构造成了国内产业结构的低端、固化，减缓了升级压力，导致本应逐步被淘汰或转型升级的低端产业仍有较大的生存空间，在最需要转型的时期不能做出有效的调整。这种产业结构的固化不仅延缓了我国产业结构升级，错过经济结构的战略转型，也存在一旦需求下降就造成大量产能过剩的现象发生。

根据国家发改委、国家统计局、中国人民银行等相关部委披露的有关数据，截至2014年上半年，我国工业企业产能利用率只有78.3%，其中钢铁、电解铝、水泥等这些传统产业的产能利用率只有70%—75%。

钢铁生产方面，中国自2006年建立工业企业产能利用率统计以来，到2012年末，钢铁产能利用率平均为80%左右，总体上处于合理水平。但是，自2012年之后，中国钢铁的产能利用率明显下降，产能过剩矛盾不断激化。目前，我国粗钢产量占亚洲产量的70%以上，长期占据了世界钢铁产量的半壁江山。冶金工业规划研究院统计数据显示，2012—2014年，我国粗钢产能分别为10亿吨、10.4亿吨、12.5亿吨，粗钢产量分别为7.2亿吨、7.79亿吨和8.23亿吨，产能利用率分别为72%、74.9%和65.8%，已经连续三年属于严重过剩。考虑到产能统计不完全，实际情况可能更加严重。2014年中国粗钢产能约12.5亿吨。粗钢产能利用率仅为65.8%。与粗钢产能形成鲜明对比的是钢材需求量的下降。根据该研究院采用下游行业消费法计算的数值，2014年的钢铁需求量约为7.02亿吨，过剩产能达数亿吨。

电解铝行业，我国电解铝产能从2003年的554万吨增加到2012年的2600万吨，年均增速为18.7%，产能过剩问题日益突出。根据《有色金属工业"十二五"发展规划》，"十二五"期末，我国电解铝产能应为2400万吨，而我国"十一五"期末的产能已经接近2400万吨。我国电解铝的产量从2003年的549万吨增加到2012年的1988万吨，年均增速为15.4%。然而，尽管电解铝产能处在高速增长状态，但实际产量、需求量未能达到这一水平。2008—2011年产能利用率均未超过75%。2012年铝产能达2600万吨，实际产量为1988万吨，产能利用率约为76%。尽管电解铝行业产能过剩问题日益突出，而且国家限制电解铝产能政策不断，但仍然难以遏制电解铝产能的扩张，特别是地方政府对电解铝投资的力度始终不减。由于电解铝是高耗能行业，而西部地区电价相对便宜，2010年以来，国内电解铝产能增量的90%以上投向了青海、新疆、内蒙古、甘肃等地。目前，西部电解铝在建产能依然巨大，不但进一步加剧全国电解铝产能过剩，也将面临残酷的市场竞争。由于成本和市场价格的长期倒挂，电解铝企业大多亏损，2012年全国有93%的电解铝企业处于亏损状态，靠地方政府补贴勉强支撑生产，而且劳动力成本、销售费用、管理费用和库存成本的持续上升将进一步加重亏损程度。受国内转变经济发展方式和房地产调控以及世界经济增速放缓、主要经济体需求疲弱影响，电解铝国内外市场需求明显下滑，电解铝行业处于寒冬期。

水泥行业，2015年水泥需求下游行业中房地产和基建整体表现乏力，尤其是房地产投资增速出现断崖式下滑，从而导致水泥需求快速减少，据统计，2015年水泥产量23.48亿吨，比2014年减少1.3亿吨水泥，同比下降5.0%。而需求总量较2013年同期减少超过10%。生产相对过剩，供求矛盾难以缓和。

除传统行业，部分新兴产业也存在过剩的现象，截至2014年，光伏利用率只有不到60%，风机的产能利用率不到70%。这一局面与政府初期的调控不当有关，最终造成产业结构发展失衡。

二 外需对经济增长的拉动作用明显减弱

我国改革开放以来，外贸出口始终是我国经济保持高增长率的主要推动力。为促进投资，保证经济平稳增长做出了巨大贡献。出口有利于创造大量就业机会，除了因销量增加，要求产量增加，从而需要大量人才的外销为主的企业外，还集中表现在加工贸易型企业对就业的促进作用上。加工贸易一定程度上属于劳务输出。在我国出口商品结构中，按贸易方式分类，加工贸易的比重几乎和一般贸易的比重持平，拉动 GDP 增长的同时，加工贸易还带来新产品、新技术，推动对外贸易发展，而且还大量吸纳就业，有效解决中国就业问题。据粗略估计，中国外贸出口每波动 1 个百分点，将会影响中国 18 万—20 万人的就业。我国加工出口的快速增长得益于农村的经济体制改革和农村剩余劳动力转移带来的低劳动力成本，得益于改革开放后实施的出口导向战略，解决了农村大量剩余劳动力就业。总之，出口增加了国民收入，促进了就业及与之相关的居民收入水平的增加、可支配收入增加，从而促进国内消费，消费的需求增长又带动投资的增长间接促进了经济增长。

然而，这种强大的经济推动力并没有持续地进行下去。2008 年金融危机以来，西方许多国家经济遭到了强烈的冲击，欧美地区个人消费能力的减弱，对出口的中国产品的有效需求相应减少。这就导致了外贸对中国经济的推动作用逐渐减弱，对外出口总额年增长率不断降低（见图 6-2 和表 6-1）。2007 年金融危机爆发以前，我国出口总额同比增长率为 18.36%，到 2009 年骤降至 -16.27%，尽管到 2010 年往后出口总额每年都在攀升，但总趋势是一直在下降，与金融危机前的水平不可同日而语。

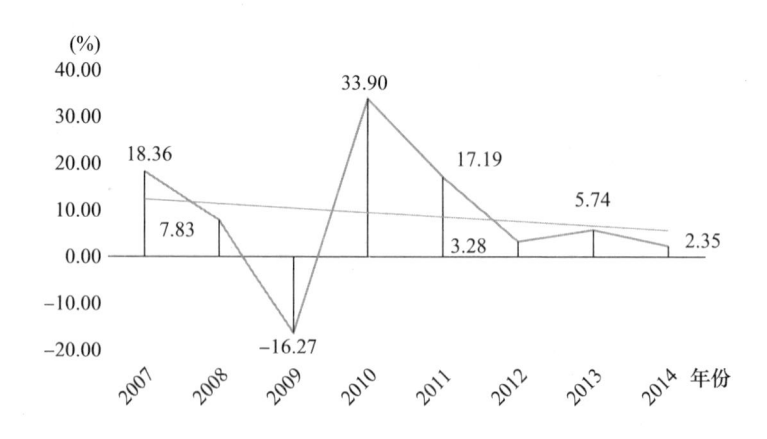

图 6-2　我国 2007—2014 年出口总额同比增长率

表 6 – 1　　我国 2007—2014 年出口总额及每年同比增长率

年份	2007	2008	2009	2010	2011	2012	2013	2014
出口总额（千亿元）	93563.6	100394.94	82029.69	107022.84	123240.6	129359.25	137131.43	143883.75
出口同比增长率(%)	18.36	7.83	-16.27	33.90	17.19	3.28	5.74	2.35

资料来源：根据有关年份《中国统计年鉴》整理。

另外，2006 年和 2007 年，我国出口总额占国内生产总值比重分别为 35.36% 和 34.62%，自此该数字便一直在逐年下降，到 2014 年出口总额占国内生产总值比重降低至 22.34%。由此可见，我国出口贸易在国内经济增长总量上所占比重越来越低，对经济的拉动作用在逐年减弱。

表 6 – 2　　　　　我国出口总额占国内生产总值比例

年份	国内生产总值（亿元）	出口总额（亿元）	比重（%）
2006	219438.5	77597.2	35.36
2007	270232.3	93563.6	34.62
2008	319515.5	100394.94	31.42
2009	349081.4	82029.69	23.50
2010	413030.3	107022.84	25.91
2011	489300.6	123240.6	25.19
2012	540367.4	129359.25	23.94
2013	595244.4	137131.43	23.04
2014	643974	143883.75	22.34

资料来源：根据有关年份《中国统计年鉴》整理。

从未来发展趋势来看，印度、缅甸等其他发展中国家正在走中国当年的发展道路，通过更为廉价的劳动力生产出成本更低的制造业产品。如表 6 – 3 所示，中国近十年人均国民总收入一直在大幅增长,绝对量已超过菲律宾、越南等东南亚发展中国家,这意味着,使用中国的劳动力就需要耗费更多的成本。这些东南亚发展中国家利用其廉价劳动力优势不断吸引曾经设在中国大陆的生产商,不仅吸走大量就业岗位,其生产出来的价格更低的同类制造业产品对我国出口竞争也带来极大的威胁。

表6-3　按购买力平价(PPP)衡量的人均国民总收入

单位:现价美元

年份	中国	菲律宾	越南	柬埔寨
2006	5830	5710	3310	1880
2007	6820	6140	3580	2110
2008	7620	6490	3810	2250
2009	8280	6830	3950	2230
2010	9200	7360	4230	2350
2011	10200	6890	4510	2520
2012	11200	7420	4800	2700
2013	12100	8020	5070	2890
2014	13200	8480	5370	3090
2015	14200	8900	5690	3290

资料来源:《世界银行数据库》。

三　有效需求不足的现象依然存在

就我国现在的经济情况来看,国内的有效需求仍显不足,社会总需求对经济的拉动作用未达到理想状态。内需矛盾相对突出,国内的经济环境以及相关的政策制度不足以拉动需求以及民众的购买欲望。主要表现在:

(一)国民收入的增长相对缓慢

现阶段,我国已经基本实现小康社会,其消费结构也在逐步提升。但是初步小康社会消费结构自身还有不同层次的差异,从微观上讲,在初步的小康社会消费结构中,由于国民收入存在差异性,因此国民消费结构中存在不同层次的消费群体，广大农民以及城镇低收入人群的收入增长缓慢，劳动者的劳动价值被不同程度地压低，再加上最近几年的消费者价格指数相对较高，使居民的实际收入的大幅度提高受到了限制。相当数量的居民消费倾向未能随着经济发展而大幅度提高，影响其消费动机，有效需求难以带动。

（二）缺少有效引导、刺激居民消费的政策制度

一方面，政府缺少合理有效的干预政策来应对压低市场劳动力价值的制度、市场因素。我国是个人口大国，由于历史原因，劳动力资源极其丰富，但相当一部分主要是中低端劳动力，在我国现行的产业结构下，这类劳动力资源总体上处于供大于求的状态，在市场经济的环境下，这势必会抑制劳动力价格的上涨。另一方面，现行的国家政策和相关政策也削弱了居民对未来消费的预期和信心。现行的教育、医疗、养老体制与国民收入增长休制性因素、社保制度改革的进度都不相匹配。面对用于医疗、教育、居住等项目支出以及日常生活消费价格增长过快等问题，居民对未来生活质量预期普遍缺乏安全感。再加上传统的多储蓄少消费观念的影响，为了保证自己的未来的消费能力，现在只能保持相对保守的消费水平。

（三）财政支出结构未能有效拉动消费规模

近几年来，我国的税收收入持续增加，国家统计局公布的2014年税收数据表明在个人所得税起征点提高的条件下，个税税收收入为7376.57亿元（见表6-4），较2013年同比增长12.94%，比2013年国民生产总值8.72%的增速高48%。个税税收收入高于国民生产总值的现象已经连续多年出现。国家税收总收入近几年也保持着较高速度的增长，2012—2014年，国家税收收入年增长率分别为12.12%、9.86%、7.81%。

但是，尽管财政收入的幅度较大，财政支出的结构却未能体现公共财政的要求，满足现有的社会结构对资金投入的需求。财政支出过分地关注投资性支出，在保障公民的公共消费利益的公共产品以及公共支出的提供方面远远不能满足消费者的需求。本应由政府

提供的如治安、卫生、教育、公路等基本社会公共产品供给不足，无法满足社会需求，多数民众需要自掏腰包来购买这类服务，由此必然会影响到国民个体消费能力。即便如此，有部分消费者有足够的财力进行消费，但也没有合适、足够的消费渠道，造成了"有钱也买不到好东西"的尴尬现象。尽管国家财政收入大量增加，但由于财政支出结构不合理，使公共消费水平未能因为财政支出总量的提高而相应大幅增长。因此，我国财政支出应适当调整注重对有效需求的拉动作用。

表 6 - 4　　　　　2010—2014 年我国财政部分数据　　　　单位：亿元

指标	2010 年	2011 年	2012 年	2013 年	2014 年
个人所得税	4837.27	6054.11	5820.28	6531.53	7376.57
国民生产总值	407137.8	479576.1	532872.1	583196.7	634043.4
国内生产总值	408903.0	484123.5	534123.0	588018.8	636138.7
国家税收收入	73210.79	89738.39	100614.28	110530.70	119158.05
国家财政收入	83101.51	103874.41	117253.52	129209.64	140349.74

资料来源：根据有关年份《中国统计年鉴》整理。

第二节　竞争加剧及成本上升，市场经营主体面临生存困境

在经济下行的情况下，我国企业经受着很大的经营压力，不论是国有企业还是中小私营企业都陷入了困境，且两者所面临的问题各有不同。

一　国有企业

（一）国有企业总体经济效益偏低

改革开放以来，中国进行了几次较大的国有企业改革并延续至

今。经济体制已经发生了巨大的变化,在各个所有制经济中,公有制经济所占的比重不断下降,非公有制经济迅速扩大。在全国政协十二届一次会议上,时任全国工商联主席王钦敏透露,截至2013年,"非公有制经济对基础设施的投入占的比重超过60%,也反映它的力度。非公有制经济税收贡献超过50%,GDP所占比重超过60%,就业贡献超过80%",并且相对于公有制经济占比依然在增加。与此同时,作为公有制经济的重要组成部分,关于国有企业的改革也在随之进行,这几十年的改革历程始终围绕着"政企是否分开",国有企业是否应该拥有自主经营权,公有制是否应该混合所有等问题展开。各方力量不断地进行着博弈。

不可否认,国有企业改革已经取得了丰硕的成果,不少地方大型企业经过改制重组之后重新焕发活力,一批批国有控股企业脱颖而出,成为区域行业的领头企业,不仅如此,公有制经济也发挥了集中优势,为国有经济可持续发展增添了资金支持与动力。如2016年我国进入世界500强的企业已经达到110家,数量仅次于美国。然而,国有企业改革遇到"瓶颈"。改革初期,政府为调动生产积极性,提高生产效率,只是一味地放开企业自主权,却刻意避开了产权制度改革。而且改革具有针对性,抓大放小;而对外围行业的中小企业却是无序放开,粗放管理。不少国有企业为了维护政府部门和利益集团,利用政府的力量对不少重要行业进行行政垄断,企业核心技术发展创新缺少内部动因。而且国有企业的内部委托代理制度存在缺陷,既无法对经理人产生激励,也不能对其他员工产生生产动力,导致国有企业生产、发展后劲均不足。行政垄断成为国有企业改革的绊脚石,某些国有企业通过行政垄断操纵价格,并对行业市场进行操纵,从而占据行业大部分市场份额。而且国有企业受国家扶持,导致部分企业没有破产之忧,甚至形成了数量不少的"僵尸企业",不仅不能产生利润,还不断地消耗政府提供的资金。总之,部分国有企业缺乏技术创新的同时,也没有了高效管理能力以及相配套的激励制度,内部管理水平低下,氛围散漫,使它们的发展前景黯淡，亟待转型。

(二)"企业办社会"现象加重财务负担

由于历史的原因，企业办社会现象非常普遍。从个人的角度来讲，工作单位不仅仅是一个通过劳动来实现自己个人价值的地方，更是一个社会缩影，其内部完整的配套设施能够满足人的各个需要。个人所面临的工作生活问题无须去外面，完全可以在企业中解决。事实上，单位外部也不存在社会化的渠道和空间，整个社会已被压缩到单位中。单位承担了各种社会职能，包括饮食、服装、娱乐甚至是孩子上学等职能。企业办社会的直接效果是每个企业都是一个相对独立的社会系统，企业为职工提供"从摇篮到坟墓"的一揽子社会福利。

目前，"企业办社会"现象虽有改观，但在相当一部分国有企业中依然存在。从长远来看，将会严重影响市场经济有效运作以及社会经济的健康发展。从微观经济分析，"企业办社会"会使企业背上严重的财务包袱，企业生产成本增加资金紧张，管理繁杂混乱，经济效益受到束缚，发展步履维艰。2013年党的十八大召开前夕，时任国资委主任王勇指出，中央企业尚有"医院、学校和管理的社区等办社会职能机构8000多个"，对这些机构的费用补贴每年多达几百亿元。

另外，"企业办社会"制约了保险事业的社会化。建立新型社会保险制度的重要前提就是将国有企业目前所承担的职工福利保障职能转移出去；并且，"企业办社会"使职工用于生活的福利性以及服务资源的分配僵化，无法根据各个参与者的需求而进行及时有效的分配，影响服务市场的形成。

(三)"冗员"现象导致人力资源利用效率低下

长期以来，我国关于就业问题的解决思路主要是"高就业，低工资"。这一思想在20世纪50年代对解决我国当时旧社会遗留下来的失业问题起到了积极的作用，提供了大量的工作岗位。但同时，它又掩盖了生产资料和劳动者之间的矛盾，即进入企业的劳动者不能和生产资料实行充分有效的结合，少数几个人就能完成的工作却安排了更多的人上岗，致使"隐性失业"广泛存在。这不仅使企业负担沉重，而且降低了劳动生产率和经营效率。随着改革的全面深化，国有企业的"冗员"问题已经严重影响到了社会生产力进一步提高以及经济体制改革的进程，到了非解决不可的地步。国家统计局的统计显示，截至2014年，我国国有企业就业城镇人员达到6312万人。估计富余职工占到1/3甚至更多。以石油行业为例，在《国有企业重回市场》的分论坛中，国有重点大型企业监事会主席季晓南曾在主题演讲中提供以下数字：2013年年底，中石化拥有员工106万名，中石油106万名，而国际大型石油企业壳牌公司拥有员工9.7万人，美孚公司10.4万人，相差巨大。按照国际大公司标准中石油、中石化这类企业最多有30万人就够了。在一些劳动密集型的传统行业中，如纺织、煤炭、机械等，国有企业的"冗员"问题更为突出，超额的人员不仅不能提供更多的生产力，反而需要更多的资金来维持企业的运转，全国每年用于国有企业富余人员的支出占相当大的比例，使相当多国有企业处于亏损之中。严重的"冗员"问题，不仅使国有企业人力成本居高不下，制约了企业的盈利能力，大大削弱了国有企业在市场经济中的竞争力，也严重拖累了企业中非富余人员的工作积极性，因此，在深化国有企业改革过程中，有效解决"冗员"问题，削减超额人员成为一个无法绕过去的大难题。

（四）企业管理制度僵化低效

企业管理是适应组织外部环境和内部条件的变化，有效地整合、配置和利用有限的可获资源，以实现企业既定目标的动态、创造性的活动。在我国的国有企业管理理念中，一直是将管理理解为通过计划、指挥、人事等控制企业，并使企业按照规定的方向和规则进行运作，这一理念单纯地强调了企业的运营状态而完全忽视了创新在管理中的重要地位，导致我国国有企业管理长期效率低下。在当今世界知识经济迅速发展与经济全球化趋势日益加强的形势下，企业面临的竞争环境发生了很大改变：从国内、区域性竞争变为全球性竞争；从一般的规模、成本竞争变为创新能力和获知能力的竞争。在中国逐渐走向世界，融入国际经济的大背景下，我国国有企业也不得不直接面对国外的优秀企业，参与国际竞争。在激烈的竞争中，自身在管理、经营和创新等方面的问题不断显现。尽管我国国有企业也在学习和探索欧美先进的管理思想和经验，但在我国由计划经济向社会主义市场经济转轨的背景下，国有企业避免不了会带有一定的转型色彩，并出现了许多问题，其中主要有以下几个方面：

1. 决策程序不科学

产权制度不完善，不明晰，导致了国有企业不能给企业决策者提供一个能够追求长远利益的稳定预期与博弈规则。决策者的利益与国有企业的经营情况没有长期的联系，导致企业决策者在管理方面投入动力不足。不仅如此，国有企业中相当一部分决策者是由政府直接任命的，其中有的决策者并没有现代企业管理的知识以及经验，政治色彩浓厚不讲规则。这样的委任制度既会使有能力的决策者缺乏责任意识以及有效管理的动力，也会造成部分没有企业管理能力的决策者进行错误的经营管理，影响管理效率，影响企业的长远发展。

2. 升职机制存在问题

国有企业管理岗位选拔采取资深职位制，企业管理模式对职工业绩的肯定除了提高薪金外，更多采用升职的方法。但是，在选择提拔的过程中更多的是依据员工的工作年限与经验，使一些技术专家升到管理岗位上以后不能胜任管理工作，年轻而具管理能力的人才又不能得到提升，造成人才调配不科学，人力资源的极大浪费。

3. 管理"以物为主"

国有企业在管理理念上"物本"观念突出，强调对资金、厂房、设备等物质性生产资料的管理，而对"人本"管理有些忽视，对企业员工进行的是生产要素式的管理，通过计划指挥的方式让其按照指令操作，管理缺乏人性化，其员工的生产积极性和生产效率也远没有在现代企业管理制度下高，导致国有企业人才流失严重。

二 民营企业

和国有企业受到各种"优待"相比，民营企业一方面要与其他民营企业进行激烈的市场竞争，与国有企业不对等的关系上进行合作、竞争；另一方面也要加强与政府的联系，生存压力极大，主要表现在以下几个方面。

（一）劳动力成本的上升压缩了利润空间

民营企业以劳动密集型的传统产业为主，相对于国有企业及外资企业，民营企业的劳动力成本是最低的，这也是其一大竞争优势，大多数民营企业以低廉的价格吸纳了大量的劳动力，生产出价廉质优的中低端产品，在行业中站稳了脚跟，成为我国经济结构中不可缺少的一部分，也为我国经济快速发展做出了巨大的贡献。但是，作为民营企业最主要的竞争优势，人力成本的上升也极大地影响了民营企业的存活与发展。这种影响主要有：

1. 劳动力成本的上升

根据中国中小企业发展促进中心发布的《2015年企业负担调查评价报告》显示，79%的企业反映人工成本快速攀升，比上年提高了10个百分点，仍是企业反映的突出问题。

如表6—5和图6—3所示，2005—2014年，我国城镇在岗职工平均工资一直保持高速增长，由2005年的18364元上涨至2014年的57361元，涨幅达到200%以上。年平均增长指数为10%左右。作为衡量通货膨胀率的重要指标，居民消费价格指数一直保持在99—105之间，增速低于在岗职工平均工资增长速度。从表格上来看，一方面，如此高速的平均工资增长率给用工企业带来了极大的成本压力；另一方面，通货膨胀的存在，会降低实际购买力，导致生活成本的提高，从而推动用工成本的上升。劳动力成本的上升，会增加中小民营企业产品成本，产品成本的上升最终会传导到产品的价格上，从而推高物价。如此相互作用、相互影响，使物价和人力成本螺旋式交互上升。这样不仅会不断助推通货膨胀,而且劳动力成本的上升,也会降低企业利润,给企业的生产经营带来极大负担。

表6-5　　　　　城镇单位在岗职工平均工资变化情况

年份	城镇单位在岗职工平均工资（元）	城镇单位在岗职工平均货币工资指数（上年=100）	居民消费价格指数（上年=100）
2005	18364	114.6	101.8
2006	21001	114.4	101.5
2007	24932	118.7	104.8
2008	29229	117.2	105.9
2009	32736	112	99.3
2010	37147	113.5	103.3
2011	42452	114.3	105.4
2012	47593	112.1	102.6
2013	52388	110.1	102.6
2014	57361	109.5	102

资料来源：根据有关年份《中国统计年鉴》整理。

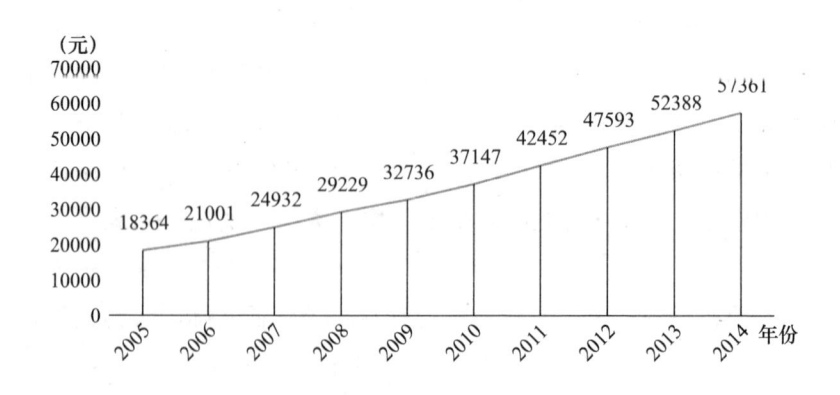

图6-3　城镇单位在岗职工平均工资增长情况

2. 缺乏竞争优势

很多中小民营企业，没有核心技术，低成本是获取竞争优势的重要手段。人力成本的上升导致企业的经营成本上升，企业的利润空间被压缩。尤其是对产品附加值低、市场竞争激烈、利润空间狭小的劳动密集型企业来说，人力成本上升使这部分企业面临巨大压力，甚至陷入了破产关闭的困境。

3. 税收负担过重

中小型企业现阶段普遍存在的税负偏高现象，其原因一方面是重复收税现象严重。现代经济不断进步的背景下，商品流转和生产环节不断增多，涉及增值税和营业税重复相互交叉的地方，就会出现重复收税的现象，增加中小企业的税收负担，中小型企业本身因为各项工作没有明确的区分，许多环节是模糊的，这样就更加造成税负核算的重复。2016年5月1日起，营业税改征增值税试点全面推开，以期减少重复征税，减轻企业负担，至于改革效果如何，是否能够从根本上降低企业税负过重的问题，需要进一步研究和探讨。

另外，各项费用的支出不断增加，一般的企业在缴纳各项社保和个人所得税的同时还增加了印花税、办税平台维护费等多种费用，给本身经营规模较小的公司增加了负担。

2013年工信部对31个省份的3000家企业进行取样调查，其中有效企业样本2282个，数据显示，企业已交税金占营业收入比重为7.8%。74%的企业反映税收负担比较重。被调查企业各项缴费支出在主营业务收入中占4.05%，其中，行政事业费支出占1.26%，政府性基金支出占0.67%，行政许可、审批相关的经营服务性支出占0.83%。其他涉企收费，包括行政付款、摊派、培训、赞助、评估、参加各项评比活动缴费等，占被调查企业主营业务收入的1.29%。这对企业主是个不小的负担，压缩了中小企业的利润空间，降低了竞争优势。

（二）国际经济动荡影响外贸型企业生存

首先，许多国外企业不断地降低进口量，甚至倒闭，导致我国的外贸企业相当一部分需求受到极大的影响，订单量直线下滑。

其次，部分中小企业难以在短期时间内筹集到足够的流转资金，一旦出现融资困难，将面临破产风险。

最后，许多国家在遭受金融危机重创以后，难免有贸易保护主义抬头的倾向。一些国家纷纷出台政策限制或者限量进口国外产品，鼓励国民选择购买本国生产的产品，以抵御一部分经济危机的影响。另外，由于人民币不断升值，而其他国家的货币大部分处于略有贬值的状态，这就客观造成我国外贸企业在出口贸易中将面临更为严峻的处境，需要克服更多的困难和阻力。汇率风险的加剧也增加了我国外贸企业出口量的不确定性，由于外贸企业难以准确把握汇率的升降，而对于国际贸易中的盈亏性缺乏信心，进而导致外贸企业不敢接合同期较长的订单。

（三）中小民营企业缺乏有效融资渠道

企业融资困难的问题已经严重影响了大批民营企业的正常生产运转，甚至导致相当一部分已成规模的企业停业甚至破产倒闭。2011年温州大批老板"跑路"事件就是一个爆发点，其很大原因就是在全球经济萎缩的背景下国内银行纷纷收紧银根，导致企业融资困难，切断了最主要的资金来源，最终因资金链断裂而破产。最近几年我国政府已经重视并试图解决这 问题，但依旧困难重重。其主要表现在政府以及企业自身两个方面：

从政府的层面来看，问题主要表现在：

（1）缺乏公平竞争的融资环境和法律法规保障。一方面，国家的信贷政策不连贯，造成了实际执行过程中频频发生"一刀切"的现象。使大量的中小企业很难获得银行的信贷支持，特别是在2008年金融危机发生之时，银行抽贷的现象频发。另一方面，国家的税收优惠政策对民营企业支持力度远远没有达到如同国有企业般的待遇。最后，我国缺乏对中小企业融资合法权益保护的法律法规，相关的法律制度建设滞后。

（2）政策性金融机构支持乏力，中小企业信用担保体系不完善。由于民营企业担负着增加居民收入、维护社会稳定以及解决城镇就业等责任，因此政府应当通过建立政策性金融机构为民营企业提供充足的资金支持，这应当成为政府解决中小企业融资困难问题的主要解决途径。虽然已经有例如国家开发银行等政策性银行，理论上应当为国家重要产业项目提供资金支持，但实际上这类政策性银行都无法专门为中小民营企业提供融资服务。

（3）企业融资缺乏有效的金融中介机构。我国的融资市场目前存在结构上的矛盾。一方面，投资公司以及金融机构有大量的资金尚未投放；另一方面，民营企业缺乏融资路径，无法从中得到足够的资金。近年来，原先一些定位于专门为中小企业提供融资服务的信用合作社纷纷合并、发展成为合资银行，而相应的服务对象也发生了变化，成为主要为大型企业服务的机构，这样导致了中小企业融资渠道越发狭窄。随着商业银行改制后信贷权力的回收，再加上市场竞争愈加激烈，导致一些中小企业销售压力增大，大量资金压在了生产环节，应收账款增多，资金周转不畅通，不能正常运转，再加上商业银行缩减信贷规模，减少放贷量，这更加剧了中小企业的融资压力。

从企业自身来看，问题主要表现在：

（1）中小民营企业在融资问题上存在认知偏差。许多中小企业对自身负担风险的能力的认知存在偏差。中小民营企业主要偏向于快速发展，导致经营、资金问题。从财务角度上看，许多中小型企业缺乏专业的管理人才，在债务管理、资金运用方面没有系统化的知识，从而导致过多的债务无力承受而最终将企业拖垮。不仅如此，中小企业对债务履行上缺乏正确的认知，不注重信誉，对履行债务的义务不够重视。由于债务信用的问题，使银行贷款风险大大增加，从而也影响了银行等金融机构对中小企业放贷的积极性。

（2）中小民营企业的生存风险使金融机构放贷风险加大。由于中小民营企业自身的不稳定性以及相对较低的存活率，价值在市场经济波动中的脆弱性，导致金融市场对其减少放贷。据统计，我国有近30%的中小民营企业在两年内会退出市场，近60%会在四五年内消失，如此高的倒闭比率，使金融机构对中小民营企业放贷更加慎重，再加上相关的审查分析成本高，这更降低了金融机构为其信贷的意愿。

（3）中小民营企业规模小，抵押担保难。抵押和担保是金融机构对信息不透明的中小民营企业提供贷款时保护自己利益的主要工具。如果不能提供抵押和担保，在申请贷款时，要么面临信贷配给，要么面临着不利的贷款条件，导致中小民营企业难以满足金融机构的贷款条件，使获得贷款的机会大大降低。

第三节　政府失灵导致行政手段对经济发展产生束缚

政府失灵就是指政府在运作过程中，力图弥补市场缺陷，却又不可避免地产生另一种缺陷，即政府活动的非市场缺陷。也就是说，政府为了弥补市场的缺陷所采取的行政立法、制定政策等各种非市场性手段，在实施过程中往往会出现事与愿违的结果和问题，最终导致了政府干预经济的低效率以及社会福利的损失。

一　过多的行政指令抑制了市场经济的发展活力

总的来说，政府对社会经济活动的干预，是一个涉及面广、内容错综复杂的公共政策制定和实施的过程。做出一个正确决策的必要前提就是以充分可靠的信息作为依据。但这种信息是来自市场中无数个体行为者，并在各个个体之间进行发生以及相互传播。政府很难将这些信息完全占有，并就其可靠性进行筛选以保证所利用的信息的真实性、有效性。加之，现代社会化市场经济活动的复杂性和多变性，增加了对经济活动信息的全面掌握以及分析处理的难度。这种情况很容易导致政府的决策失误从而为市场经济活动带来难以估量的损失。政府干预经济的局限性主要表现在以下两个方面：

（一）过多的行政指令会影响市场经济运行的有效性，从而阻碍经济的增长

不仅仅是经济增长的阶段，在经济的衰退阶段也会引发政府的经济行为。但仅仅依靠政府的行政力量来干预经济以实现经济的稳定增长还是存在较大风险的。特别是在计划经济体制下，如果仅依靠政府的权力来创立、发展国有企业，以期通过行政手段管理国有企业进行生产运营，满足国内生产消费需要，那么在以市场在资源配置过程中起决定性作用的今天，由于国有企业经营机制的不断僵化以及内部管理方面的缺陷，会使大量国有企业运转困难，亏损严重，甚至产生资不抵债的现象。在这种情况下，为了挽救这些濒临破产的国有企业，政府会利用行政手段对这类国有企业进行支持，以解决国有企业现有的经营危机，表面上国有企业的问题得以缓解，但从本质上讲，这种行为不仅阻碍了经济市场化的改革，并且保留下了大量本应淘汰的产业，带来的资源上的无效配置，阻碍了经济长远的发展。

（二）经济体制转型时期，政府干预的明智和自觉性有限

在发展市场经济的过程中，政府的行为的确能够减少经济体制的转轨时间、规范社会转型期中的无序现象、减少矛盾和混乱的作用，但是，政府还可能人为地制造出一些不利于经济转型期的因素，这就增加了转型过程中的混乱以及无秩序的现象产生。那么从历史的角度来讲，计划经济的制度是靠着国家的权利而建立以及维持的，使许多政府部门以及官员能够与其产生共生共荣的联系。由于这种政府部分官员与计划经济存在或多或少的利益关系现象的存在，因此在决策的过程中有时未能产生最有利于市场经济改革、发展的政策制度。

二 政府职能不完善，职能转变存在困难

我国政府职能的转变是与政府机构改革紧密相连的，政府机构改革的核心内容是政府职能的转变。30多年来，我国政府职能转变取得的成果是不争的事实。然而，由于其过程是艰难的、曲折的、复杂的，因此不可避免地存在不可否认的问题与缺失。其原因主要在于：

（一）政府职能转变的理论准备与事先设计不足

纵观我国30多年的政府机构改革与政府职能转变历程，至今没有形成自成一体的改革理论，也没有完备的理论支持，没有理论的前瞻性指导，没有超前的制度设计与制度安排。现阶段我国处在社会与经济的转型时期，在由计划经济向市场经济转型的过程中，尽管充满了新权威主义和市民社会理论的争论，但我们对政府在转型过程中，究竟发挥何种作用，作用发挥到何种程度，政府职能转变到什么程度，转变的方式与方向是什么，却没有清晰的认识，更没有形成符合我国国情的政府改革理论。这就造成了政府机构改革具有随意性、反复性、成本高、具体目标不明确等问题。由于机构改革与政府职能转变没有理论的支撑与前瞻，每次改革均缺乏事先具体的设计，改革的基本程序没能遵守，本应事先设计职能，后建立机构，再安排人员，而在历年改革的现实中则是先合并机构与人员，再设计职能，因人设事，职能设计不科学，出现职能缺位、越位、不到位及重复设置等现象，严重影响了政府行政管理的效能。

（二）政府职能转变难以突破体制的羁绊

机构改革是政府职能转变的物质承担者，我国政府职能的历次转变都是随着政府机构改革而提出并实施的，是以机构改革为切入点来转变政府职能。这就使政府职能转变仅仅囿于政府机构改革的范围与内容，实质上限制了政府职能的转变，也使政府职能转变具有了功利性色彩，同时，也导致政府职能的转变不彻底，一个可以观察到的事实是，几乎每次政府职能转变后，政府职能机构的设置很不稳定，常常是职能转变中分开的部门在改革后又重新合并在一

起；在改革中被裁减的职能部门在改革后又重新设置，政府职能转变流于形式。政府职能转变的关键在于对行政权力格局的深层次的调整与制度设计，这是一个具有全局性、超前性、引领性、深刻性的制度创新问题。政府职能转变作为创新的制度安排应指导政府机构改革，而不是政府机构改革引领政府职能转变。

（三）忽视社会职能、公共管理职能的建设

由于我国政府机构改革是政府主导型的，改革的目标是适应经济体制改革的需要，因此，政府机构改革历次调整均以经济职能为主，而调节收入分配、化解社会矛盾、维护社会公正、保持社会稳定、强化危机管理的社会职能与管理公共基础设施、公共教育、公共卫生、就业、社会保障的服务职能相对较弱。这是造成社会不和谐、贫富差距大的重要原因。

（四）政府职能转变没有制度保障

政府职能转变是一个解构和重建的过程。在政府职能转变的过程中，一方面旧有制度渐趋解体，另一方面新的制度不断建立。只有保持制度解构和制度重建之间的平衡，政府职能的转变才不至于产生紊乱。对于我国政府职能转变而言，随着旧有制度的瓦解，新的制度并未随之建立，导致制度真空的出现。表现为：与经济紧密结合的政府权力缺乏必要的制度约束，从而导致政府职能行为的失范。比如，大部制整合职能没有制度依据，决策、执行、监督职能三权分立，没有制度依据，因此，政府机构行使职能的行为缺乏制度化和规范化，充满了随意性和不确定性。之所以如此，原因在于政府职能转变缺乏法治基础，即没有以法律的形式和法的精神来巩固政府职能转变的成果，而是以政府文件的形式来宣示政府职能转变的成果，未上升到法治的高度，如此，政府职能转变就容易流于形式。

（五）社会力量薄弱，缺少足够的自治力

社会力量的成长与壮大是政府职能转变的必要条件。一方面，一个社会在包括经济、政治、文化生活等各个领域具有了足够的自主性和自治力，意味着社会自身的成熟与完善。由于社会具备了较强的自我管理、自我协调、自我服务的能力，能够通过社会自身的力量与机制化解社会矛盾，解决社会问题，满足社会需求，因此社会对政府的诉求减少。另一方面，由于社会主体性力量得到充分发展，使社会形成了对政府行为的巨大约束力，社会需求的增长固然是政府规模扩张的基本动力，然而成熟的社会系统同样也可以制约行政机构的膨胀与政府职能的越位。如果社会具有较强的自我满足机制与功能，那么，它可以限制政府规模扩张的倾向。

　　显然，社会自身的自我管理、协调和服务机制的缺失或者失效，才是政府规模扩张的直接原因。由此可见，政府职能转变与政府转型的真正实现，必须以社会力量的健全为前提，社会必须具有足够的自治能力以便承担起从政府机构分离出来的职能。否则政府职能转变和机构改革都不可能真正成功。由于我国一直以来存在的是"强国家""弱社会"的社会形态，国家和政府垄断了几乎所有的社会资源，并对社会生活进行全面的干预，社会严重依赖于政府，丧失了自主自治的能力。虽然在30多年的改革中，社会在不断成长，但是远没有达到社会自治的程度。在改革过程中，政府通过职能转变放弃了一些公共事务的管理权，但职能转变并不等于职能消失，政府原有的职能为新的职能所取代，而原有的职能必须有新的承担者。由于社会没有相应的力量和机构或没有足够的能力去承担这些分离出来的职能，反而增加了社会的混乱与失序，最终政府还是不得已要自己重新担起对这些公共事务的管理职能，因而使职能转变的目的无法达到。可以说，这正是我国历次机构改革成效不大的症结所在。由此可见，对于我国而言，要使政府职能转变取得突破性的进展，必须使社会自身的自我管理、自我协调、自我服务的能力得到充分的发展和完善。

　　三　政策落实过程中效率偏低，缺乏有效的监督机制

　　监督机制，在很大程度上对现实的权力滥用、权力旁落等现象进行了有效约束，从而提高了政府的工作效率，加快政策落实，对社会经济发展起到了积极作用。而责任政府的真谛并不完全在于限权，它更多的意义在于如何界定自己的责任、主动去履行责任，这就对监督机制提出了更高的要求，带来了更多挑战。然而，在监督机制履行责任的过程中，情况并不容乐观。因为有效监督机制的缺失，导致部分政府部门在政策落实过程中出现了效率低下、落实不力等问题，甚至发生了许多社会突发事件与责任事故。主要存在以下几个问题：

（一）监督主体力量薄弱

作为政府部门内部监督的专门机关——纪检监察部门，被赋予了包括调查权、检察权、行政处分权以及处理权在内的较广泛的监督权力。但监察部门一般于行政系统之内，接受体制内各级政府部门及上级监察部门的双重领导。一方面，这会提高监察效率，有利于及时掌握和了解监察对象的信息。另一方面，这会严重地影响到监督的独立性和公正性。因监察机关的人权、事权等均受制于同级政府部门，这就使其在行动时顾虑重重，畏首畏脚，严重制约了监察部门监督职能的发挥。

（二）监督动力有限

现有的政府监督，主要是以内部监督为主，即国家在行政机关内部设立的专门机关，对其国家行政机关及其工作人员是否遵守国家法律和纪律或对有关公共事务的处理是否符合法律和政策予以检查、调查、处理或提出建议监督方式。而内部监督中又以等级监督，特别是上级对下级的监督为主。虽然这能明确自身职能、确保政府组织的运作效率，但也容易存在包庇、敷衍等问题。一方面，由于上级政府的监察能力以及注意力是有限的，无法对所有需要监督的事件进行充分了解和监控，加之官僚制依靠组织层级传递信息所不可避免的信息失真，在很多时候会屏蔽掉一些能证明违规行为的关键信息，这就导致很多违规行为未能及时发现，受到应有的处罚，有些事件即使被纳入监督视线，最终也因为信息不足、下级包庇隐瞒而最终不了了之。另一方面，上级政府或专门的权力监督机关通常与责任事件距离遥远，更与需要监督的事件没有直接的、明显的利益关系，因此他们通常缺乏实施监督的深层动力，也难以对部分欲从事自身利益性活动的官员产生足够的威慑力。

（三）监督形式单一

行政监督活动是一种连续性、经常性的活动，凡是有行政管理的活动，就应伴随着对行政管理活动的监督，运作与监督两者不可或缺。由于现实中，大多数监督是事后监督，只有那些已经造成社会影响的较大事件才能被纳入考察的范围，而对于关系民生但又不至于影响全局的事件一方面往往不受重视，另一方面这类事件不能提前预知、预防，最终导致负面事件发生，群众利益损失。在这三个环节的监督中，对于行政决策的监督，即事前监督是最为重要，也是最难实行的。行政决策一般总是由核心领导层做出来的，但由于行政监督机构自身地位较低，无法参与到行政决策中来，自然也就无法对决策进行监督。从而无法对事前和事中进行控制，只能偏重于惩罚性的事后监督，以至于造成过多行政偏差，忙于"查错纠偏"，容易陷入"头痛医头，脚痛医脚"的困境，既难以抓住根本问题，容易顾此失彼，陷入消极被动的局面，也无力追究行政决策者的责任。

（四）监督内容重限权轻履责

现有监督主要的实施办法是对违规的政府人员进行处罚，比较偏重于对违规的腐败行为、失职渎职现象的制约，这在一定程度上约束了现实中权力滥用、权力旁落等现象，但却忽视了对非最优行为和非最优效率的制约，即忽视了对政府行政人员工作效率和质量的监督。许多政府行政人员形成了不求有功但求无过、明哲保身的职业心态和行为习惯，给国家的行政管理和社会发展造成了巨大的隐形损害，懒政、怠政现象经常出现。虽然就某个公职人员的影响力而言，这种行为的消极影响不及违规行为大，但非最优行为。一旦在公务员工作中成为一种普遍现象，成为一种职业的准则，将限制政府职能的发挥，严重影响国家的行政效率，甚至可能置公民的

第六章　利用倒逼机制实现资源配置中市场决定性作用的迫切性　155

利益侵害于不顾，置国家人民的生命财产安全于脑后。

(五) 监督法制化程度低

我国在行政监督的相关法律法规建设上做了大量的工作，出台了诸如《行政监察法》《公务员法》《行政处罚法》《行政诉讼法》《行政复议法》等法律法规。但是从上述对相关法规的文本分析中，我们就能很直观地看到这些法规的具体规定还很不完整不健全，对于有些方面进行重复规定，而有些方面则仍是空白，影响了法律法规的有效性和权威性，进而影响了管理效率。

四　政府过多干预为"寻租"行为的产生提供了可能性

"寻租"是个人或者团体为了寻求自身利益而对政府以及政府决策施加影响，以争取有利于自身的非生产性行为。例如，企业通过非法手段向政府争取特惠优惠，改变政府对该行业的干预政策从而获得政府特权支持，以达到垄断市场的目的。在这种情况下，掌握相关权利的政府官员有可能会受到金钱或者其他报酬的诱惑做出有利于寻租者而不利于公众利益的决策。我国目前正处于转型期，政府角色正从"全能型政府"向"服务型政府"过渡，经济体制正从传统的计划经济体制向社会主义市场经济转轨。但这一转变仍处于初级阶段，政府的定位仍不明晰、角色不明确、相关制度空白、干预过多、执行不严、监督不到位、市场竞争制度不完善等问题依然存在。这些矛盾为政府的寻租提供了现实条件，进而带来了更严重的问题，对经济发展以及政府的管理效率带来了负面影响。

(一) 寻租行为会导致政府腐败

吴敬琏认为，中国的腐败恶性循环是通过租金的创造和租金的寻求来更新的。从租金与贿赂的交换中获利的政府官员与商人试图保持或扩大现有的创租权范围，由此导致更多的腐败。寻租性腐败行为对经济发展、社会稳定以及政府执政能力有着极大的负面影响。首先，寻租性腐败行为会导致行政效率低下。建立服务型政府第一点就是提高行政效率，现阶段大部分体制改革就是为了要精简机构、明确职能、加强监督、提高行政效率，但是腐败问题无疑是与其相悖的,而且影响经济增长。其次,寻租性腐败行为会浪费大量的资源,寻租行为是非生产性行为,不会增加社会财富,这种低效率再分配过程必然会减少社会总财富。再次,腐败现象使市场机制难以有效运作、交易费用大大增加,影响市场参与者的合理公平的竞争,进而阻碍经济的长远发展。一国经济的健康持续发展需要一个好的市场体系,好的规则以及合理的政府职能。这种寻租性腐败行为无疑影响了政府的高效管理,破坏了经济的良好运行,最终导致了一系列经济发展问题甚至是社会问题。因此必须除掉寻租性腐败这一毒瘤。

(二)寻租严重损害了政府运行的效率和公正性

政府公共权力部门掌握资源,寻租者与其进行接触,一方面寻租者需要花费一定的财力、物力去接触政府官员以实现自己的经济利益,而政府官员在为寻租者谋取特权时也相应地耗费掉一定的时间成本与经济成本,无形中,政府官员自己消耗了一定的资源在寻租这一活动上。寻租行为本身也会增加一定的公共成本,因为寻租者和被寻租者把这一部分钱用于寻租活动,但是,公共福利、社会总财富却在不断地减少,遭受许多损失。因为人是具有贪念的,基本上通过寻租而达成的事宜,很少能够满足需求者的最优需求。从而影响经济产品甚至是公共产品的数量和质量。政府本应按照自己的流程自行运作,来实现公共利益最大化,但是,"寻租"的介入,必然引起政府运行效率的低下,导致社会资源分配偏向少数人,影响了政府的公正性以及社会的公平性。

(三)寻租行为阻碍市场机制的有效运行

市场经济是由法制规范和调节的,是市场参与者受利益驱动自发将社会资源进行分配从而达到最优状态的商品经济,经济人通过利益诱导达到社会资源利用最优、运作效率最高的经济制度。世界上大多数的国家都是市场经济国家,但是,发展模式与体制结构都很不相同,既有传统的欧美型市场经济,也有中国特色社会主义市场经济,等等。尽管不同市场经济制度存在差异,但"寻租"这个问题是所有国家都要面临的问题。因为市场经济追求的是高效率，市场是主导的，这样有利于增强竞争，提高效率，而寻租行为会浪费一部分社会资源，让一些低效率的企业进入，高效率的企业退出，或者让低效企业完全垄断着部分行业，影响企业的生产能力、创新能力，降低了市场运作效率，这样不利于企业发展、产业发展乃至整个社会发展。

第四节　市场失灵影响资源的有效配置

在我国现阶段的体制转轨时期的市场失灵分为三类：第一类是一般意义上的市场失灵。第二类是由于市场经济发展不完善，体制不健全而出现的功能障碍。主要表现为市场的结构和功能不完善，市场缺乏良好的组织，市场信息不准确、不灵敏，因而导致市场机制本来应该具有的许多资源配置功能发挥不出来或不能有效发挥。第三类是由于政府职能转变不到位，政府对经济的过多、过当干预导致的市场失灵。在计划经济体制下，政府广泛插手资源配置和经济发展过程，形成了许多政策性市场扭曲。转轨时期，市场发展不够完善，原先的许多政策性扭曲依然存在，妨碍了市场正常功能的发挥，造成特有的市场失灵。我国现阶段的市场失灵以后两类市场失灵居多。

一　国内市场统一开放水平不足

在我国，部门行政和地方行政切割市场的问题比较突出，阻碍了市场内在机制的发育和市场整体功能的生成。在体制转轨时期，我国市场的分割和封锁问题始终困扰着经济的发展。这种分割和封锁的表现形式有多种：或是乱设卡、乱收费；或是对外地产品实行价格歧视；或是对本地产品给予保护性扶持等。这种做法的实质是垄断本地本部门的市场，阻碍商品和要素的自由流通。其结果，使市场机制在资源配置中的应有作用难以有效发挥。不仅导致了不同行政分割区经济结构的高度趋同，阻碍了产业结构的优化升级，而且也打击了先进、保护了落后，对企业的长远生存与发展带来了负面的影响。此外，这种分割与封锁，也削弱了国家宏观调控能力，加剧了市场的无序混乱状态，严重影响了市场体系的健康发展。

二 市场竞争机制问题突出

特别是在资本、劳力、土地、技术等要素市场的发育还比较滞后，金融、电信、铁路等服务市场垄断问题还比较突出，竞争机制在这些领域还不能充分发挥应有的作用。从有序的角度看，一方面，市场秩序问题还比较突出，不规范的交易行为屡禁不止，信用体系的建设明显滞后；另一方面，我国市场的组织化程度偏低。特别是流通企业的小型分散、低组织化、低效率的组织形式在一定程度上影响了市场机制作用的有效发挥。此外，我国市场中介组织发育的滞后，也影响了我国市场秩序的规范化建设。随着我国市场化进程的加快，各类市场中介组织的作用越来越突出。它们在维护正常的社会经济秩序、保证市场竞争的公正和公平、促进市场经济的快速发展等方面发挥了重要的作用。但在其发展过程中，也存在一些不容忽视和亟待解决的问题。包括中介组织的泛滥和无序竞争问题；中介组织发育水平参差不齐与社会权威中介机构"缺位"问题；官方中介组织的政企不分及政府管理的相关法规不配套等问题。这些问题的存在，不仅使中介组织的应有职能不能有效发挥，而且中介组织本身也给市场秩序带来了诸多混乱。

三 国内市场垄断色彩依然浓厚

当前，我国的市场中存在较为普遍的垄断现象。行政垄断主要指在一些领域或部门，政府既控制着宏观经济变量，又控制着微观经济活动，特别是在微观层次上，控制着这些领域或部门的生产和流通，形成一种与一般市场垄断不同的，通过行政手段和严格等级制的行政组织来维持的绝对垄断的局面。一些具有行政垄断功能的所谓的公司，其经营方式、范围、权利等均具垄断性，并且这一垄断地位优势是政策体制赋予的，有些甚至还是作为改革的试点确立的。在行政垄断中，政府既是游戏规则的制定者，也是运动员和裁判员。

垄断行业部门利用自身的行政特权拒绝或阻碍其他经营者进入本行业参与经营活动，限制竞争的行为。如供给水、电、气、热部门，铁路、邮政、电信、教育等产业部门强制市场行为及不合理收费。使市场状态发生变异，各种非市场因素不断被营造、复制和异化，表面上正常的市场交易实质上并不是按照效率、公开、公平、公正的市场原则进行的。市场本应具有的资源高效配置功能和公平竞争环境受到损害和削弱，有限资源不是按照效率原则，而是按垄断市场的"权力网"来配置，导致了低水平的市场效率，限制了新技术应用，抑制了竞争力，浪费了社会资源，破坏了市场秩序，也因此限制了中国规模经济的健康成长。

四　财政和价格体系构建不完善

由于财政和价格体系的不合理所导致的部分分配机制扭曲问题，目前还比较突出。改革之初，在较长时间内我国实行的是"财政包干、分灶吃饭"的财政体制。这一体制在调动地方政府增加财政收入积极性的同时，也强化了其片面追求税收最大化的行为。这种体制从某种程度上保护本地税源，增加地方税收。但也会导致地方经济孤立发展，影响人才、资源的有效流动，影响全国市场的建立以及统一价格机制的形成。

1994年的财税体制改革在我国建立了比较健全的分税制财政体制，使中央与地方财政收入在过去20年里形成一套稳定的增长机制，增强了中央政府的宏观调控能力，促进了经济结构调整，在新中国财政史上具有里程碑意义。但随着经济社会各项事业的深入推进，一些问题与弊端也日渐暴露出来，如区域经济发展水平悬殊，部分地方财力相对不足，严重依赖"土地财政"和大肆融资借债搞建设，滥采滥用资源能源，急功近利思想局部蔓延，上述种种无疑会影响我国经济的增长后劲和制约社会的可持续发展。到2014年6月，中共中央政治局会议审议通过了《深化财税体制改革总体方案》，确定了新一轮财税体制改革的计划与路线。力图完成建立全面规范、公开透明的现代预算制度；建立健全有利于科学发展、社会公平、市场统一的税收制度体系；调整中央和地方政府间财政关系，建立事权和支出责任相适应的制度的任务。但距离实现建立高效的财税体系和价格制度的目标，依然还需要更多的努力探索。

第五节　公共产品供给不足，影响经济快速发展

资金投入是政府供给公共产品的第一步，也是决定一个国家公共产品供给能力的关键。现阶段，我国公共产品供给投入的绝对数量虽然有了较大幅度的增长，国家财政教育、社保、就业和公共医疗卫生支出总额由 2009 年的 22038.4 亿元增长到 2014 年的 49187.4 亿元，占我国当年 GDP 总额的 7.64%。但相对于我国人口以及经济社会发展水平来看，公共产品供给依然处在一个相对较低的水平。目前我国公共产品投入不足主要表现在这几个方面：

一　公共产品供给区域不均衡，总体供应不足

（一）基础设施类公共产品供给短缺

随着政府财力的增加，近年来我国已在公共基础设施建设方面取得了较大的成就，铁路已经实现了多次提速，高铁网已经覆盖全国，高速公路实现了跨越式发展，许多城市在市政建设方面取得了较大进步。然而，在我国广袤的国土面积、中国人口以及巨大的需求面前，我国的公共产品供给依然不足，存在巨大的缺口。另外，由于缺少必要的维护保养，现有的公共设施有不同程度的损坏，导致其服务功能降低。与城市较快发展相比，农村的公共基础设施更为短缺，例如农田防护林、农村水利灌溉系统、小流域防洪防涝设施建设、乡村电网、农村道路建设等农村生产和农民所需的基础设施发展进程缓慢。

(二) 社会保障投入不足

虽然我国社会保障支出的投入总量不断增加，但我国社会保障体系依然处在起步阶段，社保投入占国内生产总值比重与发达国家相比仍有较大差距，与发展中国家相比也处在较低的水平。如表6-6所示。

表6-6　　　　　我国社会保障支出及占GDP比重　　　单位：亿元、%

年份	2010	2011	2012	2013	2014
GDP	407137.8	479576.1	532872.1	583196.7	634043.4
社会保障支出	9130.62	11109.40	12585.52	14490.54	15968.85
社会保障支出占GDP比重	2.24	2.31	2.36	2.48	2.52

资料来源：根据有关年份《中国统计年鉴》整理。

从表6-6中我们不难发现，尽管我国社会保障支出总额是在逐年增长的，但在社会保障支出占GDP比重这一指标上，我国的水平相对偏低，始终保持在2.24%—2.52%之间。

(三) 教育类公共产品供给不足

在教育方面，公共教育支出占比是用来衡量公共教育支出情况的一种常见指标。尽管我国每年关于教育方面的投入总额不断增加，但其所占比重始终未达到世界平均水平。从表6-7可以看出，2010—2012年，全国的实际财政性教育经费的占比不断增加，从3.08%上升至3.98%，2014年下降至3.63%。国家财政性教育投入的比重过低，给教育的发展带来了资金的限制。

(四) 医疗卫生投入不足

我国出台了新医疗改革方案，对医疗体制不断地进行着健全完善。但由于人口过多，人均收入低，城乡、区域差距大。这使现阶段的医疗卫生服务水平依然处在较低的阶段，从表6-8可以看出，我国医疗支出占GDP的比重以及人均医疗支出远远低于美国等发达国家，也低于部分中等收入国家平均水平。

表 6-7　2010—2014 年全国财政性教育支出及占 GDP 比重

年份	GDP（亿元）	财政性教育支出（亿元）	财政性教育支出占 GDP 比重（%）
2010	407137	12550	3.08
2011	479576	16497	3.44
2012	532872	21242	3.98
2013	2013	22001	3.77
2014	634043	23041	3.63

资料来源：根据有关年份《中国统计年鉴》整理。

2014 年，全国卫生财政总支出达 35312.40 亿元，政府、社会和个人卫生支出分别占 29.96%、38.05% 和 31.99%。人均卫生费用 2581.66 元。我国医疗卫生还是以个人支出为主，政府只负担了卫生费用的 1/3 不到。2007 年以来，卫生总费用和人均卫生费用呈递增趋势。尽管如此，与世界主要国家相比，我国的卫生支出仍处于较低的水平。如表 6-8 所示，相较于同样是人口大国的印度，我国的卫生支出所占比重以及人均医疗支出比较高，而与德国、美国等发达国家相比依然有较大差距，甚至低于同为发展中国家的巴西，因此我国在医疗投入方面还存在许多不足。

表 6-8　部分国家公共医疗卫生支出占比以及人均医疗支出情况

	公共医疗卫生支出占 GDP 比重（%）				人均医疗支出（美元）			
年份	2011	2012	2013	2014	2011	2012	2013	2014
美国	8.01	8.04	8.05	8.28	8553	8845	9146	9400
德国	8.31	8.36	8.57	8.7	4992	4717	5006	5410
加拿大	7.68	7.65	7.58	7.41	5695	5763	5718	5290
印度	1.18	1.18	1.29	1.41	61	58	61	75
巴西	3.65	3.66	3.83	3.83	1154	1078	1085	947
中国	2.81	2.95	3.01	3.1	274	322	367	420

资料来源：世界银行数据库。

（五）公共产品供给的区域和地区的不均衡

从公共产品供给区域结构来看，各地区之间的公共产品供给存在不均衡。首先是我国的经济发展不平衡，从整体上看，东部、中部、西部经济发展差距较大，从而导致了公共产品、公共服务在不同区域之间供给不平衡、不合理的状态。其次是在我国经济发展地区不平衡的状态下，由于公共产品是由中央政府以及地方政府混合提供，各个地区的政府公共产品供给能力的不同必然会导致公共产品供给的区域不平衡。东部较发达地区的地方政府有足够的资金提供更多的公共产品，而其他较落后地区的政府却苦于资源条件落后、财力不足、交通不便等问题，公共产品供给处于短缺的状态，导致东西公共服务差异明显。

（六）公共产品供给城乡不均衡

多年以来，在"城乡分支，一国两策"的制度安排下，我国政府将有限的公共服务资金优先用于城市建设上，而对于广大农村地区的公共产品提供不够重视，使城乡公共服务设施供给严重不均衡，农村公共产品供给严重不足。例如，与农村居民生活息息相关的公共道路、供电供气、义务教育、公共卫生保障体系、失业养老保险以及文体设施等公共产品供给短缺，农业信息网建设、河流湖泊的治理、农业基础科学研究及科技成果推广等方面也投入不足。农村居民没能享受到与城镇居民相同的公共服务。就以社会保障为例，农村的社会保障始终处于我国社保体系的边缘，农村居民所享受到的社会保障水平低于城镇居民。改革开放以来，全国人民的收入都得到较大幅度的增长，但农村居民收入同城镇居民收入越拉越大，而且要支付和城镇居民一样价格的医疗和卫生等费用，还要承担本来属于国家负担的基础教育设施和部分公共设施的开支，这与当前政府大力解决"三农"问题的初衷显然不符。因此，我国政府应当重视这一问题，并采取措施去解决公共产品城乡分配不均的问题。

二 公共产品的供需矛盾严重

我国公共产品供给中存在较为严重的供需矛盾,这会影响公共产品的主要供给主体——政府同公共产品消费者之间的关系,而我国的公共产品供给的供需矛盾主要表现在以下两个方面:

(一)公共产品总体供不应求

随着全面建设小康社会工作的大力推进,社会主义市场经济发展迅速,我国城乡公共需求都出现了全面高速增长的态势,不仅城镇居民公共需求在逐年递进,广大农村地区的居民的公共需求也在高速增长,这导致了我国公共产品供给的发展远远不能满足公共产品需求发展的需要,供给总量不足的问题日益凸显。特别是农村医疗、教育、卫生等公共事业发展滞后的问题已经成为我国政府亟须解决的重点问题。如农村教育整体薄弱状况问题,一些学生因贫困而辍学、教师工资拖欠、学校危房年久失修、经费短缺等问题非常突出。同时,广大农村地区特别是中西部贫困地区卫生机构条件较差,公共卫生、预防等保障得不到有效保证,农民依然难以抵御重大疾病风险,因病返贫、因病致贫的现象。因此,2020年要达成全面建成小康社会,农村依然是重点和难点。

适应公共需求发展的变化,提供优质、充足的公共服务和公共产品,是政府的目标。在公共产品提供质量上,也不能满足对公共需求的发展需要,部分地方政府注重"样板工程",结果导致许多工程质量不合格,"豆腐渣工程"不断出现,给人民的生命财产安全带来了极大的隐患。此外,公共产品由政府提供,又不可避免地暴露出自身的一些弊端。电力、自来水、燃气等行业具有天然的垄断权,这种垄断不仅产生了低效率,也导致了寻租腐败的现象发生。

(二)公共产品"单一"供给格局仍未得到根本改变

经过长期发展,我国公共产品供给主体单一的局面虽然已初步被打破,但政府单一独占的供给格局并没有从根本上改变,这集中表现在以下三个方面:

一是政府依然是公共产品供给中居于绝对支配地位的供给主体，高度垄断着公共产品的供给领域。承担公共产品生产职能的主要是各级各类国有企事业机构。

二是多元化主体结构尚处在萌生和发展的初始阶段。尽管这一时期社会组织有了一定的发展，但对于中国这样一个拥有 13.6 亿人口的大国来说，无论从数量、资金规模，还是分布范围来看，都显得过少、过小和过于狭窄。加上形成时间短，发育度低，组织制度不成熟的影响和制约，社会组织应有作用未能得到充分的发挥。

三是公共产品市场准入的制度壁垒森严，对非公有供给主体进入公共领域有种种严格的限制。尤其是邮政、电信、电力、自来水、煤气、水利、铁路、航空、远洋运输、城市公共交通、教育、医疗卫生等行业基本上由政府垄断经营。私人部门和外国资本因严格的政府管制和行政审批制度不能进入公共产品或准公共产品生产市场，不仅造成了资源在公共产品与私人产品之间、公共部门与私人部门之间以及各自内部难以自由流动和优化组合，而且由于外来竞争者难以进入公共产品生产领域导致公共产品生产领域的产权过于集中于政府及其公共部门手里，造成产权结构单一、僵化，竞争机制难以形成，客观上影响了公共产品供给主体的发展，致使政府垄断公共产品"单一"供给格局仍未得到根本改变。

第七章 利用倒逼机制实现资源配置的市场决定性作用的路径

历史经验表明，凡是与经济发展有密切联系的重大改革举措，大都是在内部困难加剧、外部环境趋紧的背景下发生的，许多情况是倒逼出来的。如近几年的世界经济萧条导致了我国外部需求大量减少，内部经济结构的不合理的问题逐步凸显出来。客观上为我们扩大内需和调整结构提供了巨大的倒逼机制压力，在这种压力下，会倒逼我国政府机构及企业采取相应的改革措施来适应新常态下的环境。因此，政府和企业应当利用这一次契机，增强主动性和紧迫感，加快发展方式转变和结构调整，实现经济再次腾飞。

第一节 宏观规制：完善政府职能

十八届三中全会报告指出："经济体制改革是全面深化改革的重点，核心问题是处理好政府和市场的关系，使市场在资源配置中起决定性作用和更好发挥政府作用。"如何寻找到一条既能适应社会主义市场经济的发展，又符合中国特殊国情的政府职能转变的路，是一个意义深远的重要问题，而政府职能的转变不仅需要政府自身的努力，也需要来自社会、公众的广泛支持。让全社会都形成一股推进、支持政府职能顺利转变的力量。只有这样，才能使政府职能转变真正取得实效。政府职能转变是政治体制改革的核心，也是政治体制改革与经济体制改革的连接点，大力推进政府职能转变，是推进我国政治体制改革的前提，也是实现政府更加有效地支持经济社会健康发展的必然要求。

一 明确政府职能定位

政府职能是国家职能的重要组成部分。国家职能有立法职能、司法职能、行政职能。政府职能的内涵随着经济发展和社会进步而发生变化。早期的政府职能比较注重保卫性和统治性职能，维持和稳定社会秩序，采用的手段是人为的强制，政府职能比较简单。随着社会经济的发展，政府的职能也发生变化，除保卫性和统治性职能外，管理职能和服务职能显得越来越重要。

政府职能是国家行政机关依法对国家和社会公共事务进行管理时应承担的职责和所具有的功能。政府职能的基本内容包括政治职能、经济职能、社会职能及文化职能。

政府政治职能主要体现在作为政治秩序和社会秩序的维持者；作为社会发展的决策者和公共政策的制定者；作为社会利益的调节者以及作为政治一体化的工具等方面。

政府的经济职能主要包括三个方面的内容：一要调节社会经济的运行，实行宏观调控。比如制定社会经济发展战略，制定经济规则，调整产业结构，完善市场体系，建立监督机制，监管国有企业。二要管理国有资产，这也是中国政府职能的特色。三要参与国际经济竞争，任何一个国家在对外开放、全球化这样一个格局下，都不可能孤立地存在，必须要参与国际社会的经济活动。所以，参与国际经济竞争的职能也成为政府的重要的经济职能之一。

政府的社会职能大体包括实施社会福利和社会救济，建立和完善社会保障体系，保护环境、严厉地控制人口、促进社会经济可持续地发展、提供各种社会管理和社会服务。

政府的文化职能指的是广义上的文化概念。包括科学、教育、文化、体育、卫生等各类事业发展的职能。

现代市场经济国家，强调政府干预和市场机制的有机结合，轮流发挥着"看得见的手"和"看不见的手"的作用，抑或"两手"

并用。现代市场经济国家的政府职能是有限干预，归纳起来主要有：提供公共产品和服务，稳定宏观经济，调节社会分配，维护市场秩序。

政府在接下来的管理工作过程中，首先要明确自身定位，坚守政治、经济、社会和文化四个大方面的基本职能。党的十八届三中全会决定对我国政府职能做了新的界定，就是：宏观调控，市场监管，公共服务，社会管理和保护环境。同时对中央政府和地方政府的职责做了一个分工，中央政府要加强宏观调控的能力，这也表明地方政府没有宏观调控的职责和作用。地方政府主要职责是：市场监管，公共服务，社会管理和保护环境。

总之，在市场经济条件下，我们要明确定位政府职能，关键是确定一个分工标准，尊重市场经济发展规律，政府的职能不是去做大事，管理所有，而是去做自己应该做的事，政府和市场各就其位，各司其职、各行其权、各得其利、各担其险，找到自己合适的位置，并能在两者和谐的关系中促进经济发展。

二 以审批制度改革为突破口转变政府职能

中国政府对市场中经济主体的管理多数是通过审批制度来进行的，因此对审批制度的改革是行政体制改革的突破口，要通过对审批制度的改革不断地完善政府市场监督、经济调节、公共服务以及社会管理的职能，减少和规范行政审批程序，从而减少、消除引发寻租腐败行为，营造一个公开、公平、公正的市场环境。

（一）改革市场准入的审批程序，创造公平的市场竞争环境

行政审批的内容是国家限制或禁止的活动内容，仅仅针对特殊符合条件的个别对象解除这些相关的限制或禁止，允许其从事相关的某些职业，享有进行某些行为或从事某些行业的权利。这其中审批的程序越多，就意味着禁区越多，进入市场的壁垒也就越高，同时竞争的障碍也就越大。例如，前不久取消的各种名目的职业"从业证"，有了"通行证"才可以"持证上岗"，这样一来，就为人力资源的进入和流动设置了多重障碍，从而削弱了市场配置资源的

有效性。

（二）减少项目审批，间接地控制社会经济活动

随着中国国有经济的战略性调整，其在社会国民经济中的比重得到下降，随着多种所有制经济的不断发展，核准、认定、批准等将被登记、备案等方式所替代，政府逐渐将其职能转变到对经济的间接调控上来。

（三）建立公众参与机制，加强社会监督能力

要对审批权的设定实行严格控制，国家行政机关不得自行设定各种行政审批权。同时对行政审批权适用范围应该进行严格规定和限制。而对必须设定的审批权，应实行公示审批，不断增加行政参与的广度和深度。当前，西方一些国家当中流行的听证制度一直被认为是行政程序中十分重要的制度，可以切实地保证政府行为的公平、公正和公开。力争建立与行政审批制度相应的责任制度。如果想从根本上解决行政部门滥用行政权力的现象，减少行政审批存在的随意性，就必须建立相应的责任机制，政府要对自身的不当与不法侵害行为承担相应法律责任，包括政府做出的各项审批决定等，都要承担相应的行政责任以及经济责任。只有这样，才能从根源上解决滥用审批权的问题。

三 规范政府行政管理

随着社会主义市场经济体制的不断完善，政府在经济生活中的角色可以明确地界定为一个退出市场主体行列的单独的管理者，它的主要任务是为市场主体提供一个高效公平的竞争平台。从管理层面上看，中央政府主要是宏观调控，地方政府的角色主要表现在市场监管、社会管理、公共服务和环境保护等；在宏观调控方面，中央政府要进一步健全完善对宏观经济调控的主动性和监管力度，不断提高对市场变化的反应能力，确保国家经济的安全；在市场监管方面，政府要加快培养各类合格的市场竞争主体和市场要素，积极发展市场中介组织，同时加大对市场行为的监管力度，大力整顿市场经济秩序，培育全国统一、规范有序、公平竞争的市场体系。当

然，政府职能部门在加强经济调节职能及监管职能时，也要重视政府的社会管理及公共服务等方面的职能。除此之外，要通过制定相应的规章制度，加强对政府行政管理的规范化建设，以确保政府在经济社会中能依法执政，文明执政。

四　完善政府经济调节职能

调控的方式应从以往直接的行政干预逐渐转向间接以经济和法律手段为主的调控。政府要逐步放松对经济的干预，弱化政府的微观管理职能，不断强化政府的宏观调控职能，也就是运用财政政策、货币政策、产业政策、收入分配政策、对外政策等一系列政府所能掌握和运用的经济变量去影响市场经济中各种变量的取值。同时，宏观调控还应该被加入到法制化范畴，对宏观调控各个部门的权力从法律上加以明确的界定，从而使政府的宏观调控有章可循、有序进行，以此来维护社会经济的平稳、快速发展。

五　加快推进政府行政法治化建设

市场经济是法治经济，是在法律轨道上运行的，因而要求作为管理者的政府也必须是法治政府。政府行政的法治化势在必行，加快政府职能法制建设也是发展市场经济的必要条件。只有加强政府行政与市场经济方面的立法，才能确保经济社会逐渐朝规范化、法治化的渠道发展，才能保证我国社会主义现代化事业的健康发展。

第二节　市场运行：维护竞争公平

一　强化知识产权保护，鼓励创新发展

（一）强化国民知识产权保护意识，构建完善知识产权法律体系

改革开放以来，我国开始逐步建立起较完整的知识产权法律体系以及相关的配套体系，知识产权保护方面的工作已经取得了较大的成果，但由于我国知识产权保护工作以及相关建设起步较晚，在管理以及制度方面仍不完善。尽管改革开放以来，我国已经制定出

许多知识产权保护的相关法律。但由于我国知识产权制度建设时间较短,且无法在如此短的时间内建立起更加完整全面的知识产权制度,相关的法律以及配套设施有很大欠缺,与国际水平存在很大差距。因此,我国的知识产权法律不能仅仅着眼于现阶段国情,还应当通过研究发达国家的产权制度以及相关的国际惯例,努力构建完善既符合国内情况也能够适应国际经济的知识产权制度。

关于侵权问题的解决,应当制定适合我国国情的知识产权保护体系。首先,应当建立完善保护知识产权的专门机构,通过实践调查以及理论研究,借鉴发达国家的经验,加强对该问题的深入研究,最终制定出更为健全完善的保护知识产权的战略措施。其次,要将知识产权与国家的经济、科技、文化发展等方面的大战略相挂钩。最后,我国应当建立有效的咨询服务系统,并邀请相关专家学者对经济社会方面所存在较普遍的知识产权问题做出解答,填补公众在经济活动中对知识产权问题了解与掌握的空白。

(二) 严格执法,进一步树立知识产权保护意识

现阶段,我国尽管已经开始重视对知识产权的保护,并开始着手加强相关法律制度的建设,但是由于地方保护主义、公民的知识产权保护意识不强等问题,知识产权的侵权问题时有发生。这不仅影响了我国的技术进步与创新,也使西方发达国家以此为借口攻击我国技术知识产权;不仅影响了我国对先进技术的引进,更影响了我国的知识经济的发展。因此,我国不仅应当注重立法过程,更应当强化执法力度,维护法律的至高无上的地位。

现代社会的新技术几乎都是由西方发达国家创新并以知识产权法律所保护的。中国若要加快知识经济的发展,缩小与发达国家科技的差距,最好的办法就是不断地引进高新技术与经验并进行消化吸收。但实现这一目标首先要树立知识产权保护意识,承认他人的知识产权,并通过符合国际惯例的手段和程序进行引进学习,避免侵权行为,并为其提供良好的知识产权保护环境,形成良好的国际信誉,使发达国家能够打消遭受侵权的顾虑,我们也能够熟悉国际

知识产权规则，了解各国不同的规则，通过正确地使用法律手段，为顺利引进技术奠定扎实的基础，并赢得主动权。

（三）为技术创新建立长期稳定的法律环境和制度保障

中国的知识产权立法应当将着眼点放在发展新兴产业的政策目标上，其立法目标应当是为新兴产业提供法律制度保障，将引进的先进技术进行消化吸收并为我所掌握、利用，而非进行简单的技术依赖。但据推测，中国的对外技术依赖程度高达50%以上，相当一部分核心领域的依赖程度更高。因此，单纯靠技术依赖无法使中国实现技术创新，而要真正实现科技、知识的自主进步，中国唯有转变经济发展方式，调整产业结构，走自主创新的道路。这样，才能满足中国经济长远发展的需要。

为解决这一问题，我国在相关知识产权的法律制度建设方面应当采取以下对策：

首先，尽快制定有利于知识产权保护的政策措施，健全完善对科技创新成果的评价保护体系。目前，国家的许多对科技成果管理以及鼓励创新等方面的政策，过多地注重于理论技术创新，而忽略了对技术成果商品化、产业化的重视。最近几年，我国政府为加强知识技术创新以及鼓励高新技术产业化，出台了一系列政策法规，但在具体执行的过程中依然暴露了相关配套措施不够完善的缺点，因此只有将知识产权作为评价科技成果体系的一项重要指标，才能更有利于同国际接轨。推动实现技术知识的产业化、商品化。

其次，各级政府应当推动以及引导国有企业事业单位知识产权管理制度，使企事业单位的知识产权保护规范化，及时取得专利保护，形成市场优势，最大限度地减少因产权保护不到位、不及时而造成的高新技术知识的流失。

再次，重视知识产权信息的传播运用，加强不同部门单位之间的信息交流，以及相关信息的检索。避免造成专利知识的重复研究，并有利于技术知识的传播、积累以及改进，提高研究起点与水平。并且在技术进出口时注意相关国际管理法规，避免侵犯专利权，授人把柄；在制定行业企业科学技术专利制度时，重视专利信息的研究与分析，制定正确的科技政策。

最后，政府应当专门设立重大技术项目的专利申请基金以及开发实施基金，对于具有重大发展前景以及应用价值的项目应给予一定的资金支持与鼓励。

二 治理商业贿赂，净化市场环境

(一) 健全相关法律法规，为预防商业贿赂提供法律保证

现阶段，我国的法律体系尚不健全，存在许多漏洞与空缺，不论是立法的结构质量还是法律覆盖面都无法满足现代市场经济的需要。不仅如此，执法力度不严等现象也层出不穷。法律是最低程度的行为规范，在法律体系自身都存在漏洞的情况下，是无法引导人们去遵循更高层次的伦理道德规范的。开展预防商业贿赂的道德建设不能脱离法制独立进行。法律虽然对人们的思想没有强制作用，但它可以通过规定一定的权利和义务来规范、预防、引导公民的道德生活。法律手段作为国家的一种强制性手段，具有至高无上的权威。以法律监督为手段促进道德建设，可以提高道德的权威性，也更有利于对市场参与者起到引导性作用。道德只是对市场参与者的一种软约束，而将一些道德观念上升为法律，依靠国家强制力来执行，从而可以获得社会的认识与认可，成为全体社会成员公认的原则。改革开放以来，我国的法制建设取得了长足的进步。近年来，经济立法的步伐明显加快，相继出台了一系列法律，使我国经济立法滞后、长期无法可依的状况有了根本改变。市场参与者关于对待竞争者、顾客、政府、环境等都有了较完备的法律依据，为预防商业贿赂、创造良好的商业竞争环境提供了强有力的法制保障。

(二) 建立全国性的、公开的、综合的社会信用信息网络

关于如何消除市场上存在的商业贿赂，破坏市场公平竞争等负面现象的问题。政府应当出面与税务、中介部门、银行、工商等部门相互协调，建立一个公开的、覆盖全国多部门多层次的社会信用网络信息平台。从而使市场交易主体能够很快获得交易对方的信用

度等相关信息，从而形成一种公众监督机制，一方面有利于市场参与者对交易方进行充分了解，降低交易成本，提高交易效率；另一方面市场参与者在公众监督的压力下，为保证自身的生产交易活动的顺利进行，加强自身的自律行为，努力提高自身的信用度。同时我们既要加快市场主体信用档案管理立法步伐，又要建立市场主体信用信息数据库。在建立与完善市场主体的信用档案体系后，就可以通过对存在行贿记录等失信行为的市场主体进行严格监督，逐渐淘汰低信用度的参与者，而信用度高、遵循市场公平竞争规则的参与者会受到更多的认可，有利于其占据更大的市场份额，有效遏制商业贿赂的发生，净化市场环境。

（三）加大奖惩力度，预防商业贿赂

首先，要加大对违法行为的处罚力度。法律是人们必须遵守的最低行为规范，要加大处罚的力度，必然要增强查处的广度，增加别有用心的人的犯罪成本。不仅如此，相关惩处手段应当能够触及违背企业道德者的根本利益和长远利益。如建立信用档案，把商业贿赂者列入黑名单，就比单纯的一次性处罚的力度要大得多。

其次，要加大舆论监督力度。舆论不仅可以谴责违法行为，对违背伦理但不违法的行为也具有同样的作用。舆论不像法律制裁需要很长的时间，它可以迅速对不道德行为做出反应，尤其是在信息技术日益发达的今天，其作用更加明显。

再次，要排除地方保护主义的干扰。地方保护主义产生的根源在于对地方领导人业绩的评价标准，领导人的政绩最主要体现在表面的经济发展水平上，至于经济发展中的负面现象如制假造假、环境污染等方面则无人过问。如果能把这些负面因素作为考察地方领导业绩的一项指标，地方保护主义就可得到有效遏制。

最后，加大对道德行为的支持力度。为了促使企业遵守伦理规范，加大对不道德行为打击力度的同时，还应增强对道德行为的支持力度。对企业道德行为的奖赏可以从以下几个方面入手：从政策方面鼓励引导支持遵守道德的企业优先发展，同等条件下给予一定的优惠措施；借鉴国外经验，把企业是否具有预防、查处、惩罚不法行为和不道德行为的机制作为考核企业的重要依据，引导企业在内部建立道德管理机制；以企业履行社会责任的情况及遵守法律和伦理的情况作为主要考核的指标，评选优秀企业、道德模范企业，促进企业的自律与发展；出版消费指南，向消费者推荐有社会责任感的企业和企业生产的产品，进而对企业的道德行为施加影响。

三 规范市场竞争行为，促进经济繁荣

要实现政府对市场竞争行为的科学规范化管理，这是一个负责的社会工程，要经过一个初步建立、形成并不断完善的漫长过程。这一过程不仅要求政府的自律，也要求政府通过相关法律、制度的制定以及实施管理行为来对企业的竞争行为进行规范，确立公平公正的竞争规则，只有在公平而又稳定的竞争规则下，竞争主体才能按市场"游戏规则"办事。因此，要规范市场竞争行为：

第一，应当对已有的法律法规进行评估，对于不适用的部分加以修正，对有缺陷的部分应当加以完善。同时应当弥补所存在的漏洞，增加完善新的法规条例，特别是要制定约束调控主体行为的法规。

第二，要加速完善公平的裁判机制。公平公正的裁判机制是市场主体市场竞争行为规范化的前提条件，要改变裁判机制的低效率、官僚化、寻租行为以及由地方保护主义所造成的不公平竞争状态。就应当努力完善政府作为市场竞争的裁判机制。这不仅仅要强化裁判机构的独立性、唯一性以及廉洁性，也要将裁判机制置于强有力的社会力量进行监督、制约。

第三，发挥社会主义道德观对于企业市场竞争行为的指导。市场经济的有序性，不仅表现在市场体系、运作和竞争的规范性，更应表现在企业市场竞争行为符合于社会主义市场经济建设的要求及社会主义义化良好氛围的要求，使之具有合理性，使企业明确竞争不应靠江湖骗术而应靠兵法谋略、靠社会主义意识形态的理性指导来取胜。

综上所述，规范企业的市场竞争行为，是社会主义市场经济发展的需要，在规范其行为的过程中，必须首先规范政府行为。不仅需要政府通过行政手段、法律手段进行宏观管理，而且还要通过加强思想道德方面的教育，既需要管理，又需要引导，这样才能使企业走上正常发展的轨道。

第三节　改善需求：深化收入分配改革

一　构建合理有序收入分配格局的新思路

我国政府在收入分配制度改革的过程中，最主要的一个问题是如何在效率与公平二者之间把握好最适合于现阶段经济发展要求的度。而解决这个问题最主要的手段就是把握好初次分配与再分配之间的内在联系。初次分配是指各生产部门内部的分配，其依据主要是效率原则，即根据各生产要素在生产中发挥的效率带来的总收益多少进行分配，高效率获得高回报。再分配指在初次分配结果的基础上，政府通过税收、政策、法律等措施，使各收入主体进行货币或者资源的再次转移的过程。根据党的十八大报告关于"初次分配和再分配都要兼顾效率和公平，再分配更加注重公平"的要求，收入分配制度改革，就一定要深入收入分配制度改革，坚持中国特色社会主义市场机制下的分配导向，既应考虑到如何调动劳动者的生产积极性，提高生产效率，也应当争取实现收入分配公平，保证社会中每一个成员能够保证基本的生活需求，这样就要求我国需要在再分配环境应当更加注重公平的原则，来弥补初次分配中因注重生产效率而带来的生产要素分配不均的缺陷，形成缩小收入分配差距的长效机制。

（一）初次分配注重保护劳动所得

马克思的劳动价值理论是强化劳动所得、提高劳动报酬的理论基础。劳动报酬支付与生产要素收益之间的关系，是最基本的分配关系。现阶段我国需要更加重视并纠正生产要素占有不公，生产成果过度偏向于资本、资源等生产要素等现象。在初次分配制度改革中，应当努力提高劳动要素在收入分配过程中所占比重。因此，在初次分配过程中，首先，应当充分发挥市场机制的作用，全面落实党的十八届三中全会提出的健全资本、知识、技术、管理等由要素市场决定的报酬机制的要求，生产要素价格受市场供求决定，创造出公平的竞争环境，鼓励一部分人通过诚实合法经营先富起来。其次，通过政府制定的管理机制以及政策引导，适当提高劳动要素在生产活动中的收入比重，既要表现出劳动在生产要素市场机制运作过程中所做出的贡献率，也能够保证劳动者分享到更多社会经济发展所带来的红利，生活得更加体面。最后，要建立健全劳动者工资决定增长机制，完善最低工资和工资支付保障机制，完善工资协商谈判、职业福利等机制，扭转初次分配比重失衡的局面。

（二）完善再分配机制，通过政策制度实现分配公平

为了调节我国城乡、地区、部门、不同群体之间的收入关系，防止收入差距过大，并且保证低收入者的基本生活保障。必须充分利用国家预算、社会保障、社会福利等手段进行再分配调节。在进行再分配调节机制的过程中，首先，要着力增加中低收入者收入，降低基尼系数，全面推行阳光工资以及同工同酬制度，既要尊重劳动者们的劳动投入，也要不断缩小过大的收入差距。其次，要改进和完善国有企业负责人的薪酬制度，特别是要加快对垄断行业收入分配制度的改革。提高垄断企业税前利润的上缴比例。减少垄断企业高管们不符合投入产出比例部分的薪酬。再次，要完善税收制度，通过税收手段调节收入分配。运用合理的税收手段以及税率来限制过高的收入，发挥税收在再分配的调节过程中不可替代的作用。同时也应当避免过高的部分税率对高收入人群带来的消极作用。最后，要建立合理的收益分配机制，通过增加财政预算强化完善如社会福利、社保医保等涉及改善民生、提高居民生活水平的公共服务体系。

（三）加强法制建设，整顿公共部门的分配秩序

法律对收入分配格局调节主要表现在司法调解以及立法调节两种手段。立法调节主要是劳动者权益保护立法、最低工资立法、社会保障立法等，目前我国国民收入分配体系中依然存在法律制度不健全、不完善的问题，因此应当通过立法的手段来约束和规范社会各个阶层的收入分配体系。立法是司法的前提基础，司法是法律实施的保障。收入分配合理有序需依靠司法监督检查；司法保障制定的法律、法规得以执行，才能解决收入分配和社会保障领域发生的争议，裁决、调节收入分配有关矛盾，打击和取缔非法收入。

现阶段，应当加强对公共部门收入分配的监督，防止公共部门中部分人员为满足私欲将公共利益转化为小集团、小集体的福利。不仅如此，还应当加大对垄断部门的改革力度，放宽行业的准入机制，降低市场门槛，鼓励通过市场机制进行公平竞争，控制垄断行业人员的超额所得。进一步规范以及完善国家公务员的工资机制，在促进公务员工资符合其劳动所得的同时，尽力减少所谓"灰色收入"产生的物质基础。缓解公共部门与非公共部门之间收益的冲突矛盾。对国有企业经营者收入分配行为进行有效监控，防止部分人在国有企业改革时期趁机侵吞国有优质资产，同时也应当利用薪资待遇来调动国有企业经营者的工作积极性。现阶段由于寻租、经济腐败等行为造成的贫富差距过大已经引起了人民强烈的不满，并对社会的稳定发展带来隐患，因此，必须对此类现象进行依法治理，对于侵吞公共资产权钱交易等腐败行为必须予以严厉的处罚整治。

二　缓解收入差距扩大趋势，努力提高中等收入群体比重

新时期的城市中等收入阶层是在全面建设小康社会进程中，促进经济发展和维护社会稳定的一支重要社会力量，具有引导、协调和稳定的社会功能，在带动社会消费、缩小贫富差距、提升社会文化素质、缓解社会矛盾、促进社会发展等方面具有积极的作用。然而，迄今为止，我国的中等收入阶层尚未成为能够对我国经济发展带来重大影响的群体。在城镇内部，资源财富的集中化使城镇中中

等收入者难以形成一个稳定的阶层，而农村的生产力发展较为缓慢，让广大农民进入中等收入阶层具有较大难度。因此，构建合理有序的分配制度，调节收入结构是解决收入分配差距问题的一个重点，其重点就是要降低低收入者的比重，扩大中等收入阶层的规模，降低基尼系数。具体来看，这一目标实现的主要手段就是推进城市化发展战略。实现城市化战略目标，可以有效地实现农业集约化，提高农业生产效率，增加农村居民的收入，坚持技术密集和劳动密集、资本密集型产业并举发展，保持经济长期持续快速发展和充分就业。建立中等收入者比重扩大的稳定机制，加大对教育的投入力度，完善人力资本教育体系，要使低收入人群的收入稳定增加，其中一个很重要的前提条件是，提高低收入劳动者的素质，增加人力资本的质量，使劳动者在劳动力市场中具有更强的竞争力，进而取得更高的劳动力价格。另外，提高城市化水平，需要进一步改革城乡二元化的户籍制度，消除对农村人口转移的制度限制，使更多的人力、资源在城乡之间更加自由地流转；改革土地使用制度，加快土地使用权的市场化流转。

三　完善个人所得税、消费税等税收征管结构，强化税收制度改革与建设

（一）调整征税范围

从调节收入分配的角度来看，应当对各类未缴税的高档消费品和奢侈品进行征税；而从环保以及节约资源的角度来看，应当扩大征税范围，将对环境有影响的消费品，例如，塑料包装袋，有氟利昂的空调电冰箱、农药化肥等一类设置较高的税率。对于已缴税的奢侈品、高档消费品，应适当提高税日税率。对不利于资源、环境保护的应税消费品——成品油，改从量计征为从价计征，适当提升成品油税率，改善税收调节功能。对排气量和尾气排放标准不同的小汽车、摩托车实行差别比例税率，降低机动车尾气排放污染。

同时逐步将消费税由生产环节征税转变为零售环节征收，由价内税改为价外税的转变迟迟难以实施，第一个关键问题就是现行的

税制中存在对消费税的"课税"问题。增值税是一般税,而消费税是一个精选税种,是对特定商品课征的税收,而且由于目前消费税是作为价内税征收,而增值税是价外税,存在对消费税课征增值税的"重复课税"问题,也就是说,目前增值税的计税依据是包含着消费税的,这是商品和劳务税负偏重的原因之一。如果将消费税的"价内税"转化为价外税,则可扭转当前歧视消费的税制安排,直接降低消费者负担。

(二)完善个人所得税制度

面对收入分配差距过大、政府收入偏高而国民收入水平偏低的局面,现在的税务机构的设置、法律制度、征管能力等方面基本上都是围绕着企业所得税、流转税。如果转为以个人所得税为主,短期内必然会由于无法适应而出现问题。因此,单纯提高所得税比重的做法未必可行。鉴于现在的个人所得税制度的不足,最好的一个办法就是继续完善个人所得税制度,发挥其在调节居民内部分配差距的功能不足,并以此逐步调整所得税与流转税的比重。一是要以家庭为纳税单位,而非个人,以综合反映纳税人能力与负担;二是将目前的分类所得税制改为"分类与综合相结合的个人所得税"的税收模式,尽快提高收入项目综合计征的程度,由此突破对费用扣除标准修修补补的局限性改革框架,真正进行个人所得税制度的实质性改革。

(三)强化税收征收管理

第一,要完善税收征管机制,提高征收质量。我国目前的税收征管机制尚不完善,依然存在许多漏洞,可借鉴国家税收征管的办法,将税务机关、纳税申报都集中到一个完整的系统,规范税制提高税收征管质量。

第二,降低征收成本,确保税收效率。我国现行的税收征管体制相较于西方发达国家,体系较复杂,然而效率却低很多。因此,我国应当增加管理的权力和职能,建立更加健全完整的税收管理体系,提高税务机关的行政效率。在征管体系中增加税源监控机构,对纳税企业进行动态跟踪。同时增设针对税收申报的评审机构，及时评估纳税人的申报情况，避免漏税漏管的问题。也解决了目前申报质量、效率低，非正常申报等问题。总之，科学完善的税收体系能够弥补现行的模式以及管理机制，实现税收征管的征收、管理、审查三个过程的规范性完整性，提高征管工作的效率和质量。

第三，精简管理程序，控制税务成本。由于我国税务程序烦琐复杂，增加了企业的办税成本与时间，而为此所耗费的资源并不能提高任何效益，不利于实现企业效益最大化的目标。因此，国家可以通过建立"一站式"的纳税服务体系和一表式纳税申报制度，减少冗余的环节程序，升级征税的方法措施，允许企业通过电子、电话申报等方式，以最有效的方式方法为企业提供便利。

第四，严格税务执法，强调税收执法公开度。中国努力建设法治社会至今，依然有许多纳税人在质疑我国税收执法单位的执行公正性与公平性，这与我国征税执法管理过程的低透明度有很大关系。因此，税务行政单位应当将税务管理方面的处理信息以及行政结果进行公布，以便提高执法的透明度。通过对税务人员的内部监管以及外部监督，提高相关工作人员的工作效率以及严格程度，并能够对执法过程中的不公行为及时予以纠正。

四 加快社会保障体系建设，健全最低生活保障制度

在市场经济相对较发达、市场经济体制较完善的国家，劳动者的工资收入是由市场起基础调节性作用的，由于劳动者个人能力与天赋不同以及市场的资源导向趋势，个人的收入难免会存在较大的差距。为了保证低收入人群的最低生活标准，实现社会公平，社会保障对个人收入的差距调节起到了重要作用。目前，我国的社会保障制度已经基本建立，但随着经济体制改革的进一步深化，由就业、社会保障带来的许多问题开始渐渐显现：劳动者就业多样化，农村劳动力大量向城镇转移，农民工社会保障问题日益突出；国有企业下岗职工日益增多，劳动者自谋出路自主创业或者是进入非公有制企业；失去土地的农民就业、医疗、养老等保障有必要进一步

纳入统一的社会保障体系。而以城乡分割、城镇公有企业为主体的单一社会保障制度，因其资金渠道狭窄、覆盖面小、管理服务社会化程度低等问题已无法适应不断变化中的就业形势。按照权利和义务相统一，在经济发展的基础上更加注重公平的原则，我国政府有必要通过改革重新建立完善覆盖面更广、更加符合新型市场经济体制、多层次的社会保障体制。政府在构建和完善社会保障体制的时候，应当把解决贫困问题作为工作的重中之重。特别是在2015年年底，党和政府计划到2020年在我国现行标准下农村贫困人口实现脱贫，贫困县全部摘帽，解决区域性整体贫困，使7000万人脱离绝对贫困。这在全面建设小康社会，最终实现共同富裕的道路上迈出具有深远意义的一步。而在城市脱贫方面，绝大多数城市人口已经被纳入低保系统，因此，城市中绝大多数贫困人口的生活水平能够达到温饱以上，现阶段的主要工作应当是完善低保发放，对于低保户的基本医疗、子女上学以及城市水电气价格调整方面给予适当补贴，减少他们的生活压力，不至于使其生活状况恶化。

第四节　供给管理：激发市场活力

供给侧结构性改革旨在调整经济结构，使资源要素实现最优配置，使经济增长提质增效。供给侧结构性改革最终必须落到结构改革上，与需求侧管理具有较大的不同。需求侧管理有投资、消费、出口"三驾马车"，供给侧管理主要有劳动力、土地、资本和创新"四大要素"；实际上，供给侧与需求侧是经济发展的"一体两面"。这就要求我们既要考虑眼前经济的稳定增长，又要考虑长远的可持续发展，在兼顾需求侧的同时以供给侧为主导推进结构性改革。

就改革指向来看，供给侧结构性改革主要指向生产者，着重从供给角度进行结构性改革，主要着重于经济结构的转型升级。通过减免税收，鼓励生产者推动技术创新，来提高供给方资源的配置效率，以达到制度创新、机制创新和技术创新。

就改革政策来看，供给侧改革主张通过减税释放企业活力，刺激经济基本面增长，主要是通过管制、监管和结构性政策调整等政府干预措施，来实施产业转型升级、技术更新换代、区域空间协作、行业政策协同。其任务不仅是增加"增量"，还要消化既有的"存量"，根据"不破不立"的原则清理"僵尸企业"。供给侧改革既可以有效降低企业成本，创造有效需求；还可以在不增加通货膨胀的情况下促进经济增长，在市场需求疲软的情况下解决"滞胀"问题，实现经济社会的持续发展。

供给侧结构性改革侧重在供给端而非生产端，核心思想是降低制度性交易成本，因为高成本是供给侧最致命的硬伤。这就需要从消费者角度来考虑问题，一定不能只从生产者的角度来考虑，其实质在于把握消费端的需求。供给侧结构性改革带有一定的破坏性意义，而经济发展进入"新常态"正需要"创造性破坏"才能达到"破旧立新"的效果。为此，供给侧结构性改革的核心是解决政府与市场的关系，通过规范公权力，保护私权利，积极稳妥地推进社会主义市场经济体制改革，才能实现经济可持续发展。

在2015年12月的中央经济工作会议上，习近平同志就着重强调，"明年及今后一个时期，要在适度扩大总需求的同时，着力加强供给侧结构性改革。"

这要求在今后经济社会发展特别是进行结构性改革过程中，战略上要坚持稳中求进、把握好节奏和力度，战术上要抓住关键点。最近一个时期，主要是抓好"去产能、去库存、去杠杆、降成本、补短板"五大任务。其重点实现路径主要有以下几点。

一　促进过剩产能有效化解，加快产业优化重组

（一）扩大内需，合理利用和消化已经形成的生产能力

利用过剩时期产品价格低廉的有利时机，适度扩大民生领域的政府投资，上马一批迟早都要建设、有利于扩大消费的民生类公共基础设施和民生工程，如棚户区改造、防灾减灾工程、生态环境治

理、公共交通等。公共基础设施建设周期长，早建成早受益，利用产品价格较低时进行建设，能节省不少建设成本。

（二）鼓励过剩产能的输出，通过国际市场化解部分产难过剩问题

积极开拓国际市场，利用国际市场消化一部分过剩产能，支持有条件的企业"走出去"，开拓国外市场，扩大销售网络，在境外建立"最后一道工序"的组装加工厂，带动国内零部件、原材料出口和转移一部分生产能力。引导、规范和保护企业的境外投资活动，鼓励投融资系统加大对企业海外投资的信贷支持力度。加快传统制造业"走出去"，推动钢铁、有色、建材、石化等重化工企业在有条件的国家和地区建立境外重化工园区。

（三）推动企业并购、重组、联合，提高产业集中度

按照市场原则，鼓励有实力的大企业和企业集团，以资产、资源、品牌和市场为纽带，实施跨地区、跨行业的兼并重组，促进产能过剩行业生产要素的积聚和集中。依法关闭那些破坏资源、污染环境和不符合安全生产条件的企业，淘汰落后生产能力。要求对淘汰类项目禁止投资。各金融机构应停止各种形式的授信支持，并采取措施收回已发放的贷款；在淘汰期限内国家价格主管部门可提高供电价格。对国家明令淘汰的生产工艺技术、装备和产品，一律不得进口、转移、生产、销售、使用和采用。

（四）加快经济体制改革，限制地方政府干预微观经济的行为

加快体制改革，一是要调整财税体制，特别是理顺中央与地方之间的利益分配机制。此外，地方财政透明化与民主化，有利于避免地方政府为企业投资提供财政补贴。二是进一步推动金融体制改革，进一步硬化银行预算约束、理顺地方政府与银行的关系，通过市场手段提高企业投资中自有资金的比例，降低企业投资行为中的风险外部化问题。三是加快国有企业改革，国有企业要退出一般竞争性领域，确保各种所有制经济依法平等使用生产要素，公平参与市场竞争，同等受到法律保护，利用公平竞争机制将落后产能淘汰

出局。四是完善资源性产品价格形成机制。改革现有土地管理制度，明晰土地产权，深化土地市场的改革，理顺土地市场的价格形成机制，从根本上杜绝地方政府通过低价甚至零价格供地为企业提供补贴。

二 降低企业成本，提高企业的竞争能力

企业成本，除却生产原料、人工等成本之外，企业所缴纳的税费也占总成本中相当一部分比例，根据拉佛尔曲线原理，过高或过低的税率都不能实现税收最大化，而且过高的税率加重了企业的运营负担不利于其长期发展。因此，我国政府应当适当调节税率，优化税制结构，降低税收负担，增强活力，从而提高企业竞争能力，促进市场经济健康发展。

（一）优化税制结构，实行结构性减税，促进税制改革

我国政府针对企业采用的是以流转税为主的税收制度体系，由于受到企业人员结构复杂，正式员工比例低，因此无法形成以企业所得税为主的税收体制。为了改变我国国有企业税负较重的现状，税制设计应当"轻税负严管理"，通过适当放宽税基来降低企业税负水平，同时为防止偷税漏税的行为，加强税收管理，对偷税漏税的企业进行重罚。同时既可以采用提高税率、减小税基的方式来直接减少企业税负，也可以通过加大对企业的减免税优惠政策或者增加税前扣除范围来间接地减轻企业税负，实现税收收入和经济增长的协调发展。

为了能够继续深化税制改革，应当以结构性减税为重点，将税收负担在各产业、行业、税种、地区之间进行合理调整，虽然在短期内会和经济局部过热相冲突，但从长远来看，结构性减税对于缩小地区之间税收差异，优化我国税制结构等问题具有重要作用。

（二）完善统一税收体制，加大税收优惠减免力度

为实现这一政策目标，首先，应当完善税收制度，促进行业企业的发展。税收减免是指政府在不改变税制结构的前提下，为了实

现某些经济目标，采取一些经济上的行为，对某些行业给予激励性的减税免税等政策，这是一种通过直接减少税收的方式来实现的财政支出补贴。这样一方面能够减少企业的税收负担，另一方面也能直接增强对政策制度结果的观测力度，增强公众对政府财政收入的监督。其次，应采用直接间接相结合的综合税收优惠政策，将我国的税收政策由目前的以直接减免税优惠为主转变为间接引导性优惠政策，这样既有利于扩大税收减免的力度，也有利于充分发挥税收对经济发展的积极作用。最后，应当确保税收优惠政策是与我国产业结构调整相接轨，促使税后优惠与产业结构相适应，特别是着重偏向于急需发展的基础设施产业、电子信息产业以及高新技术产业等，促进我国技术更新换代和产业结构转型，有利于经济的协调健康发展。

（三）加强企业税收筹划，做好税收风险管理

第一，通过不同的税收筹划，改革现有的财务制度降低税收成本。税收筹划是降低企业成本的一种十分可靠的方式，其重点工作就是通过在资金流程中通过财务会计核算来最大限度地降低企业的税收成本。为了将企业税收筹划的作用发挥至最大，企业要建立一整套完整的财务核算程序，规范企业的财务会计体系，在合理化和合法化的范围内保证企业各种经营和投资，保证企业经营活动和资金运转的良性发展。

第二，关注税收政策的动向，实现企业价值最优模式。企业税收是企业净利润下降最重要的一个因素，类似于企业的经营费用，这类"费用"只会减少企业净利润，却不会为企业带来任何价值。因此为减少这部分无法带来价值的"费用"，企业应当了解与自身有关的税收政策变动，研究有利于为企业带来价值的相关法规政策，并在法律允许的范围内调整安排自己的经营项目。在不违法的前提下为企业降低税收，以实现节税与企业利益最大化的目标。

第三，提高企业对纳税风险的管理，以减少风险损失。企业在交易的过程中会产生纳税风险，在核算应纳税额时会发生企业前后

收益不一致的风险，抑或是为了适应新的税收政策和法律变化造成的风险，均会给企业带来巨大的损失。按照惯例，企业税务风险越大，损失可能就会越大，而企业未来的效益也将是非常有限的。因此，为了更好地应对未来不确定的风险，企业应提前做好风险管理和预防控制。制定纳税风险控制策略和目标，合理评估纳税风险，不要总想通过打擦边球来逃税漏税；面对已被识别的风险，设计防御控制措施，将控制责任分配到个人；加强信息的沟通交流，保证能及时预警发现风险，能在风险来临时采取强有力措施来控制风险。

（四）对科技进步企业实施税收优惠倾斜

科学技术是第一生产力，是国家进步发展的主要支撑，为了加强对科技产业的鼓励支持，我国应继续颁布一系列针对科技产业行业的优惠政策，因此这种税收优惠政策应当与国家的产业政策相配套，以此来促进产业结构优化，促进我国科技产业的发展。现阶段我国的税收优惠政策应当重点放在缩小税基标准上，并辅助以税收减免优惠政策，多种优惠方式并举，以此促进我国基础设施产业的发展。另外，应当实行例如退税等财政返还措施，对资源开发性和投资性产业实行税收优惠，使资金流向受到国家鼓励发展的行业部门去，并运用财政税收政策为相关产业部门拓宽融资渠道，鼓励科技企业投资。

三 化解房地产库存，解决房地产行业供求矛盾

房地产行业不仅仅是对我国包括基建、金融等行业产生较大影响的产业，作为刚需型产品，更是关乎我国民生问题的重要行业。一方面，现阶段我国的房地产市场正处于结构性供过于求的局面，一部分住房过剩无人居住，而新的楼盘依然正在建设；另一方面，还有许多人无力购买现有的商品房。因此应当出台一系列政策刺激调整房地产市场，消化掉过剩库存。消化房地产库存是一个关系到发展全局的问题，这不仅仅是为了刺激一个行业的发展，更是为了发展工业，盘活整个经济。

(一) 合理规划以及布局住宅用地，限制土地供应

房地产库存过大的主要原因在于市场供求情况发生了变化，但有时也存在土地供应规模过大、安排过于集中，没有进行合理布局规划等问题。要解决住房存量的问题，需要做到以下几点：首先，摸清现有的住房存量、类型、结构、分布等问题，为解决库存过剩的问题提供参考资料；其次，制定城市土地使用规划与房产发展规划，减少住房土地供应量，防止房地产商为眼前利益过多建造住宅而进一步恶化供求状况，并尽量在基础设施齐全、城市功能完善的区域安排住宅；最后，盘活已经出售的住宅用地，规划更符合市场需求的住宅产品。

(二) 财政政策驱动，增强消费能力

解决房地产库存过多的问题，要用市场的手段来解决，因此用财政政策手段来解决该问题，还有很大的空间。而用政策手段解决办法主要有降低市场准入门槛，减少消费成本，让税让利让市场。目前与商品房交易有关的利税主要有契税、印花税、交易费以及按揭评估费。契税、印花税在前几年曾经进行过几次调整，对去房产存量起了较大的作用。另外，如果降低买房首付，将会增加市场购买能力，这对于去商品房存量的作用会更加明显。因此，在制定政策时可以考虑直接减免税费和增加购房补贴等手段。

(三) 保障房供给市场化

住房保障是政府的一项重要工作任务。过去的保障性住房是以新建为主。通过税收优惠、土地政策以及优惠价格等方式来解决建设成本问题。在2015年政府工作报告中曾经明确提出"把一些存量房转化为公租房和安置房"。将商品房和保障房进行接轨，是一个带来多方面效益的创新型调控新思路。首先，房地产方面具有去库存的需要，由于房地产行业在结构上存在供过于求的状态，因此许多商品房处于有价无市的尴尬状态。通过转化并轨，也免去重新建设保障房带来的资源消耗。其次，通过实现房地产存量房的转型，有利于解决人民住房问题，满足其住房需要，符合全面建设小

康社会的要求。现阶段这一政策已经开始逐步实施,通过市场的方式实现供需平衡,有利于将住房资源流向更有需求的人群,有效提高住房资源的利用效率。

(四) 放宽货币政策,消化市场库存

在当前的经济下行压力下,政府应当继续维持宽松的货币政策以及积极的财政政策,而普遍宽松的货币政策会给供方房地产开发商以及需求方购房者提供较为宽松的资金环境,这对于削减房地产库存量带来积极的意义,不仅如此,适当降低首付所占比重会间接地提高购房者的需求能力,因此我国政府应当从这方面入手,通过适当宽松的货币政策减轻供方压力,刺激需求,消化过多市场库存。

四 防范化解金融风险,优化金融市场结构

金融作为经济的命脉,由于其自身的高风险以及连带效应,其高效、安全、稳健运行对于经济全局的稳定发展起到了极为关键的作用。在当前宏观经济整体走势下行、金融安全隐患重重的情况下,应当切实做好金融风险防范工作,不论是地方政府、金融企业还是相关金融部门,都应当加强沟通联系,采取措施防范化解金融风险,支持经济平稳健康发展。

(一) 加强改善金融监控

要保持资金总供求的大体平衡,重点是消化银行货币过剩的流动性,防止商品价格由结构性上涨演变为明显的通胀,防止经济增长过热,促进经济持续平稳协调发展。而要解决流动性过剩的问题,就要加大调控力度,采取综合性措施。

(二) 发展国内资本市场

发展资本市场,有利于减轻银行压力,分散金融风险;有利于使更多的人投入投资性资金,获得更多收益,从而扩大中等收入者比重;有利于形成对国内企业的遴选机制,使优秀的企业获得更加充足的发展资金;有利于增加股市的资金供给,以实现资金总供求的相对平衡,满足投资者以及资金需求者的需要。同时要积极发展债券市场，使国家重点建设项目、重大科技工程以及基础设施的建设可通过发行债券的方式筹集资金，有利于国家公共服务设施的建设与发展。继续加强资本市场基础制度建设，提高上市公司的质量，规范各类市场参与者的行为，强化监管责任，促进资本市场的长期健康发展。

（三）调整银行组织结构

我国应当继续推进银行的股份公司制度的改革，在增强大银行的竞争力的同时，也应当重视发展区域性中小银行以及地方信用社。继续增强农村金融改革力度，放宽农业类金融机构的准入门槛，发展贷款公司、村镇银行以及各类合作性金融组织。满足中小企业以及农民的资金需求。同时加快农村信用社的改革力度，根据各地不同的情况，因地制宜，建设不同的金融管理体制模式，在不同地区发起区域性股份制商业银行或者合作性金融机构。完善人民币汇率机制，逐步实现资本项目可兑换。

（四）重视发展保险行业

在扩大现在已有的保险规模的同时，探索新的保险品种，填补现有保险结构的空缺。积极发展生育保险、存款保险以及作为养老保障补充的企业年金保险制度等，提高全社会的抗灾能力以及保障水平。拓展保险资金的投资渠道，在确定安全的前提条件下实现增值。

（五）加强金融监管力度

充分利用现代电子信息技术，加强对现有的各类金融机构的资金流进行实时监控，及时发现并处理问题。重视对监管队伍的建设，提高相关部门人员的专业素质。同时也要处理好监管与发展之间的关系。监管是为了减少金融违法行为。降低行业风险，从而有利于金融产业更加健康地发展，而不能因过度监管影响到了金融业的正常运作发展。因此要从金融产业的要求出发改善监管，使监管能够适应发展的需要，保证金融行业的健康发展，尽快建立起与实体经济相契合的虚拟经济。

第五节 全面统筹：构建"新常态"的发展新机制

2014年，我国经济发展开始步入"新常态"，用习近平同志的理论来解释，这是一个"经济增速虽然放缓，实际增量依然可观；经济增长更趋平稳，增长动力更为多元；经济结构优化升级，发展前景更加稳定；政府大力简政放权，市场活力进一步释放"的相对稳定并持续演进的过程。最近几年总体的宏观经济指标处于合理的运行区间，在潜在增长率下降、去产能、去泡沫、去杠杆的过程中，我国应当继续实施适应新常态的宏观经济政策。"新常态"下坚持多目标的宏观调控，既要做到"稳增长、保就业、控风险"，又要做到"促改革、调结构、惠民生"。

从中长期来看，经济增长目标的确定，要顺应趋势的变化，我国宏观调控的目标应当由保增长向保就业过渡。这也体现出政府对民生的关注和"以人为本"的执政理念。长期的结构性因素和短期的周期性波动，都决定了中国经济增长速度的下降，宏观经济政策也应该遵循经济发展规律，适应"新常态"，中国的经济发展仍然处于战略机遇期，宏观政策也应当有所作为，但在应对策略上，要防止用强刺激的手段，应当继续保持宏观经济政策的基本稳定。

一 继续实施积极的财政政策

我国需要实行的积极财政政策，首先是实行微刺激，适度扩大财政赤字。在经济衰退的过程中，一方面，受经济增速下降，需求不振，实体经济受到负冲击，财政收入减少；另一方面，受经济危机的影响，财政又要承担起逆周期调控的责任，需要扩大支出，这必然导致财政支出和赤字规模的相应扩大。其次是提高财政资金的利用效率。"盘活财政存量资金"是一个棘手的问题。从短期来看，需要清理、归并，合理安排预算支出；从长期来看，解决这一问题的思路是简政放权,缩减政府规模,定向减税,通过减税"还税于民"。

二 实施稳健的货币政策

我国的货币政策应该进一步明确调控的目标和框架,并将传统的总量调控和结构调控相结合。在政策选择上,首先,继续推进人民币国际化进程,防止大规模资本流动带来的不利冲击。其次,加强对经济发展中的薄弱环节和重点进行金融支持,可以采取各种定向措施,比如定向降准、再贷款、降低利率等措施。最后,面对中国经济下行的压力,采取稳健的货币政策,适度增加货币供给,保持社会融资规模,降低社会融资成本。

三 深化改革,激发市场活力

在中国经济发展的"新常态"阶段,我们要尊重市场,让市场在资源配置中起决定作用,政府不需搞强刺激,加快形成统一、透明、规范有序的市场环境,实现经济的转型,结构调整的顺利实现,通过市场方式来化解以高杠杆和泡沫化为主要特征的各类风险,实现政府职能转向市场机制,弥补"市场失灵"。

政府要简政放权,进行商事制度改革,取消和下放审批事项,减少不必要的行政审批,为投资创业者提供便利条件,鼓励创业。在简政放权、放管结合的同时,要全面推进和落实户籍制度改革、要素市场化改革和国有企业改革、财税体制改革、收入分配制度改革、金融体制改革,进一步释放改革红利,增强经济发展的内生动力。对国有企业和垄断行业进行改革,打破一些领域存在的垄断,取消不必要的生产经营准入限制和行业管理规定。同时,也要支持创新,营造良好的创新环境,尊重知识、尊重人才。

附 录

我国经济体制改革的目标与重点

改革开放以来，中国一直在探讨和实践中国特色社会主义，在这个过程中，社会主义市场经济理论得到不断完善。社会主义市场经济理论是中国特色社会主义理论体系极具创新意义和最重要的组成部分，是马克思主义经济理论的重大发展。中国根据这一理论进行的经济体制改革，尽管步履艰难，但成就令世界瞩目。市场经济经过几百年的发展，在西方发达国家已达到成熟状态，虽然我们可以借鉴其他市场经济国家的有益经验，但不能照搬别国模式。因此，对于中国来说，在社会主义条件下发展市场经济，是前无古人的伟大创举。从高度集中的计划经济成功转向充满活力的社会主义市场经济，是改革开放以来取得的最重要成就。如何全面深化经济体制改革，进一步完善社会主义市场经济体制，建立中国特色的社会主义，值得我们认真探讨。

一 社会主义市场经济体制的选择

社会主义可以实行市场经济是社会主义长期经济建设经验的总结，特别是改革开放新经验的总结。

从客观必然性来看，我国实行市场经济体制是由现实的客观条件决定的。现实的社会主义制度并没有建立在生产力高度发展的社会基础上，而是建立在生产力水平低、经济落后的基础上，还没有条件来实现社会共同占有一切生产资料的单一社会所有制。而且公有制的程度低，其内部存在利益差别，没有极大丰富的社会财富来满足各方面的需要，全社会还不能直接统一地安排生产和分配。在生产力水平等方面还远远落后于资本主义国家，这必然要经历一个相当长的初级阶段，去实现工业化和生产的商品化、社会化、现代化。因此，市场经济的充分发展成为社会经济发展不可逾越的阶段。长期以来，我们没有认识到这一点，企图从自然经济或半自然经济状态，直接跳跃到产品经济状态，结果使经济发展遭到了严重的挫折。

从理论与实践的"矛盾"来看，建立市场经济体制的改革势在必行。理论上看，"社会主义的本质，是解放生产力，发展生产力，消灭剥削，消除两极分化，最终达到共同富裕。"① 而我国过去多年的传统计划经济实践表明：这种体制束缚了生产力的发展，很难实现共同富裕。传统计划经济体制下，宏观上看，计划包罗万象，覆盖一切生产活动，实际上是将整个社会当成一个大工厂，按照那种反映信息不全面，主观性很强的"计划"来生产和运转，使生产供给和社会需求脱节；微观上看，企业没有自主权，"政企不分"，结果将企业统得过死，严重束缚了企业的主动性和创造性，不仅效益低下，而且企业吃国家"大锅饭"，职工吃企业"大锅饭"，整个国家搞平均主义，不讲物质利益原则，扼杀了广大劳动者的积极性。"坚持社会主义制度，最根本的是要发展社会生产力，这个问题长期以来我们并没有解决好。社会主义优越性最终要体现在生产力能够更好地发展上。多年的经验表明，要发展生产力，靠过去的经济体制不能解决问题。"② "发展生产力，经济体制改革是必由之路。"③ 实践证明，实行市场经济有助于我们解决这些问题。当然，选择市场经济，也是我国改革开放实践发展的必然结果，是多年探索的宝贵成果。

实行市场经济体制对传统经济理论提出了严峻的挑战。邓小平同志在这一理论创新过程中，做出了开拓性的历史贡献。我国的改

---

① 《邓小平文选》第三卷，人民出版社1994年版，第373页。
② 同上书，第149页。
③ 同上书，第138页。

革从1978年年底召开的党的十一届三中全会开始，从农村到城市，从微观到宏观逐步展开。邓小平同志密切注视改革的进程，不断总结改革实践提供的新经验，针对人们的传统认识，在改革的不同发展阶段，以极大的理论勇气，提出了一系列有关市场经济的理论观点，并最终形成了独具特色的社会主义市场经济理论。

1979年11月，邓小平在会见美国不列颠百科全书出版公司编委会副主席吉布尼和加拿大麦吉尔大学东亚研究所主任林达光时就指出："说市场经济只存在于资本主义社会，只有资本主义的市场经济，这肯定是不正确的。社会主义为什么不可以搞市场经济，这个不能说是资本主义……市场经济不能说只是资本主义的……社会主义也可以搞市场经济。"[①] 这突破了长期以来社会主义与市场经济对立的传统观念，为我国市场取向的改革提供了理论依据。

1984年10月，党的十二届三中全会《关于经济体制改革的决定》中提出社会主义有计划商品经济的论断，邓小平对决定给予了高度评价。认为"解释了什么是社会主义，有些是我们老祖宗没有说过的话，有些新话。我看讲清楚了。过去我们不可能写出这样的文件，没有前几年的实践不可能写出这样的文件。写出来，也很不容易通过，会被看作'异端'。我们用自己的实践回答了新情况下出现的一些新问题。"党的十三大文件指出："社会主义有计划商品经济新体制，应该是计划与市场内在统一的体制。"从此，我们在文件中再也不提以计划经济为主了。

1985年邓小平指出："社会主义与市场经济之间不存在根本矛盾"。[②] 1987年2月，邓小平指出："计划和市场都是方法嘛。只要对发展生产力有好处，就可以利用。它为社会主义服务，就是社会主义的；为资本主义服务，就是资本主义的。"[③]

1992年邓小平在视察南方的重要谈话中进一步指出："计划多

---

① 《邓小平文选》第二卷，人民出版社1993年版，第236页。
② 《邓小平文选》第三卷，人民出版社1994年版，第148页。
③ 同上书，第203页。

一点还是市场多一点,不是社会主义与资本主义的本质区别。计划经济不等于社会主义,资本主义也有计划;市场经济不等于资本主义,社会主义也有市场。"① 并概括了社会主义的本质是解放生产力,发展生产力,消灭剥削,消除两极分化,最终达到共同富裕。这就从根本上解除了把计划经济和市场经济看作是社会制度属性的思想束缚,对我国经济改革产生了极大的推动作用,成为我们党制定政策的基本理论依据。

社会主义也可以搞市场经济,这是新时期发展马克思主义的伟大创新,是中国共产党对于"什么是社会主义,怎样建设社会主义"的创造性回答。

根据邓小平的关于社会主义可以实行市场经济的一系列论述,1992年6月,江泽民同志在中央党校的重要讲话中指出:"历史经验说明,商品经济的充分发展是实现社会主义经济高度发达不可逾越的阶段。充分发展商品经济,必然离不开充分发展的完善的市场机制。那种认为市场作用多了,就会走上资本主义的担心,是没有根据的和不正确的。"在此,明确提出了将社会主义市场经济体制作为我们改革的新经济体制。

1992年10月,党的十四大明确宣布"我国经济体制改革的目标是建立社会主义市场经济体制"。从此,中国的经济发展开始了新的征程。

1993年11月,党的十四届二中全会通过了《中共中央关于建立社会主义市场经济体制若干问题的决定》,确定了中国社会从计划经济体制向市场经济体制转轨的基本框架。

1997年,党的十五大将"公有制为主体、多种所有制经济共同发展"明确为社会主义初级阶段的基本经济制度,实现了所有制理论的重大创新。

2003年10月,党的十六届三中全会通过了《中共中央关于完

---

① 《邓小平文选》第三卷,人民出版社1994年版,第373页。

善社会主义市场经济体制若干问题的决定》，为 21 世纪改革确定了新的任务。

2013 年 11 月，党的十八届三中全会通过了《中共中央关于全面深化改革若干重大问题的决定》，全面总结了改革开放 35 年来的伟大历程，指出经济体制改革是全面深化改革的重点，核心问题是处理好政府和市场的关系，使市场在资源配置中起决定性作用和更好发挥政府作用。成为新形势下全面深化改革的纲领性文件，标志着从 1978 年开始中国改革开放进入新阶段。

2016 年 12 月 5 日，习近平在中央全面深化改革领导小组第三十次会议上提出"四个有利于"："多推有利于增添经济发展动力的改革，多推有利于促进社会公平正义的改革，多推有利于增强人民群众获得感的改革，多推有利于调动广大干部群众积极性的改革。"这"四个有利于"也是今后确定改革重点的基本遵循。

经济体制改革目标的调整

	时期	目标模式
第一阶段： 1978—1992 年	1978—1979 年	计划经济，利用商品交换价值规律
	1979—1984 年 10 月	计划经济为主，市场调节为辅
	1984 年 10 月至 1987 年 10 月	有计划的商品经济
	1987 年 10 月至 1989 年 6 月	国家调节市场，市场引导企业
	1989 年 6 月至 1992 年 10 月	计划经济与市场调节的有机结合
第二阶段： 1992—2002 年	1992 年 10 月至 2002 年 10 月	我国经济体制改革的目标是建立社会主义市场经济体制，指出要使市场在国家宏观调控下对资源配置起基础性作用
第三阶段： 2002—2012 年	2002 年 11 月至 2012 年 10 月	在更大程度上和制度上发挥市场在资源配置中的基础性作用
第四阶段： 2012—2020 年	2012 年 11 月至 2020 年	使市场在资源配置中起决定性作用和更好发挥政府作用

二 社会主义经济体制改革的目标内涵

改革开放以来,中国的经济发展成果令世人瞩目,市场经济取代计划经济已经是不可逆的历史定局。问题在于中国将要建立什么样的市场经济,目前世界上实行市场经济的国家占了绝对多数,但都各有特色。中国要从传统的计划经济体制转向市场经济体制,是对原有计划经济的扬弃和否定。社会主义市场经济的主要内容包括一般市场经济的主要内涵,这是由经济规律所决定了的;但是又有其特殊性。

（一）以财产为动力,推动经济发展

首先,承认"经济人"假定。这是市场经济赖以发挥作用的前提假定。亚当·斯密最早在《国富论》中使用"经济人"假设。认为每个人都具有利己主义的本性。"每一个人对改善自身处境的自然努力"是经济人的基本心理动机。亚当·斯密在著名的《国富论》中写道:"每人都在力图应用他的资本,来使其生产品能得到最大的价值。一般地说,他并不企图增进公共福利,也不知道他所增进的公共福利为多少。他所追求的仅仅是他个人的安乐,仅仅是他个人的利益。在这样做时,有一只'看不见的手'引导他去促进一种目标,而这种目标绝不是他所追求的东西。由于他追逐自己的利益,他经常促进了社会利益,其效果要比他真正想促进社会利益时所得到的效果为大。"[①] 可见,亚当·斯密描绘的市场经济这只"看不见的手",使"经济人"在完全理性的前提下,追求自身利益的最大化。建立社会主义市场经济,应该首先承认"经济人"本性,使企业"自主经营、自负盈亏、自我约束、自我发展",成为独立的利益主体和真正的市场主体。

其次,经济自由。市场经济是以人为本的经济,是人们追求个人的自由、发展和实现自身价值的经济社会形式。没有自由,经济

[①] 亚当·斯密:《国富论》下册,郭大力、王亚南译,商务印书馆1983年版,第27页。

就没有活力和效率。

经济自由首先意味着经济人的偏好自由、价值自由、使用自己的资源的自由，而这些自由中最大的自由就是，利用自己的有限资源在对他人有利至少无害的条件下，实现福利最大化或者利润最大化的自由。经济自由时刻会受到各种强制的威胁，对于这种强制市场经济本身是不足以对付的。对此，政府一是要保护经济自由免予社会势力的强制；二是要控制自己的行为，不要以保护为名，实施更大的强制。

"自由与繁荣并存并不是一种偶然现象。事实上，自由是经济进步所必需的组成部分。享有自由但经济并不进步的情况是有可能存在的。但是，没有自由，就绝对不可能产生真正的经济进步。要使自由成为繁荣的动力，关键是要保证财产私有权的存在。"[①]

最后，产权保护。产权是市场经济承认的唯一的权利，是市场交易和价值规律发挥作用的前提。产权的最终所有者在现实中包括自然人、社会群体、社会团体、社区和国家，在市场经济条件下，必须产权清晰，才能实现彼此的经济利益。产权的清晰包括经济上的清晰和法律上的清晰。即所有者在经济上要分清楚"你""我"，而且这种权利必须在法律上受到尊重和保护。只有这样，才能维护市场竞争的权威，保持经济的活力。

2016年11月27日，我国出台了《中共中央国务院关于完善产权保护制度依法保护产权的意见》（以下简称《意见》），这是我国首次以中央名义出台产权保护的顶层设计。《意见》认为：产权制度是社会主义市场经济的基石，保护产权是坚持社会主义基本经济制度的必然要求。有恒产者有恒心，经济主体财产权的有效保障和实现是经济社会持续健康发展的基础。对产权保护坚持平等保护、全面保护、依法保护、共同参与和标本兼治。产权保护的根本目的

[①] 詹姆斯·L. 多蒂、德威特·R. 李：《市场经济读本》，江苏人民出版社2005年版，第46页。

是激发各类经济主体的活力和创造力，而根本手段就是建立产权保护长效机制。可见，以制度建立产权的保障基础是市场经济的必然要求。

(二) 市场在配置资源方面起决定性作用

在市场经济条件下，通过市场配置资源是最有效的方式。经济发展过程从它的物质运动形态来看，是资源的开发、配置和消化过程，也就是如何把有限的人、财、物等经济资源，不断地以最优化的方式合理地分配到社会生产的各个领域，满足人们多种多样的需求。国民经济是一个有机的整体，各个组成部分有机结合越合理，发展才能越快越健康。市场配置资源的实质就是按照价值规律的要求，适应供求关系的变化，发挥竞争机制的作用，来实现资源的优化配置，这种资源配置方式的优点是，能够通过灵敏的价格信号和经常的竞争压力，促进优胜劣汰，从而把有限的资源配置到效益较好的环节中去，促进生产和需求的及时协调。一个国家的自然资源是有限的，必然要求对资源进行合理利用，优化配置，使其达到最大的边际效益。

市场配置资源是通过市场机制来实行的。市场机制包括三个方面的基本要素，即供求、价格和竞争。市场经济进行资源配置的规律，表现为价值规律、供求规律和竞争规律等。

价值规律是市场经济的基本规律，其基本内容就是：商品的价值量由生产商品的社会必要劳动时间决定，商品交换要以价值量为基础，实行等价交换。

供求规律是指在价值规律发挥作用的过程中，商品的市场供给同有支付能力的需求之间所具有的内在联系和趋于平衡的客观必然性。包括两方面的内容，在任何一定的场合，供给和需求这两种社会力量都是不平衡的；而把每一时期作为一个整体来看，供给和需求这两种力量则是平衡的。不平衡是经常的、绝对的，平衡是暂时的、相对的。从不平衡到平衡，又从平衡到不平衡，如此循环运动，构成供求规律的运动。

竞争是市场经济的基本特性之一，只有竞争才能使价格随供求的变化而升降，价格的变化反过来调节供求。所以，竞争作为一种强制社会力量使价值规律的要求得以贯彻，并在优胜劣汰中变成商品生产者和经营者的行为准则和生存之道。竞争是市场活力的灵魂，"竞争在市场经济中处于中心地位"。[①] 竞争规律的主要内容有：一方面，竞争是市场经济中商品内在矛盾的外在表现；另一方面，竞争是市场经济中价值规律的客观要求。

党的十八届三中全会指出：经济体制改革是全面深化改革的重点，核心问题是处理好政府和市场的关系，使市场在资源配置中起决定性作用和更好发挥政府作用。市场决定资源配置是市场经济的一般规律，健全社会主义市场经济体制必须遵循这条规律。但市场在资源配置中起决定性作用，并不是起全部作用，不是说政府就无所作为，而是必须坚持有所为、有所不为，着力提高宏观调控和科学管理的水平。习近平总书记指出：更好发挥政府作用，不是要更多发挥政府作用，而是要在保证市场发挥决定性作用的前提下，管好那些市场管不了或管不好的事情。

(三) 弥补市场缺陷，进行有效宏观调控

市场不是完美无缺的，价值规律不是万能的。实行市场经济，必须有国家的宏观调控。市场经济体制有它明显的优点，但也要清醒地看到，市场有它自身的弱点和消极方面。市场缺陷主要表现为：(1) 垄断。市场经济条件下的自由竞争容易导致垄断，垄断是排斥竞争的，它破坏了市场经济的游戏规则，使效率受损，并且不利于资源配置的优化。(2) 外部不经济。在这里外部不经济指的是一种经济行为对其本身和外部产生出来的负效应。在市场经济条件下，由于企业追求利润最大化，企业的生产对自身来讲可能得到比较理想的结果，资源配置也可能是最优的，但给社会可能会产生不经济的现象。如企业生产带来的环境污染，社会为此付出的代价没

[①] 斯蒂格利茨：《经济学》下册，中国人民大学出版社1997年版，第384页。

有办法通过市场价格表现出来，环境污染给社会造成的损失很难通过市场机制的自发作用得到补偿和纠正。也就是说，外部不经济问题，市场本身是不能解决的。（3）不能有效提供公共产品和公共服务。一些公共产品和服务如路灯、城市卫生、国防等，由于其本身具有的排他性，人们完全有可能在不付任何代价的情况下来享用这些公共产品和服务，出现"免费搭车者"。因此，市场无法使这类产品和服务的消费者支付费用，以保证有效的供给，而这类产品和服务是社会必不可少的。（4）收入分配不公。由于在市场经济条件下，从经济人的角度看，每一个参与生产活动的人，都关心自身利益的最大化。尽管市场交易原则上实行等价交换，但由于个体在学历、技能等方面的差异、资源和环境等条件的不同，人与人之间、企业与企业之间收入水平就出现差别。在有市场的地方，就会有差别，就会有不平等。在一定意义上，市场经济就是靠这种差别产生刺激和竞争而带来效率。市场本身可以较好地解决效率问题，但不能解决不平等问题。（5）宏观不平衡。市场无法自发地实现经济总量的平衡，必然造成经济的周期性震荡。

　　市场缺陷要靠政府宏观调控的力量来弥补。当今世界已经不存在没有政府宏观调控的"完全自由"的市场经济。20世纪30年代世界性经济大危机之后，美国开始采取宏观措施干预经济运行，第二次世界大战后，西方各国都普遍通过各种政策如财政政策、货币政策、收入分配政策、产业政策等，对经济进行宏观调控。我国实行市场经济，更应该对经济的发展有一个有效的宏观调控。（1）制定规则和建立市场秩序。建立健全法规建设，使市场运行有序，制止垄断，保护生态环境和自然资源，保护市场竞争的公平性。（2）提供足够的公共产品与服务，提高人民的生活品质，保持国家的稳定和安全。（3）初次分配体现公平，再分配更加注重公平。采取"提低、扩中、调高、打非、保困"方法，调整收入分配格局。即提高低收入者收入水平、扩大中等收入者比重、有效调节过高收入、坚决取缔非法收入、保障困难群众的基本生活，建立健全社保障和社会福利制度，缩小收入差距。（4）制定发展规划和政策。对于一定时期不同区域之间的产业分布、收入分配及资本成长等，都可以在经济规划中体现出来，并进行引导。此外，要制定财政政策、货币政策和产业政策等，保持宏观上的总量平衡，促进经济结构优化，使经济能够协调、持续、稳定地发展。

科学的宏观调控，有效的政府治理，是发挥社会主义市场经济体制优势的内在要求。政府的职责和作用主要是保持宏观经济稳定，加强和优化公共服务，保障公平竞争，加强市场监管，维护市场秩序，推动可持续发展，促进共同富裕，弥补市场失灵。

把"看不见的手"和"看得见的手"都用好。政府和市场的作用不是对立的，不是此消彼长的关系，而是相辅相成、相互补充。

（四）社会主义市场经济的特殊性，表现在社会主义所有制基础上

社会主义市场经济所有制的主要内容是以公有制为主体、多种所有制经济共同发展。

我们要建立的是社会主义市场经济，并不意味着我们把市场经济分为姓"社"的和姓"资"的，这只是"社会主义条件下的市场经济"的简称。迄今为止，市场经济总是与各国所特有的历史条件和社会基本制度联系在一起的，因而都有各自的特性。在社会主义条件下，市场经济是和社会主义基本制度相结合的。

毫不动摇地坚持我国基本经济制度。实行公有制为主体、多种所有制经济共同发展的基本经济制度，是我们党确立的一项大政方针。公有制经济和非公有制经济都是社会主义市场经济的重要组成部分，都是我国经济社会发展的重要基础。必须毫不动摇巩固和发展公有制经济，坚持公有制主体地位，发挥国有经济主导作用，不断增强国有经济活力、控制力、影响力、抗风险能力。必须毫不动摇鼓励、支持和引导非公有制经济发展，激发非公有制经济活力和创造力。要建立完善现代产权制度，积极稳妥发展混合所有制经济，深化国有企业改革，完善现代企业制度，支持非公有制经济健

康发展。

与此相适应，社会主义的分配制度和共同富裕目标，也是中国特色社会主义市场经济的表现。

三　深化经济体制改革的几个重点

从传统计划经济体制到社会主义市场经济体制的过渡并不是一种把水从一个桶倒到另一个桶的过程那么简单，中间有很多体制转轨的痛苦与困难。当前经济体制改革存在的诸多体制性障碍，但绝不是框架出现了问题，所以没有必要拆了旧的框架。如果说前期改革主要是使被旧体制束缚的社会生产力得以释放，在新常态下，今后的改革将致力于以供给侧为突破口，形成和完善一种能够使社会资源有效配置、经济运行有效的市场机制，创造一种能够最大限度地发挥人的积极性和创造性的经济体制。

（一）坚持和完善社会主义基本经济制度

社会主义初级阶段的基本经济制度问题，实质上是所有制问题。以公有制为主体、多种所有制经济共同发展，是我国社会主义初级阶段的一项基本经济制度。

第一，毫不动摇地巩固和发展公有制经济。

（1）坚持公有制为主体。公有制是社会主义经济制度的基础。公有制为主体，首先，体现在国有资产和集体所有资产在社会总资产中占优势，这是公有制为主体的前提，只有坚持公有制的主体地位，才能保证社会主义的性质，有效地组织社会生产，集中人力、物力、财力办大事，促进经济高速发展。公有资产在社会总资产中占优势，不能简单地从数量和比重上衡量，而主要体现在公有资产"质"的优势上，即体现在产业属性、技术构成、科技含量、规模经济、资本的增殖能力和市场的竞争力等方面。其次，公有制为主体不等于国有制为主体，公有制经济不仅包括国有经济和集体经济，还包括混合所有制经济中的国有成分和集体成分。

（2）发挥国有经济的主导作用。国有经济在经济发展中起主导作用，主要体现在控制力上，即控制国民经济和经济制度的发展方向、控制经济运行的整体态势、控制重要的稀缺资源的能力。为提高国有经济控制力，要从战略上调整国有经济布局，坚持贯彻国有经济"有进有退，有所为有所不为"的方针。有所为，就是国有经济要控制少数关系国民经济命脉和国家安全的关键领域，在国防和具有自然垄断性的基础行业、提供公共产品和服务的公益性行业要占支配地位，在重要竞争性领域，国有经济可以控股，也可以参股，通过少量国有资本控制和影响更多的社会资本。有所不为，是指国有资本要从一般竞争性行业逐步退出，让更多的社会投资主体进入，依靠多种经济成分解决现阶段面临的社会经济发展问题。

第二，毫不动摇地鼓励、支持和引导非公有制经济发展。

在社会主义初级阶段，发展非公有制经济，绝不是权宜之计，它本身就是社会主义市场经济的重要组成部分。鼓励和支持非公有制经济发展，要更加解放思想，大胆实践。一是充分认识现阶段非公有制经济是社会主义经济的重要组成部分，是坚持和完善基本经济制度的重要内容。对非公有制经济及其实现形式，只要有利于社会主义生产力的发展，有利于增加就业，有利于提高人民生活水平，就应支持和鼓励其发展。二是在政策上要清除各类歧视性规定，在市场准入、税收政策等方面给予各种所有制经济同等待遇。三是鼓励民营企业依法进入更多领域，引入非国有资本参与国有企业改革，更好激发非公有制经济活力和创造力。

总之，公有制经济和非公有制经济都是社会主义市场经济的重要组成部分，都是我国经济社会发展的重要基础。公有制经济财产权不可侵犯，非公有制经济财产权同样不可侵犯。国家保护各种所有制经济产权和合法利益，坚持权利平等、机会平等、规则平等，废除对非公有制经济各种形式的不合理规定，消除各种隐性壁垒，激发非公有制经济活力和创造力。

（二）转变政府职能

转变政府职能就是要按照市场经济的要求，让市场起到配置资源的决定性作用。政府要成为公共服务型政府，建立有限政府和有效政府。也就是说，要实现从无限政府向有限政府、从低效政府向有效政府的转变。有限政府的特征有两个：

（1）有限性。这一点首先体现在政府与市场的关系上，有限政府重视市场在经济活动中的重要作用，但自身不直接参与经济活动，不直接控制市场活动；在政府与社会的关系上，有限政府将自己的行为严格限定在公共领域，只管理涉及公共利益的公共事务。

（2）法治性。有限政府就是指政府在权力、职能和规模上受到法律的限制，能公开接受社会的监督和制约，政府权力和规模超出法定界限时能得到及时有效的纠正。

十八届三中全会《中共中央关于全面深化改革若干重大问题的决定》指出，中央政府要加强宏观调控职责和能力；地方政府要加强公共服务、市场监管、社会管理、环境保护等职责。相应地要减少行政审批，需要保留审批的，必须规范操作。

一方面，凡是市场能做的，应该放手让市场去做。政府的介入是为了使市场失灵的范围和程度缩小，使市场机制能够承担更多的配置功能，而不是为了用政府来代替市场。转变政府职能，不直接干预企业正常的经营活动，推进政企分开，逐步把社会可以自我调节管理的职能交给企业、市场或中介组织。

另一方面，减少项目审批的行政管理方式，强化政府的服务功能。随着国有经济战略性调整的逐步到位，国有经济在国民经济中的比重进一步下降，多种所有制经济共同发展，核准、认定、批准等要逐渐被登记、备案等代替，政府职能要切实转变到经济调节、社会管理、公共服务上来。逐步完善市场竞争规则，维护各类市场主体的合法权益，对市场进行有效的管理，促进形成公平、有序、统一的市场体系；特别要注意发挥政府在收入分配方面的作用，建立和完善社会保障制度，防止两极分化，增进社会福利，保障低收入阶层的基本生活，促进社会公平。

（三）继续推进分配制度改革

据资料显示，中国的收入不平等和地区差距日益扩大。中国城乡之间、各地区之间以及城乡内部都存在收入差距，并呈不断扩大趋势（我国的基尼系数已经超过了警戒线0.4，城镇居民收入差距最高超过10倍）。因此，深化分配制度改革，解决分配领域中存在的突出矛盾和问题，建立适应国民经济发展水平和社会主义市场经济要求的分配机制，理顺分配关系，非常重要。这涉及广大劳动者的切身利益和积极性能否发挥的问题。

第一，坚持和完善按劳分配为主体、多种分配方式并存的分配制度，健全劳动、资本、技术、管理等生产要素按贡献参与分配的制度。这是社会主义的基本原则和市场经济的基本要求在分配制度上的体现。

（1）按劳分配是与社会主义生产资料公有制相适应的分配方式。按劳分配的基本要求是，以劳动为尺度进行个人收入分配，劳动者以一定形式向社会和集体提供一定量的劳动，经过必要的扣除后，从社会和集体取得含有等量劳动的个人收入。按劳分配的主体地位表现在两个方面：一是在全社会范围的收入分配中，按劳分配占最大比重，起主导作用；二是在公有制经济范围内劳动者总收入中，按劳分配收入是最主要的收入来源。

（2）按生产要素分配，是在市场经济的条件下，资本、技术、土地、劳动力等生产要素的所有者按其直接或间接投入生产经营活动的数量和质量或贡献率获取收益的分配方式。生产要素参与收入分配的实质，是生产要素所有权在经济上的实现。

第二，坚持效率优先、更加注重社会公平。这一政策就是要把效率和公平有效地协调起来。所谓效率，是指投入和产出的比率。公平，是指人们之间利益分配的合理化，是社会的公平。对于我们这样一个发展中的社会主义国家来说，效率是至关重要的。没有效率，公平就失去了物质基础，社会主义制度的先进性、优越性就无从谈起。坚持效率优先，有利于激励和调动企业和劳动者的积极性，促进经济发展。只有想办法增加整个社会的财富，才能增加社会成员的可分配份额，才可能实现共同富裕。

但强调效率并不意味着无视公平，失去公平，效率的提高必然不能持久。目前的问题是，如何在实践中认识"效率"与"公平"的含义？如何缩小越拉越大的收入分配差距？比如在实践中创造机会均等的体制改革不够，对非法致富、偷税漏税等不法行为的惩治不够，对不合理的收入差距调节不够，对下岗职工、生老病死的救济和保障不够，等等。

我们建设的社会主义市场经济体制既要体现市场经济的效益，又要体现社会主义的公平。党的十八大报告更加关注改善民生，初次分配要兼顾公平和效率，再分配要更加注重公平，逐步扭转收入分配差距扩大趋势。因此，坚持效率优先很重要，但更要注重社会公平。提高"两个比重"，即居民收入在国民收入分配中的比重；劳动报酬在初次分配中的比重。实行"两个同步"，即居民收入增长要同经济增长同步；职工工资增长要同劳动生产率同步。

第三，以共同富裕为目标，扩大中等收入者比重，提高低收入者收入水平，逐步形成高收入者和低收入者占少数、中等收入者占多数，呈现"两头小、中间大"的"橄榄形"分配格局。

开放倒逼改革

——天津自贸试验区的开放调研

天津自贸试验区是继上海自贸区之后，第二批成立的自贸区，与广东自贸区、福建自贸区并列，与上海自贸区一起构成了我国四大自由贸易试验区。从地缘贸易方面来说，天津对内承担起京津冀一体化重要的桥梁作用，以及提高北方经济整体实力的桥头堡作用。设立自贸区的初衷就是用开放倒逼改革，自贸区是新一轮对外开放的推进器。自贸区在体制机制上的探索和创新，可形成一批可复制、可推广的经验做法。

天津自贸试验区的战略定位是：以制度创新为核心任务，以可复制可推广为基本要求，努力成为京津冀协同发展高水平对外开放平台，全国改革开放先行区和制度创新试验田、面向世界的高水平自由贸易园区。总体目标是：经过3—5年改革探索，将自由贸易试验区建设成为贸易自由、投资便利、高端产业集聚、金融服务完善、法制环境规范、监管高效便捷、辐射带动效应明显的国际一流自由贸易园区，在京津冀协同发展和我国经济转型发展中发挥示范作用。

天津自贸试验区面积为119.9平方千米，为天津区域面积的1%。包括三个片区，天津港片区30平方千米，天津机场片区43.1平方千米，滨海新区中心商务片区46.8平方千米。其各个片区的功能有所侧重：天津机场片区重点发展航空航天、装备制造，新一代信息技术等高端制造业和研发设计，航空物流等生产性服务业；天津港东疆片区重点发展航空物流，国际贸易，融资租赁等现代服务业；滨海新区中心商务区重点发展以金融创新为主的现代服务业。

在自贸区范围内，有16.96平方千米的海关特殊监管区域，重点探索以贸易便利化为主要内容的制度创新；另外的102.94平方千米为非海关特殊监管区域，将重点探索投资制度改革，完善事中事后监管，推动金融制度创新，积极发展现代服务业和高端制造业。

一 天津自贸试验区改革的重要内容

概括地讲，可以说是"四化一平台"。

(1) 行政高效化。加快政府职能转变，简政放权，以政府权力的减法换取市场活力的乘法，加快打造适应国际化、市场化、法制化要求和投资贸易便利化需求的服务体系。

(2) 投资自由化。扩大投资领域开放，着重强调"引进来"和"走出去"。"引进来"着力降低外商投资准入门槛，对外商投资实行准入前国民待遇加负面清单管理模式。"走出去"主要是推动中国装备和优势产能"走出去"。

(3) 贸易便利化。推动贸易转型升级，探索开展跨境电子商务试点，鼓励开展保税展示交易，发展汽车平行进口，积极拓展中上游航运服务业等。

(4) 金融国际化。深化金融领域开放创新，建立健全金融风险防控体系。实施租赁业政策创新，设立中国天津融资租赁登记流转平台和中国金融租赁登记流转平台，形成与国际接轨的租赁业发展政策环境。建立健全金融风险防控体系。

(5) 服务京津冀协同发展重大国家战略，构建京津冀协同发展高水平对外开放平台。

二 自贸区工作进展情况

市委、市政府成立了自贸试验区推进工作领导小组，由市委代理书记，市长黄国兴同志任组长，成员包括41个主要职能部门和单位，设立了自贸试验区管委会，作为市政府派出机构，具体组织推动落实各项改革创新任务。

(一) 自主制度创新全面展开

自贸区一挂牌就推出第一批制度创新清单122条，组织相关部门逐条制订具体实施方案，明确创新措施条款名称、内容、创新点、实施文件依据、预期效果、适用范围、完成时限、在全国创新地位等。上海自贸区改革经验全面复制。上海34项可复制改革经验，已有30项在天津自贸试验区复制推广，另外4项国家部委也正在制定政策细则，推动在全国范围内复制推广。

(二) 制度创新总结评估工作全面启动

梳理汇总了可以在全国和京津冀复制推广的改革经验和最佳创新实践案例，上报商务部。部际联席会议同意21项在全国复制推广的改革经验纳入第三方评估，天津自贸试验区有9项入选，以信用风险分类管理为依托的市场监管制度、京津冀区域检验检疫一体化新模式两项创新举措入选最佳实践案例。

(三) 服务京津冀协同发展全面推进

研究制订了自贸区贯彻《天津市贯彻落实京津冀协同发展规划纲要实施方案》的落实方案。

(四) 自贸试验区影响力全面提升

组织宣讲30多场政策宣讲活动，听众超过1万人次。先后召开多次新闻发布会。建立天津自贸试验区官方网站、官方微博、微信发布平台。

二　天津自贸试验区存在的问题

天津自贸区设立以来，在推动制度创新方面取得了一定成效，但仍存在一些问题。

(一) 国家部委主动创新意识有待进一步增强

在自贸试验区工作推进过程中，由于角度、层次、职能和任务不同，国家各部门和地方在具体问题上存在不同认识，地方要求加快推进制度创新和简政放权的积极性比较高，但一些国家部委认为改革创新要在现有制度、政策框架下推进，常常由于"风险难以防控"等因素，制约了创新积极性，存在"上冷下热"的问题。

(二) 对接国际高标准投资贸易规则不够深入

目前的制度创新措施仍然主要集中在政府职能转变、投资贸易便利化、金融创新等方面，对国际通行规则衔接融通不够。实施的负面清单管理模式，主要是按照我国产业指导目录编制，仍属于正面清单负面表述的模式，开放角度和透明度不够，国民经济行业分类与联合国产品分类标准没有衔接上。同时，一些创新领域与国际一流标准还存在差距，比如航运物流、海关监管便利化与新加坡、韩国釜山相比，金融创新与中国香港和英国伦敦相比，都还有很大差距；发达国家已经成熟的安全审查和反垄断机制，在我国还处于建章立制阶段，地方权限受限制，需要逐步探索试验。

(三) 制度创新需要与地方经济社会发展更好地结合

囿于现有制度，自贸试验区制度创新的执行落实层面主要在各个片区。各片区比较注重制度创新能够为本地区经济社会发展带来什么成效，注重招商引资、就业、税收的实际效果，对制度创新能带来多少便利化程度重视还不够，与国际规则对接仍然存在差距，经济社会发展与制度创新在一定程度上存在"两张皮"的现象。

(四) 一些影响重点领域和关键环节的突破不明显

地方重要的创新举措需要相关部委出台支持细则和文件才能落地，目前国家相关政策出台较慢，不能及时落地，一些写入《总体方案》的创新举措还需要再申请才能落实，一些含金量较高的举措被砍掉。比如，税收制度方面，符合国际惯例的税制和税收安排尚未形成，自贸试验区从事离岸业务企业和境外股权投资企业的所得税率较高，与国外相比不具备竞争优势。

四 几点建议

第一，建议进一步提高国家各部委对自贸试验区制度创新的认识。提高各部委推动改革的积极性和主动性，解放思想，大胆探索，变"要我改"为"我要改"，允许和鼓励地方先行先试，对于地方上报的改革创新举措尽快给予批复，同时主动研究提出更多的创新举措。

第二，建议加强国家层面顶层设计，更好推动自贸试验区制度创新。自贸试验区是对接国际高标准投资的贸易规则的试验田，国家层面应在这方面加强顶层设计，明确思路方向，加强统筹协调，对地方探索对接国际高标准投资贸易规则给予更多的帮助和指导。

第三，建议更好发挥自贸试验区在服务国家战略中的作用。天津自贸试验区立足于推动京津冀协同发展，希望国家有关部委大力支持，建立天津自贸试验区服务京津冀协同发展具体工作协商机制，定期组织召开三地联席会议，推动天津自贸试验区服务京津冀协同发展工作，及时协调解决有关问题。

第四，建议在防范风险方面，国家部委给予地方更多的工作指导。地方先行先试创新举措积极性很高，但防范风险方面的经验不足，同时又由于安全审查、反垄断等事中事后监管事权大多在国家层面，希望国家部委给予地方更多的工作指导。

第五，建议建立国家层面统一的制度创新评估机制。构建统一的评估标准和指标体系，让各自贸区在推进制度创新过程中有统一规则。

天津自贸试验区在承担试验改革创新的责任中，本就应该胆子大一点，创新劲头猛一点，在现实基础之上不断推陈出新，哪怕在某些方面出现了一些错误，也是在探索中不可多得的宝贵财富，失败并不可怕，只要能不断总结探索，成功必将到来，中国经济也必将保持良好的发展。

现实倒逼产业转型升级

——河北省固安县产业转型升级调研报告

一 固安产业转型升级的背景

固安县隶属于河北省廊坊市，全县面积696平方千米，辖12个乡镇，6个省级园区，一个街道办事处，419个行政村，耕地面积为65万亩，人口48万。固安位于北京市天安门正南50千米，与北京市大兴区以永定河相隔，是首都"零距离"县之一，已经启动建设的北京新机场距离固安主城区10千米。域内拥有京九铁路、大广高速、廊涿高速、"106"国道、廊涿公路等多条交通干道，"849"路环城公交和"943"、"828"等过境公交与北京直接联通，并开通了"固安南—天宫院地铁站"公交专线，出行方便快捷。固安土地肥沃、资源充沛，粮食、瓜果、花木、蔬菜等农作物产量高、质量好，地热、矿泉水等资源储量大、品质优。此外，固安还拥有屈家营古乐、小冯村古乐等丰富的非物质文化遗产。2007年以来，固安先后被国家级权威机构命名为"中国温泉之乡""中国钓鱼之乡""中国花木之乡""中国民间文化艺术之乡""中国矿泉水之乡"，并相继获得"全国文明县城""省级卫生县城""省级园林县城"等荣誉称号。

基于我国经济发展形势，整体下行压力较大，市场倒逼机制使企业的发展不得不重新依靠市场的充分竞争来求得更好的生存，依靠传统的政府指令性发展已经使经济存在诸多的弊端：产能过剩、产业链处于较低端的水平、劳动力成本不断提高、传统企业的竞争力下降。为了使经济能够继续保持较高质量的发展，就必须转变我们的经济发展方式，区域经济要想继续保持较高速度的增长，则必须根据自身实际不断创新经济增长新方式。近年来，在上级党委、政府的坚强领导和社会各界的大力支持下，固安县充分发挥自身区位、交通、资源等基础优势，抢抓京津冀协同发展、北京新机场启动建设等重大发展机遇，以打造创新活力之城、生态宜居之城、和谐幸福之城为目标，不断引进高新技术产业，推动传统产业转型升级，促进了县域经济的持续健康发展。

固安作为一个传统农业县，工业基础相对薄弱，传统产业也是几经变迁。20世纪80年代，塑料、钓具、滤芯、肠衣、建材、普通机械加工等行业一度成为固安县工业经济发展的主力军，以上几个行业的鼎盛时期，企业数量占到全县工业企业总数的81%，产值占全县工业总产值比重最高时曾达到73%，但传统产业生产工艺落后、科技含量较低，导致大而不优、大而不精的问题长期存在。随着国家宏观调控力度的不断加大，以及资源环境、生产要素成本上升，外需下滑等条件的限制，个别传统产业开始出现萎缩，特别是建材行业中的水泥生产及制品、灰砂砖、黏土砖等均被列入落后产能，逐步被淘汰。为此，围绕进一步提升传统产业升级、驱动区域经济加快发展，县委、县政府立足固安发展实际，以转变经济发展方式为主线，坚持高端定位、科学布局、绿色发展，加快推动传统产业升级。

二 固安产业转型升级的主要做法

（一）集中优势资源，壮大产业集群

固安县过去的传统产业绝大多数属于劳动密集型产业，能耗高、污染多，附加值低，存在比较明显的低端化倾向，尤其是受到土地、金融等要素的限制，问题显得更加突出。为提升传统产业综合竞争力，固安县制定了加快集群发展相关政策，规划建设了牛驼镇（现温泉园区）林城滤芯小区、礼让店乡钓具小区、渠沟乡塑料小区、东红寺乡大韩寨肠衣加工小区等特色产业集群区，通过技术改造和创新、淘汰落后产能、龙头骨干企业带动等措施，努力探索实践了产业与市场互动提升型、龙头企业带动型、政府规划引导型、价值链整合提升型等一系列传统产业转型升级的路径。在不断壮大传统产业集群的同时，着力引进高端项目，培育壮大新兴主导产业，辐射带动传统产业升级，先后建成了固安工业园区、温泉园区、固安高新区、空港产业园区、大清河经济开发区、现代农业园区6家省级园区，聚集了京东方、航天振邦、联孚新能源、航天应用技术产业基地、肽谷生命科学园等一批优质项目。目前，航空航天、新能源新材料、高端装备制造、生物医药和电子信息五大主导产业已形成规模，生产力布局进一步优化。

（二）推动"两化融合"，调优产业结构

按照上级产业政策要求，深入推进"两化融合"工程（信息化、工业化），不断强化信息技术在传统产业中的应用，助推产业升级步伐加快。一是强化技术研发与创新，加快引进推广具有行业特色的工业软件和信息化解决方案。以固安信通铁路信号有限公司为例，该公司是以生产铁路信号灯为主的机械加工企业，近年来，通过加强技术改造和新产品研发投入，不断提高信息化水平，产品市场占有率逐年提高。2014年产值达到10804万元，税收达到1320万元，被省工信厅列为"两化融合"重点企业。二是建立信息化服务平台。2014年，县财政安排专项资金建设了辐射各乡镇、企业和县直经济部门的中小企业信息网络服务平台，为企业提供政策咨询、金融产品介绍、行业数据等共享服务。2015年，固安县依托固安中小企业服务网共发布各类信息1000余条，尤其是微信平台的建立，更是极大地方便了与企业互动交流，目前加入微信客户端的企业已达到700家左右。三是强化扶持、引导，促进企业产品结构调整。近年来，固安县积极采取政策引导、资金扶持、帮助引进先进技术装备等措施，促进企业及时转变生产经营策略。目前，永丰建材自主研发生产了特种叉车、数控全自动建材生产线等新产品，并迅速打开了市场，实现了快速转型发展。

(三) 加大培训力度，优化知识结构

企业家队伍对于改造提升传统产业至关重要。固安传统产业以民营企业家为主，多数民营企业家为农民出身，他们在推动企业发展的过程中积累了丰富经验，但在新形势下，传统经营思路和理念的弊端逐渐显现，开阔眼界、更新观念迫在眉睫。对此，我们采取以会代训、专题讲座、行业座谈交流、外出对标学习、深入企业指导等形式，组织企业家进行政策法规、内部管理、上市融资、新技术推广、信息化应用等综合与专业培训，全面提高企业家经营、管理水平。2015年以来，全县共组织各类企业家培训6场，培训人数达2000余人次。同时，围绕解决企业用工需求，充分发挥县内劳动培训机构作用，根据企业需要，对工人实行订单式培训和现场生产指导，既解决了当地农民就业问题，也为企业提供了技术工人。

(四) 实施品牌战略，提升整体形象

一直以来，固安县传统产业中的肠衣、钓具、滤芯塑料等商品虽占有较大市场份额，但大多数属于低端产品，品牌辨识度不高。近年来，我们通过管理创新、技术改造、品牌战略、个性化订单生产等措施，改善其低质量、小品牌形象，提升产品档次与水平。目前固安县生产的肠衣及其制品，优质钓具等远销俄罗斯、日本、美国和欧盟等20多个国家和地区。

(五) 积极促进协同创新

坚持"服务、对接、合作、共赢"理念，坚持"引智重于引资"，加快引进北京地区优势资源，努力把首都创新优势、人才优势，转化为自身的产业优势、发展优势。一方面，深化产业对接。先后与北京市大兴区、西城区就产业转移、战略合作签署了框架协议，与中关村合作共建大清河经济开发区，与航天科技、科工两大集团，清华大学，北京大学，北京金融街集团，首农集团等建立了稳固的项目合作，吸引了一大批"产学研"一体项目和大量科技领军型人才落户发展。"清华大学校友创业行（京津冀）"活动在固安举办，来自美国、英国、德国、加拿大等十几个国家的近百名清华

校友和相关创业导师,对固安投资环境进行了考察,并组织了生物医药、电子行业、节能环保三场专题投资洽谈会,达成了一批合作意向。另一方面,深化功能对接。围绕打造"智慧城市",大力开展与首都名医、名校、名店共建经营,多层次承接北京功能疏解,将引进首都优质资源与城市发展建设紧密结合,积极推进"名校、名医、名店"共建经营,委托中国国际文化艺术公司运营固安大剧院,实现影片全国同步上映;与北京八中合作共建的固安分校投入使用;国都证券固安营业部2015年3月正式开业;与多家北京知名医疗机构进行对接,启动三甲幸福医院建设;与北京公交集团、环卫集团合作,对北京公共交通、垃圾处理体系进行全域建设、管理。此外,万达影院、北京京客隆等一线品牌店正式入驻;与北京翻译学校、消防指挥军官学校、北京印刷学院等就人才交流合作正在进行洽谈;由人社部批准的中国(河北)博士后成果转化基地将于近期启动运行,并与清华大学、北京航空航天大学、南开大学、天津大学等高校签订战略合作协议。

(六)着力建设创新平台

创造性采取"政府主导、企业运作"模式,重点打造六大省级园区,构建起覆盖全县的"三城六园"生产力空间布局。同时,根据对接北京、协同发展需求,将六大省级园区功能分为三类:一是承接型园区。即固安工业区、新兴产业示范区、空港产业园区,其中固安工业区、新兴产业示范区共同构建起县域北部产业新城,重点承接北京科技资源转移和高端项目外溢;空港产业园区紧邻启动建设的北京新机场,是固安县空港新城的主体,重点聚集国际物流、服务外包等相关产业。二是服务型园区。即温泉园区和现代农业园区,共同构成县域南部温泉新城,其中,温泉园区以县域南部丰富的地热资源为依托,构建以温泉养生、健康养老为主体的现代服务业集群;现代农业园区大力发展都市城郊型农业,整合优质资源、壮大农业龙头、实施品牌战略,打造首都优质农产品的生产地和农业休闲旅游需求的承接地。三是创新产业园区。即大清河经济开发区，这是固安县与中关村国家自主创新示范区合作，采取"一区多园"方式，建设的科技型精品园。近三年来，全县各园区基础设施投资超过200亿元，运营、服务等机构日益完善，为经济社会发展注入强劲动力。特别是将固安工业区、新兴产业示范区纳入城市范畴，在实现基础设施"十通一平"的同时，重点打造规划馆、创业大厦、商务酒店、社区图书馆等高端配套，统筹推进中央公园、孔雀湖、单车运动中心等生态工程，园区具备了较强的综合承载能力。

三 固安县产业转型升级存在的困难

固安县在近几年产业转型升级过程中已取得了较大成就，为实现本地经济持续、健康的发展奠定了良好的基础。尽管如此，该县在今后的转型升级中仍然面临着许多困难。其中主要有以下几点：

1. 创新能力不足，传统产业升级缺少有效的公共服务平台支持

所谓公共服务平台，就是在产业集中度较高或具有一定产业优势的地区，构建为企业提供技术开发、试验、推广及检验检测、信息服务、管理咨询等一系列服务的系统。一方面，政府可以通过公共服务平台得到关于单个中小企业发展状况的更加准确详尽的信息，通过比较，选择能够创造更高社会收益的项目进行补助、支持。使其成为政府与中小企业之间的纽带，发挥为两者互通信息的作用。另一方面，企业可以通过公共服务平台的技术、资源的集聚优势，获取相对较高水平的技术服务，以提高该企业的技术水准，有利于自身的自主创新项目获得更多技术、资源支持。目前，固安县传统产业中规模以上企业20家，仅占全部规模以上工业企业的25%，加工类企业比重偏大，科技型企业比重小，关键核心技术仍主要依赖引进。近年来，该县虽然建设了一批审批和公共服务平台，但其服务领域更多地集中在检验检测、信息服务、管理咨询、人才培训、市场调研等，技术研发相对薄弱，为传统产业升级提供有效技术服务的能力有待提高。

2. 制造业低端化，自主品牌少

目前，固安县传统产业一般位于产业链的前端和外围，未能形成具有竞争力的自主品牌，产业竞争优势不强，很多企业实行贴牌生产或为品牌产品提供配套零件，不仅如此，其产品大部分销往国内或发展中国家和地区。而在销往欧美等发达地区的商品中，大多只是作为原材料而不是成品。这种低端制造业客观上多数是资源消耗性产业、低附加值产业，而且潜伏着长期增长风险。中国的人口红利正在渐渐弱化，人均货币工资水平不断提高，曾经的廉价劳动力优势也逐渐被越南、菲律宾等东南亚国家所取代，长此以往，低端制造产业必将渐渐衰落，成为该县经济长远发展的桎梏。因此，如何改变低端化趋势，创建自主品牌，提高产品的质量和档次，已成为该县推动传统产业转型升级的首要任务。

3. 企业规模普遍较小，缺乏龙头带动

近几年来，固安县传统产业虽然经营规模不断扩大，但产业集群格局有待完善，企业之间联动发展的态势尚不明显，专业化分工协作体系尚未形成。2015年的统计数字显示，传统产业（174家）仅占全部工业企业（751家）的23.2%，产值（28.7亿元）仅占工业总产值（245.1亿元）的11.7%。虽然这些企业具有"船小好调头"的优点，但也存在"不抗挤，不抗压"的缺点，不利于在传统产业转型升级过程中形成示范引领效应。

4. 资本聚集于房地产、金融领域，实体经济发展缺乏资金

在我国，由于目前我国银行金融机构总体上针对中小企业融资存在观念陈旧、专门机构缺失、融资品种单一、金融营销动力不足、过度夸大风险等问题，再加上中小企业自身存在企业信用过低等先天不足，使中小企业相对于国有大型企业在信贷融资上更加困难。在这个整体大形势下，固安县的中小微企业融资也存在类似的问题，不仅如此，受中国虚拟经济膨胀的整体现状影响，该县大量的民间资本活跃于房地产、金融等经济领域，曾投资于实体经济的资本也不断地被抽调、转投于虚拟经济。导致制造业利润不断被摊

薄,部分民企不得不寻找辅助主业,随着房地产市场的迅猛发展,很多民企甚至不再投资于当初的实体主业,"副业"变"主业",部分产业"空心化",实业缺少资金,难以进行扩大再生产甚至是维持原规模的生产。

5. 政府部门相关工作人员的专业素质能力不足

面对"大众创业、万众创新"新形势,面对"互联网+"、"中国制造2025"、"工业4.0"等概念的提出,对固安县干部队伍思维方式、工作方法、能力素质提出了新的要求,也带来了新的挑战。在对外开放的过程中,当地政府人员在与高端团队交流过程中,许多人员专业素质、相关的技术认知水平与专业团队不对称,造成了交流不畅、对提出的相关意见对策不能及时消化,最终导致对科技、项目、人才提供的服务无法及时有效地满足当地产业发展的需求。例如,在支持"科学家变成企业家"的政策落实过程中,关于如何将服务科技成果尽快孵化、转化、产业化的问题,研究得不够深入、不够透彻。最终会影响到这一举措带来的优良效果。

6. 与其他地区相比,在吸引集聚创新资源政策方面存在很大落差

京津冀一体化是一个大趋势,这一趋势将极大地促进京津冀各个地区的技术、资源、服务等方面的转移和交流。然而在现阶段,各个地区之间不仅在信息交流、资源流动方面,而且在各地方政府的政策管理方面,依然存在许多问题。例如,资质互认的问题,统一企业生产同一产品,在北京高新区享有优惠政策,但企业到河北来还需要重新认定为高新技术企业,这种现象阻碍了科技成果就近转化。又如京津冀技术信息标准、服务流程、咨询评估等不够规范统一,影响技术跨区域交易、转移、转化。如固安县政府与中关村国家自主创新示范区、北京亦庄经济技术开发区在给予企业优惠政策上不在一个量级,影响了企业向外转移。这些都是一个县级政府难以解决的问题。

四 固安转型升级的建议

（一）加大自主创新力度，以创新理念引领固安产业升级

要坚持以科技创新来引领固安产业升级。要继续壮大创新经济，充分借助固安区位优势，把更多的资源集中到高端实体、研发团队、科技成果上面，要进一步深化与各高校、院所、企业的对接和联系，努力推动更广领域、更深层次的合作，着力完善科技创新产业链条，努力实现资源集约节约、综合效益提升的良好局面。

（二）要进一步提升创新平台

紧紧围绕首都新机场的建设，扎实推进空港产业园区的设施建设和产业发展等各项工作，积极申报国家级高新区，加紧落实重点项目的投融资，加速壮大以临空经济为引导的现代服务集群，培育新的经济增长点。

（三）进一步优化创新环境

完善规划设计、细化目标任务，加速总部经济、现代金融等高端服务业的聚集，同时，要统筹推进金融支撑、人才引进和技术创新等服务平台的建设，进一步营造宜居宜业的良好环境。

（四）继续完善创新机制

面向国内、国际市场，继续探索创新、拓展孵化器运营模式，全面提高科技成果转化载体的数量和质量。同时，牢固树立"市场化"思维，探索推进PPP模式在城乡建设管理和民生事业发展等领域的广泛应用。针对国内市场重点探索"政府支持＋校方引智＋企业资本"的融合运作，针对国际市场重点采取"国外孵化＋国内投产＋全球推广"模式进行运营。

（五）以强化核心竞争力为目标，提升品牌战略，提升整体形象

固安传统产业多以低端产品为主，如肠衣、钓具、滤芯、塑料等，品牌辨识度低，要继续管理创新、技术改造、品牌战略、个性化订单生产等措施来改善目前低质量、小品牌的现状。一是加快品牌建设，充分发挥品牌这一企业核心资源的纽带作用，发挥品牌的资源整合功能，加快延伸产业链条，助力企业向高端优质方向发

展。二是加大研发基地建设，强化政策激励，引导和支持企业向纵深发展，以发明专利等自主知识产权为基础，鼓励有条件的企业参与研究制定行业标准，提高市场竞争力。三是大力引进高端产业人才，完善扩充与各类高职院校的人才开发合作平台，实施激励政策，吸引高层次人才创业，充分发挥人才在引进项目、孵化项目、做大项目的支持作用，提升企业核心竞争力。四是在招商引资方面下功夫，充分用好用足区位、资源、产业基础优势，着力引进一批品牌价值高、规模大、实力强、拥有核心技术和自主知识产权的企业，建设一体化全产业链的体系，充分发挥其辐射作用，带动相关配套企业的协同发展。

（六）推动"两化融合"，加大科技推广力度，提升企业信息化层次和水平

深入推进信息化和产业化的"两化融合"，不断强化信息技术在传统产业中的应用，助力产业升级优化的步伐。一是要瞄准高新技术发展和创新，实施传统制造业向高端制造业提升，由产品竞争向品牌竞争提升，加快构建企业为主体、市场为导向、政产学研商有机结合的创新体系，促进产业集群由贴标加工向自主设计转型。二是鼓励企业加大技术改造，抓好装备更新，信息技术应用。谋划建立以企业技术中心、工程中心、工程实验室为主导的企业创新平台和面向产业创新服务的产学研合作创新平台，增强企业再创新和集成创新能力。三是加大传统产业信息化改造力度，推广三维计算机辅助设计（CAD）、产品数据管理（PDM）、企业资源管理计划（ERP）等计算机辅助研发和制造软件，提升企业研发、生产控制、市场营销、资源管理等环节自动化和智能化水平，提高生产精度和资源利用率。四是加大人才引进和人才信息化管理，在"大众创业、万众创新"的新形势下，面对"互联网＋""中国制造2025""工业4.0"等概念提出的大背景下，具有信息化视野和信息化能力的领导干部、技术人才以及产业工人，对于改造和提升传统产业至关重要。

（七）以公共服务平台为依托，加大引导扶持力度，为产业转型升级提供优质环境

固安产业要想成功转型升级，需要提供优质的市场环境和生产生活环境来吸引品牌价值高，拥有核心技术和自主知识产权的企业，这就需要政府在政策上加大扶持力度，依托公共服务平台建设，强化服务意识，提高服务效率，重点发展节能经济和绿色经济。一是要进一步提升服务质量，不断健全领导干部联系企业、重大项目会商、部门联合审批等有效举措，深入推进行政审批制度改革，科学整合审批事项，最大限度地精简审批程序、压缩审批时限。强化落地项目跟踪服务，加大对影响发展环境行为的问责力度，严格规范涉企行政审批、执法与收费行为。积极整顿和规范市场秩序，加强市场信用体系建设。二是认真贯彻国家和省市的相关政策，大力发展循环经济，推动清洁能源，鼓励传统产业使用资源节约、替代技术、环保与资源再利用技术，积极开展废水、废气、固体废弃物等资源综合利用，引导企业发展绿色经济。三是进一步完善公共服务平台，深入落实工业经济发展的各种优惠政策，努力帮助企业解决融资担保、技术创新、人力资源、法律服务、业务拓展等实际问题，确保企业生产生活都无忧，为产业升级提供环境保障。

重组整合国有企业是振兴东北的一个突破口

东北三省的国有企业比重高,特别是重化工业在历史上曾一度领先国内同行业的发展,被称为"共和国长子"。但近年来,由于国内外经济下行的影响,原来体制机制等的诸多问题叠加,使东北的经济发展处于持续衰落过程中,很多国有企业的发展举步维艰,因此,如何破解国有企业改革这道难题成了振兴东北的焦点。

一 东北国有企业困难重重

(一) 国有企业比重大,中央企业多

和全国其他地方相比,东北中央企业的特点是多、广、大。可以说无处不在,举足轻重。2014 年,东北三省国有企业资产占规模以上工业企业总资产的比重平均为 50% 左右,全国这一指标约为 10%。2013 年,中央企业及其子企业在东北地区共有 3183 户,资产总额 4.5 万亿元,职工人数 174.8 万人。涉及的领域不仅有涉及国家安全、经济命脉如能源军工行业,也有提供重要公共产品和服务的行业以及一些竞争性行业如石化、装备制造业等。央企不仅数量多,涉及领域广,而且投资也多,在 2003—2013 年的十年间,中央企业在东北地区累计实现固定资产投资近 2 万亿元。从另一个角度看:企业产权结构比较单一,适应市场经济发展要求的体制机制还不健全,企业缺乏活力。

(二) 历史包袱沉重,企业办社会和厂办大集体多

在全国很多地方 20 世纪末就已经改革得差不多的企业办社会和厂办大集体,在东北仍然大量存在,并且成为一个大的负担,特别是厂办大集体,大多都很困难,资产负债率高,95% 以上都处于停

产半停产状态，每年要支付大量补助经费。目前，黑龙江省国有企业厂办大集体有 31.72 万职工完成了身份认定，正在开展经济补偿财政补助资金发放及养老保险关系处理工作。辽宁省地方国有企业厂办大集体（含中央下放）3041 户，在职职工 46.1 万人，离退休人员 26.9 万人，经测算辽宁地方厂办大集体改革支出：（1）在职职工经济补偿金 144.2 亿元；（2）企业欠缴各项保险费 166.7 亿元；（3）拖欠职工债务 135.1 亿元；（4）离退休人员取暖费 26.87 亿元；（5）离退休人员社会化移交费用 0.83 亿元；（6）工伤职工及伤亡供养亲属伤残津贴一次性伤残补助 11.8 亿元；（7）自费退休职工替企业垫缴的养老和医疗保险费用 31.4 亿元；（8）厂办大集体职工全部退休后纳入地方社保，增加地方养老保险支出 231.7 亿元，医疗保险资金支出 81.7 亿元。辽宁省仅厂办大集体这一项安置费用就达到 830.3 亿元。

（三）企业组织结构不适应现代市场经济的要求

一方面，一些企业仍然是"大而全、小而全"运转，缺乏一批竞争力带动力强的企业，产品结构不合理、专业化和科技创新水平不能适应现代市场竞争的需要，发展后劲和市场竞争力呈下降趋势。另一方面，央企的"恐龙病"严重，企业效率低下。因此，东北三省有不少"一无有效资产、二无生产经营活动、三无偿债能力"的"僵尸"企业。

（四）产业结构不合理

工业结构比较单一，比重过高，传统产业多，初级产品多，技术装备老化，低效益低附加值企业多，产业层级低，核心竞争优势缺乏。产业结构中第二产业占主导地位，2014 年东北第二产业占 GDP 的 47%，高于全国的平均水平 42.6%，服务业占 42%，全国为 48.2%；重工业比重过大，重工业占 78%，全国 70% 以下。重大装备制造企业主要是以国有企业为主，还没有形成大企业引领中小企业配套的产业组织结构。东北地区是国家重要的装备制造业基地，装备制造业的一些技术在全国处于领先地位，但由于许多产品的市场需求不大，没有对东北经济发展起到带动作用。

（五）缺乏一批优秀的企业家

企业家是稀缺资源，是现代企业的脊梁，没有企业家就没有现代企业。首先，人才大量外流。据统计，近年东北地区人口净流出达180万人，东北的人才纷纷流到经济发达地区，比如我们在广东深圳等地就遇到很多从东北去的领导和企业家。其次，在东北"官本位"气氛比较浓厚，缺乏尊重企业家的氛围，企业经营环境不好，盈利机会减少，企业家有的转行，有的到别的地区或别的国家；毕业生就业时纷纷涌向政府部门，很难产生优秀的企业家。

二　找准国有企业改革突破口

《中共中央国务院关于全面振兴东北地区等老工业基地的若干意见》（国发〔2016〕7号）中提到振兴东北的发展目标：到2020年，东北地区在重要领域和关键环节改革上取得重大成果，争取再用10年左右时间，东北地区实现全面振兴，走进全国现代化建设前列，成为全国重要的经济支撑带，具有国际竞争力的先进装备制造业基地和重大技术装备战略基地，国家新型原材料基地、现代农业生产基地和重要技术创新与研发基地。《东北振兴"十三五"规划》（2016年12月），将重组整合一批国有企业，支持在东北地区的国有企业先行开展混合所有制改革试点。到2020年，东北地区体制机制改革创新和经济发展方式转变取得重大进展，与全国同步实现全面建成小康社会宏伟目标。

由此可见，东北国有企业改革的压力和动力都很大。因此，我们认为：东北的国有企业改革，最根本的是要用市场经济的方式，按照市场经济规律将国有企业推向市场，形成多元化的企业经营主体，形成一种既能使国有企业参与激烈市场竞争、优胜劣汰，又能进一步激发国有企业的活力与创造力的局面。

（一）优化升级产业结构

产业结构的优化升级聚焦"加减乘除"。谈振兴东北，肯定离不开制造业，国有企业是制造业的核心力量，东北的工业结构要着力优化升级制造业，特别是装备制造业，提高装备制造业的核心竞争力。

首先，有优化就有淘汰，对于一些严重过剩的落后产能要坚决按照市场规律，进行兼并、重组、破产。为了让这些产业顺利退出市场，必须完善产业政策，完善市场退出机制。

其次，要以技术改造、管理提升和产业创新为手段，盘活存量，提升自身比较优势，使传统产业焕发新活力。将着力点放在创新上，发挥创新对东北产业结构的"乘数效应"，全面推进经济结构优化升级，加快构建战略性新兴产业和传统制造业并驾齐驱、现代服务业和传统服务业相互促进、信息化和工业化深度融合的产业发展新格局。

在这方面中央政府在基础设施项目建设、高端制造业投资布局等方面，已经给予东北地区很多的项目支持和政策倾斜，以帮助培育新动能，形成新的经济增长点。2016年8月出台的《推进东北地区等老工业基地振兴三年滚动实施方案（2016—2018年）》，提出了拟于2016—2018年开工建设的对东北振兴有全局性重要影响的，能够有效"补短板"和培育新动能的重大项目127个，投资约1.6万亿元。因此，东北国有企业要抓住这个机遇，大力促进产业多元化发展，改变"一业独大""一企独大"状况，比如发展高档数控机床、工业机器人及智能装备、先进发动机、卫星应用、生物医药、新材料等一批有基础、有优势、有竞争力的新兴产业。以达到做大做强主导产业，带动生产性服务业，培育战略性新兴产业和绿色产业的目标。使国有资本主要配置在涉及国家安全的行业、自然垄断的行业、提供重要公共产品和服务的行业以及支柱产业和高新技术产业中的重要骨干企业，推动国有资本向关键性、战略性、基础性和先导性行业领域集中。

（二）支持民营企业通过多种形式参与国有企业改制重组

据统计，2014年全国（非金融）国有企业资产占比为30.2%，而东北三省国有企业资产占比均达到或超过了50%以上。2016年的

《中国民营企业500强》中，东北三省上榜的企业只有8家。在这种形势下进行国有企业改革，理所应当把支持民营经济做大做强作为一个突破口，进一步放宽民间资本进入的行业和领域，促进民营经济公开公平公正参与市场竞争。一方面，要完善国有资本合理流动机制，推进国有企业重组，增强国有经济的影响力、控制力和抗风险能力。另一方面，积极引导和鼓励民营企业利用产权市场组合民间资本，开展跨地区、跨行业兼并重组；鼓励和引导民营企业通过参股、控股、资产收购等多种形式，参与国有企业的改制重组。比如，在城市基础设施建设、环境治理等领域，采用政府与社会资本合作机制（PPP）等模式，使民营企业成为推动发展、增强活力的重要力量，达到民营企业和国有企业共同发展的目标。

（三）提高国有企业的创新能力

创新是"东北制造"向"东北创造"转型的关键。据统计，2015年，我国国有企业研发经费逾1.1万亿元，占全社会研发经费支出的77.4%，说明企业正在逐渐成为研发创新的主体。2015年江苏、广东、山东和北京等地区研发经费超过1000亿元。2013—2014年，我国东部地区、中部地区、西部地区和东北地区的创新活动企业占比分别为44%、39.8%、37.9%和26.3%。可见，东北还有差距。

首先，要完善相关政策支持，引导创新需要的人才资金等生产要素流向企业。

其次，"产、学、研"协同创新。东北地区的高校、科技机构和科研人才众多，应想方设法发挥这些资源的巨大潜力。推进"产、学、研"协同创新，将高校、科研院所嵌入创新链条，形成以市场为导向，以企业为主体、以高校和科研院所为技术依托的"创新联盟"，使创新能够形成企业的核心竞争力。

最后，形成一个有利于企业创新的良好氛围。鼓励支持国有企业勇于改革探索，建立容错纠错机制，解除后顾之忧。企业家的使命就是创新，是创新的带头人，因此，需要营造一个培育壮大企业家队伍成长的大环境,来鼓励创新和带动创新。在企业内部,对创新人员要有激励,对企业高管和技术创新团队要有相关激励机制。世界500强企业的激励主要采用职位晋升、一次性项目奖励和岗位工资,采用的比例分别是90%、80%和70%。采用效益分享和期权激励的分别约为10%和20%。而我们企业的相关制度不完善,缺乏动力。另外,在体制机制上要有一个有利于创新的宽松环境,尤其要有一个容错纠错机制。鼓励在改革中创新、突破、试错,发挥好容错机制激励创新的导向作用,鼓励创新者敢于突破。打破"多干多错,少干少错,不干不错"的局面,让创新者能够勇于担当、敢于创新而没有后顾之忧。

(四)政府在东北设立国有企业综合改革试点

设立国有企业综合改革试点的目的是要在国有企业改革的关键问题上找到突破点,如果在一个试点成功了就可以逐步以点带面。一些地方正在申报自贸区或沿海沿边开放区,如果申报成功,也可以将国有企业改革综合试点放在自贸区或开放区里。

国有企业综合改革试点,首先要剥离国有企业办社会职能和解决历史遗留问题。东北国有企业仍存在大量办社会职能和历史遗留问题。如国有企业职工家属区"三供一业"的分离移交,剥离国有企业办医疗、教育等公共服务机构、对国有企业退休人员实行社会化管理,推进厂办大集体改革,集中解决试点的少数国有大中型困难企业的这些问题,只有彻底解决这些问题,国有企业才能轻装上阵、建立市场化的优胜劣汰机制、公平参与市场竞争。与此同时,要处理好"僵尸企业"的改革问题,按照市场规律的方式来解决,对这些特困和"僵尸企业",该破产的破产,该重整的重整,该分离的分离,该清算的清算,依据市场的需求重新配置资源。这样一来,也能在一定程度上倒逼体制机制改革。当然,破产一批企业需要适当处理好职工的合法权益问题。允许拿出国有企业部分股权转让收益和国有资本经营收益,专项用于支付必需的改革成本,妥善安置企业职工。

其次，重点探索国有企业的混合所有制改革。支持社会资本参与国有企业改革，产权主体多元化，形成多元投资交叉持股融合发展。混合所有制有利于国有企业和各种战略投资者，包括国内外的不同类型的战略投资者进行更大范围更有利于企业发展的合作。充分利用各类资本市场，大力推进国有资产资本化、证券化。总的来说，就是针对不同类型国有企业的特点，以增强国有经济活力、竞争力和抗风险能力为目标，尽量灵活采取引入战略投资者、推进企业改制上市、允许员工持股、吸引股权投资基金入股等方式推动混合所有制改革。

另外，要在东北地区改组组建一批国有资本投资公司和运营公司，在部分转制科研院所和高新技术企业开展股权和分工激励工作等。如2016年辽宁省尝试将9家省属国有企业打包"混改"，涉及总资产近6700亿元。这9家国有企业股权中，辽宁省国资委占80%、省社保基金占20%，社保基金的20%股权可以直接引进战略投资者。这有利于解决国有企业体制、机制问题，解决构建社保资金"蓄水池"的问题。

在试点初期，对社保基金特别是养老基金应允许多种探索，除了现有的社保基金来源（中央财政拨入资金、国有股减持或转持所获资金和股权资产、投资收益及经国务院批准以其他方式筹集的资金构成），借鉴国外经验，可以尝试收社保税、资源税、发行社会保障彩票等充实社保基金，用以解决东北国有企业的养老金缺口问题。

总之，东北三省的国有企业要摆脱困境，就必须用"市场化"的方式来改革国有企业，而不能完全仰赖政府"输血"，让市场起决定性作用，这也是完善社会主义市场经济体制的要求，只有这样才能使国有企业"凤凰涅槃，浴火重生"。

参考文献

[1]《中共中央关于全面深化改革若干重大问题的决定》，人民出版社2013年版。

[2] 本书编写组：《〈中共中央关于全面深化改革若干重大问题的决定〉辅导读本》，人民出版社2013年版。

[3]《国家新型城镇化规划（2014—2020年）》，人民出版社2014年版。

[4] A. J. 伊萨克森等：《理解市场经济》，张胜纪、肖岩译，商务印书馆1996年版。

[5] 高尚全：《使市场在资源配置中起决定性作用》，《前线》2013年第12期。

[6] 李兴山主编：《社会主义市场经济理论与实践》，中共中央党校出版社2004年版。

[7] 汪红驹：《加快完善现代市场体系》，《时事报告》2014年第1期。

[8] 王一鸣主编：《改革红利与发展活力》，人民出版社2013年版。

[9] 魏礼群：《正确认识与处理政府和市场关系》，《全球化》2014年第4期。

[10] 张占斌：《放权是为了让把该管的事管好》，《北京日报》2013年9月21日。

[11] 张占斌：《释放全面改革红利，打造中国经济升级版》，《辽宁日报》2013年12月8日。

[12] 中国国际经济交流中心课题组：《打造中国经济升级版》，人

民出版社 2013 年版。

[13] 哈耶克：《自由秩序原理》，生活·读书·新知三联书店 1997 年版。

[14] 迟福林主编：《市场决定——十八届三中全会后的改革大考》，中国经济出版社 2014 年版。

[15] 哈耶克：《经济、科学与政治——哈耶克论文演讲集》，冯克利译，江苏人民出版社 2003 年版。

[16] 哈耶克：《个人主义与经济秩序》，贾湛等译，北京经济学院出版社 1989 年版。

[17] 高保中：《市场经济与竞争均衡：哈耶克的启示与超越》，《南开经济研究》2004 年第 4 期。

[18] 廖和平：《哈耶克的自生自发秩序观探析》，《兰州学刊》2006 年第 2 期。

[19] 刘国光：《回顾改革开放 30 年：计划与市场关系的变革》，《财贸经济》2008 年第 11 期。

[20] 杨干忠：《社会主义市场经济概论》第二版，中国人民大学出版社 2008 年版。

[21] 邹东涛、杨秋宝：《经济竞争论》，四川人民出版社 1989 年版。

[22] 习近平：《习近平谈治国理政》，外文出版社 2014 年版。

[23] 高洪深：《区域经济学》，中国人民大学出版社 2013 年版。

[24] 《中华人民共和国国民经济和社会发展第十三个五年规划纲要》，人民出版社 2016 年版。

[25] 道格拉斯·诺斯：《西方世界的兴起》，华夏出版社 2009 年版。

[26] 李兴山：《社会主义市场经济理论与实践》，中共中央党校出版社 2004 年版。

[27] 约瑟夫·熊彼特：《经济发展理论》，商务印书馆 1990 年版。

[28] 米尔顿·弗里德曼：《自由选择》，机械工业出版社 2013 年版。

后　记

改革开放以来，我国的经济体制发生了很大的改变，从计划经济体制到中国特色的社会主义市场经济体制，我们对资源配置中市场起决定性作用的认识也有一个逐渐深化的过程：从资源配置中市场在国家调控下起基础性作用，到市场在资源配置中起基础性作用，再到市场在资源配置中起决定性作用。30多年的改革开放，中国取得了令世界瞩目的成就。尽管如此，我国要实现经济社会持续健康发展，不断改善人民生活，在发展中仍然面临一系列突出矛盾和问题，这些矛盾和问题倒逼机制进行改革，因此，研究资源配置中市场决定性作用的倒逼机制有很强的现实性和一定的难度，我们希望通过这个课题的研究，对经济决策能有一些参考和启发。

本书是中共中央党校的一个课题，由中共中央党校经济学教研部孙小兰教授主持，参与本书写作的人员有：周跃辉（第一章和第二章）、李宁（第三章、附录二和附录三）、孙小兰（第四章、附录一和附录四）、郭晨（第五章和附录二）和李铭硕（第六章、第七章和附录三）。此外，康珂和李凤健参与了课题的讨论。

尽管我们已经很认真很努力地去完成这项任务，但在书中仍然难免有疏漏错误之处，敬请各位读者批评指正。

孙小兰

2017年5月6日